Allemagne 1660 :
un confesseur de sorcières parle

Cautio criminalis

ISBN : 2-7384-8894-3

Friedrich Spee von Langenfeld

Allemagne 1660 : un confesseur de sorcières parle
Cautio criminalis

Réquisitoire contre les procès de sorcières par un prêtre allemand du dix-septième siècle

Première réédition en français depuis le XVIIe siècle
avec une introduction, des notes, une chronologie et un index
par Olivier Maurel
professeur agrégé

L'Harmattan
5-7, rue de l'École Polytechnique
75005 Paris - FRANCE

L'Harmattan Inc.
55, rue Saint-Jacques
Montréal (Qc) - CANADA H2Y 1K9

Collection Allemagne d'hier et d'aujourd'hui
dirigée par Thierry Feral

L'Histoire de l'Allemagne, bien qu'indissociable de celle de la France et de l'Europe, possède des facettes encore relativement méconnues. Le propos de cette nouvelle collection est d'en rendre compte.
Constituée de volumes réduits et facilement abordables pour un large public, elle est néanmoins le fruit de travaux de chercheurs d'horizons très variés, tant par leur discipline, que leur culture ou leur âge.
Derrière ces pages, centrées sur le passé comme sur le présent, le lecteur soucieux de l'avenir trouvera motivation à une salutaire réflexion.

Déjà parus

Thierry FERAL, *Justice et nazisme*, 1997.
Thierry FERAL, *Le national-socialisme. Vocabulaire et chronologie*, 1998.
Thierry FERAL, Dr Henri BRUNSWICK, Dr Anne HENRY, *Médecine et nazisme*, 1998.
Élise JULIEN, *Les rapports franco-allemands à Berlin*, 1999.
Doris BENSIMON, *Adolphe Donath (1876-1937)*, 2000.
H. BOUVIER, C. GERAUD, *NAPOLA, Les écoles d'élites du troisième Reich*, 2000.

Introduction

Si la *Cautio criminalis* de Friedrich Spee mérite d'être rééditée, elle ne le doit pas seulement au fait d'être un réquisitoire contre la chasse aux sorcières. D'autres auteurs avant Spee ont dénoncé cette persécution, et d'autres après lui. Certains ont été plus courageux - ou moins exposés - et ont écrit à visage découvert. D'autres peut-être ont eu une influence plus décisive.

L'originalité essentielle de la *Cautio criminalis* est d'avoir été écrite au centre même de la machine à broyer des vies humaines qu'était devenue, en ce début du XVIIe siècle, l'institution de la justice en Allemagne. Les dates de la vie de Spee (1591-1635) correspondent exactement au moment où cette machine tournait à plein régime. Ses études et ses postes d'enseignement l'ont fait voyager et résider dans les principautés et les villes de l'Ouest de l'Allemagne où la chasse aux sorcières a été la plus fanatique. Sa fonction d'aumônier des prisons l'a amené à entrer en contact direct avec les hommes et les femmes accusés de sorcellerie. Il est descendu dans leurs cachots sordides. Il a su les mettre en confiance et, à travers leurs confessions, il a acquis la certitude de leur innocence. Il s'est contraint, pour ne pas en parler à la légère, comme le faisaient certains de ses confrères, à assister à des séances de torture. Enfin, il s'est fait un devoir d'accompagner les condamnés jusqu'au gibet ou au bûcher, comme il le leur avait promis. Lui-même savait qu'un rien suffisait pour qu'il fût dénoncé comme sorcier, arrêté, torturé et brûlé après avoir avoué sous la torture des crimes imaginaires et dénoncé n'importe qui. L'anonymat des premières éditions de la *Cautio* traduit le danger dont il se savait menacé. La *Cautio* , bien qu'elle se présente sous la forme d'une argumentation, n'a donc rien de théorique et d'abstrait : "Je parle non de ce que les lois et la raison ordonnent, mais de ce que font et pratiquent les juges communément." (Doute 20) Pour réunir une documentation plus complète sur leur pratique, il est allé jusqu'à demander à des amis sûrs d'observer pour le lui rapporter le déroulement de certains interrogatoires : "J'ai découvert ce coup de maître, ou plutôt cette abondante source d'abus, et par moi-même et par d'autres à qui j'en avais donné secrètement la charge" (Doute 28).

Ce qui rend le témoignage de Spee particulièrement émouvant, c'est qu'il semble avoir été un homme sans carapace et qu'il n'a jamais pu s'habituer, contrairement à d'autres de ses confrères, aux souffrances des victimes qu'il confessait. Il évoque ses nuits d'insomnie, les bouffées d'indignation que faisait naître en lui la seule pensée de l'indifférence des juges ou de l'imbécillité criminelle de certains confesseurs qui collaboraient aux condamnations. Ses cheveux ont blanchi prématurément, dit-il, au spectacle des tortures et des exécutions.

Mais il savait aussi que les bons sentiments ne pouvaient pas suffire et que son indignation resterait parfaitement vaine s'il ne réussissait pas à convaincre les responsables de cette justice devenue folle de mettre fin à ces persécutions. Aussi trouve-t-on dans la *Cautio,* à l'intention des princes et de l'Empereur qui, seuls, avaient ce pouvoir, une analyse rigoureuse du fonctionnement pervers de cette justice. On voit ainsi comment ignorance, superstition, fanatisme, cupidité, sottise, cruauté et irresponsabilité ont contribué à faire torturer et à réduire en cendres des milliers d'innocents.

Pour mieux convaincre, Spee s'est imposé de lire, d'analyser et de réfuter, argument par argument, les ouvrages des juristes et des théologiens qui, bien au chaud "dans leur poële", raisonnaient benoîtement sur le traitement à réserver aux sorcières et qui inspiraient juges et inquisiteurs. La forme scolastique de cette *disputatio,* qui peut nous paraître parfois laborieuse et répétitive était celle qu'imposaient les usages de l'époque, mais les raisonnements de Spee sont sous-tendus par une constante volonté de convaincre, animée elle-même par sa compassion, et qui se traduit souvent en éclats d'ironie et parfois en aveux de désespoir.

Si malgré son intérêt l'oeuvre de Spee n'a jamais été rééditée en français depuis 1660[1*], si personne ou presque ne la connaît, même parmi les germanistes, cela est dû sans doute à plusieurs handicaps dont aucun ne tient à la qualité même de l'oeuvre et de son auteur. La littérature du XVIIe siècle écrite en latin est d'abord très peu traduite, à tort certainement car la lecture de la *Cautio* montre qu'elle comporte des oeuvres d'un intérêt majeur. D'autre part, depuis le XVIIIe siècle surtout, les oeuvres de tradition et de forme scolastique ont très mauvaise presse tant elles ont été ridiculisées par

*Notes de l'introduction, p. 48

Fontenelle, Voltaire et bien d'autres. Il y a là sans doute encore un préjugé à réviser. Il n'est pas impossible non plus que Spee ait pâti d'appartenir à un peuple longtemps considéré en France comme l'ennemi héréditaire. Et son appartenance à l'ordre des Jésuites n'a probablement rien fait pour arranger les choses. Quant à l'Eglise, elle ne tenait peut-être pas à attirer l'attention sur un épisode assez peu glorieux de son histoire et sur un auteur qui, bien que prêtre, n'a pas ménagé ses confrères. Enfin, la *Cautio* a longtemps pu passer pour une oeuvre qui ne présentait qu'un intérêt historique. Mais pour nous qui savons mieux aujourd'hui que l'humanité n'en a sans doute pas fini avec les chasses aux sorcières de toutes sortes, une oeuvre qui nous donne un accès presque direct à ce que fut la chasse aux sorcières originelle peut présenter un intérêt renouvelé.

La *Cautio criminalis* est ainsi un cri d'indignation qui nous parvient du coeur même de la tourmente. Elle est aussi une source d'information irremplaçable sur ce qu'a été la chasse aux sorcières, source que confirment souvent les études historiques actuelles.

La chasse aux sorcières en Allemagne.

La persécution des sorcières, "ne fut pas le dernier acte du Moyen Âge, comme on le croit trop souvent, mais plutôt un des premiers de l'Europe moderne." (Guy Bechtel) Elle ne commence à se manifester en Savoie et en Suisse qu'au cours du XVe siècle, donc à la charnière entre Moyen Âge et Renaissance, puis s'étend progressivement mais inégalement à toute l'Europe catholique et protestante, et se déchaîne enfin des dernières années du XVIe siècle à la fin du XVIIe, particulièrement en Allemagne [2], avec encore quelques crises sporadiques au XVIIIe.

Les historiens de la sorcellerie considèrent que c'est seulement à la fin du XVe siècle que la chasse aux sorcières a commencé à se pratiquer en Allemagne, mais sans enthousiasme, ni de la population ni des autorités. Toutefois, au cours de ce siècle, deux livres avaient paru qui ont porté leur fruit au siècle suivant. Le premier, intitulé *Formicarius,* a été écrit vers 1435 par Hans Nider (1380 -1438), prieur des dominicains de Bâle, à partir de quelques affaires de jeteurs de sort survenues dans le Dauphiné, en Savoie et en Suisse. Nider évoque pour la première fois le sabbat et popularise l'idée de la femme diabolique. Son livre s'est d'autant mieux diffusé qu'il a bénéficié de l'invention de l'imprimerie. Un demi-siècle plus tard, en 1484, l'Eglise, qui, jusqu'alors, n'avait pas pris très au sérieux les affaires de sorcellerie, change d'attitude. Un abbé du Bade-Wurtemberg qui avait voulu faire du zèle en brûlant quarante-huit sorcières reçoit les félicitations du pape Innocent VIII qui, dans sa bulle *Summis desiderantes*, dénonce un regain d'agressivité des démons et invite les inquisiteurs à poursuivre partout leurs suppôts. Deux dominicains inquisiteurs, Heinrich Krämer (1430-1505) et Jakob Sprenger (1436-1496) publient alors un ouvrage intitulé *Le Marteau des sorcières* (*Malleus maleficarum*) qui dénonce la sorcellerie comme une hérésie dont les femmes sont les principales responsables. Le sabbat qui, pour Nider, n'était qu'une affaire d'imagination devient pour eux une réalité. Et la procédure à suivre pour lutter contre les sorcières inclut la torture. Ce livre aurait été édité à trente ou cinquante mille exemplaires et l'ensemble des livres de démonologie a été diffusé très largement, au moins 231 600 exemplaires d'après un historien, ce qui permet d'imaginer les ravages qu'ont pu faire ces élucubrations. "Le poisson pourrit par la tête", disait-on au Moyen Âge. Néanmoins, il fallut encore attendre environ un siècle pour que les persécutions massives se déclenchent. L'Allemagne a eu suffisamment à faire dans les trois premiers quarts du XVIe siècle avec la Réforme et la guerre des paysans pour pouvoir s'occuper en plus de pourchasser les sorcières.

C'est en 1587, quatre ans avant la naissance de Friedrich Spee, que les persécutions commencent de façon massive. Celui qui les inaugure est un archevêque, Johann VII von Schönenberg, prince-électeur de Trèves. En 1589, sous son autorité, trois cent soixante huit personnes , dont le gouverneur adjoint de Trèves, sont exécutées pour sorcellerie dans vingt-deux villages. Pour tirer sans doute la leçon de cet exploit exemplaire, Peter Binsfeld, évêque auxiliaire de la même ville, écrit un *Traité des confessions des sorciers et sorcières* (*Tractatus de confessionibus maleficorum et sagarum*) qui est devenu ensuite la bible des juges, des inquisiteurs et des confesseurs de sorcières. C'est, pour cette raison, une des principales cibles de Spee. La même année cent trente trois sorcières sont exécutées à Osnabrück et cent à Quedlinburg. De 1590 à 1600, de nombreux bûchers sont allumés en Silésie. De 1593 à 1606, période de l'enfance et de l'adolescence de Friedrich Spee, deux cents personnes sont mises à mort à Fulda. De 1582 à 1604, deux archevêques de Mayence sont responsables respectivement de la mort sur le gibet ou le bûcher de cent et six cent cinquante personnes. Puis la crise se calme un peu, sauf à Ellwangen, dans le Wurtemberg, où, de 1611 à 1618, alors que Spee avait entre vingt et vingt-sept ans, quatre à cinq cents personnes périssent sous l'autorité du prince-électeur Johann Christoph von Westerstetten.

Mais c'est entre 1625 et 1630, et le plus souvent dans des villes ou des électorats où Spee a résidé, que la chasse aux sorcières s'est déchaînée avec le plus de violence. A Bamberg et Würzburg, l'évêque Johann Gottfried von Aschausen fait exécuter trois cents personnes. Son successeur à Bamberg, l'évêque Johann Georg II Fuchs von Dornheim, avec l'aide efficace du prédicateur Friedrich Förner, en fait exécuter six cents sur la dizaine d'années de son règne. A Würzburg, l'évêque Philipp Adolf von Ehrenburg atteint le score de neuf cents personnes en huit ans. Et enfin, champion hors pair, l'archevêque Ferdinand de Bavière débarrasse l'électorat de Cologne de deux mille "sorcières", soit un pour cent de la population. Mais cet exploit est un peu atténué par la longueur de son règne : trente-huit ans, de 1612 à 1650.

Au total, on estime aujourd'hui que quinze mille à vingt-deux mille cinq cents personnes auraient été exécutées pour délit de sorcellerie en Allemagne entre 1480 et 1680, mais la plus grande partie pendant la durée de la vie de Friedrich Spee et dans les électorats où il a vécu. Les victimes étaient à quatre-vingt pour cent des femmes, mais, dans certaines régions et à certains moments, le pourcentage d'hommes accusés et condamnés a été plus élevé. Du point de vue des catégories sociales, les exclus et les marginaux étaient souvent les premiers visés. Mais ensuite la persécution pouvait s'étendre à toute la population et notamment aux personnalités les plus en vue.

Pour expliquer la crise meurtrière qu'a été la persécution des sorcières, on a avancé des raisons variées. En ce qui concerne l'Allemagne qui était alors, comme l'écrit Guy Bechtel "un conglomérat de pièces et de morceaux", une poussière d'Etats sur lesquels l'Empereur n'avait souvent qu'un pouvoir théorique, on a vu des principautés contiguës adopter à l'égard de la sorcellerie des attitudes très différentes, certaines la pourchassant frénétiquement, d'autres mollement ou pas du tout. La conjonction de quelques facteurs semble avoir été décisive.

Une des causes fondamentales a sans doute été climatique. Les années de grandes persécutions ont à peu près correspondu aux phases les plus aiguës de ce que l'on a appelé le "petit âge glaciaire", période de deux ou trois siècles (1560 à 1850 environ) où se sont succédé hivers très froids et étés frais et humides, qui ont entraîné mauvaises récoltes, hausse des prix et calamités diverses dont on a attribué la responsabilité à des sorcières et jeteurs de sorts, pris comme boucs émissaires. Cette dégradation du climat transparaît dans les livres de certains démonologues. Un des plus influents, Binsfeld, écrit par exemple que les sorcières "détruisent la croissance de la vigne, pourrissent les fruits et provoquent le renchérissement des céréales". On verra sur ce point que l'analyse des historiens actuels correspond à celle de Spee, même si celui-ci ignorait, et pour cause, la climatologie.

Mais les conséquences du soulèvement populaire contre les sorcières étaient très différentes selon l'attitude des autorités laïques et religieuses. Certaines époques et certaines principautés ont été réticentes à la chasse aux sorcières. L'Eglise, pendant longtemps n'y a guère été favorable ou du moins a été relativement indulgente. Et certains princes ont étouffé dès le départ toute velléité de chasse aux sorcières. Les auteurs du *Malleus* ont été considérés par exemple, comme des fous dangereux. On constate ainsi que les principautés puissantes et où la justice était bien organisée n'ont guère pourchassé les sorcières. De même, les grandes villes. En revanche, les villes moyennes et les principautés sans autorité ferme ont vu se développer les chasses aux sorcières les plus meurtrières, les structures juridiques étant incapables de résister à la pression populaire.

Un troisième élément a joué un grand rôle : le zèle religieux. L'Allemagne en général était réputée pour sa piété. Et, lorsque dans telle ou telle principauté un prince-évêque ou un prédicateur faisait de l'extermination des sorcières une des conditions de son salut, il y avait toutes les chances pour que ce zèle associé à la pression populaire et à l'absence de barrières juridiques aboutisse à l'élévation de multiples gibets et bûchers. Toutefois, la pression populaire semble toujours avoir eu des raisons extérieures à la religion (intempéries, mauvaises récoltes, etc).

Curieusement aussi, la laïcisation de la justice semble avoir joué un rôle très néfaste. En effet, contrairement à ce que l'on aurait pu penser, les tribunaux de l'Inquisition ont été relativement indulgents aux sorcières. On se contentait souvent d'exiger d'elles la renonciation à leurs activités et le repentir, et les condamnations à mort étaient relativement rares. Mais, plus la justice s'est laïcisée, même si elle était encore très imbriquée avec la religion, plus elle a eu tendance à être sévère à l'égard des sorcières. Les tribunaux, à l'époque de Spee étaient laïcs. La *Cautio* montre bien à quel degré de rigueur et à quelle démesure ils en sont arrivés dans les procès de sorcières. Paradoxalement aussi, une transformation du fonctionnement de la justice qui, dans l'évolution de cette institution, fut un progrès important, eut des conséquences néfastes dans les procès de sorcières. Il s'agit de la procédure "inquisitoire" qui, dans le courant du Moyen Âge, remplaça progressivement la procédure "accusatoire". Cette dernière méthode reposait sur une plainte, une accusation, lancée par un plaignant contre une autre personne. Le juge était simplement un arbitre. Il ne pouvait pas procéder à une enquête. Et il recourait souvent au jugement de Dieu ou ordalie. Dans la procédure inquisitoire au contraire, le juge pouvait enquêter. Il pouvait lui-même lancer la procédure sans attendre une plainte. Mais l'inconvénient de cette méthode est que l'on fit plus de place d'une part à la réputation des accusés et donc à la rumeur et, d'autre part, à leurs aveux, ce qui encouragea l'usage de la torture pour les obtenir. Spee, dans la *Cautio,* dénonce très clairement ce type de procédure et le rôle joué par les "inquisiteurs". Ceux-ci ne sont pas les membres de l'Inquisition religieuse mais les enquêteurs. Il écrit : "J'ai toujours cru que l'on se gouvernait fort sagement dans les États où l'on punit véritablement et efficacement ce qui vient par hasard à paraître au jour et se mettre en évidence, mais où l'on ne juge point être du bien public d'aller rechercher les suites très occultes de ce crime par des voies très dangereuses." (p. 22)

La proportion importante de femmes parmi les condamnés (les trois quarts des condamnations étaient prononcées contre elles) s'explique par la misogynie ambiante qui faisait de la femme un être diabolique. "Les femmes sont un mal de nature" écrivaient froidement les deux auteurs dominicains du *Malleus maleficarum.* Les ouvrages sur la sorcellerie présentaient la femme comme un être naturellement porté à répondre aux avances du démon. Mais les délires de l'imagination de leurs auteurs en disent sûrement plus long sur leurs fantasmes que sur l'attrait supposé des femmes pour le diable et sur la réalité des sabbats, si les sabbats ont jamais eu la moindre réalité.

Enfin, la torture a certainement été, comme le montre Spee, un élément multiplicateur des procès et des exécutions: "Là où on ne l'applique pas, comme en Angleterre, il peut y avoir des procès, et même des épidémies, mais le taux de condamnations à mort n'excède jamais 50% des personnes inquiétées. Là où elle est en usage, et pour ceux auxquels elle est appliquée, ce pourcentage de condamnations peut s'élever à 95%." (Bechtel, p.392) Les inculpés soumis à la torture dénoncent, sauf exceptions, autant de complices qu'on voudra, lesquels sont à leur tour torturés et dénoncent également, même s'ils n'ont jamais de leur vie pratiqué la sorcellerie avec qui que ce soit.

Vie de Friedrich Spee.

D'après Roland Crahay, Friedrich Spee serait "issu d'une famille noble". Anton Arens, lui, écrit que "la forme "von Spee", titre de noblesse, ne fut concédée à la famille qu'au dix-huitième siècle". Le père de Friedrich Spee, Peter Spee von Langenfeld, était bailli et secrétaire. Sa famille n'aurait été anoblie et autorisée à porter le titre de "von Spee" qu'un siècle après la mort de Friedrich. Quoi qu'il en soit, c'est probablement dans une famille aisée que Friedrich Spee est né le 25 février 1591, à Kaiserwerth, près de Düsseldorf, en Rhénanie. En effet, aîné de cinq enfants, il a pu fréquenter le Collège des Jésuites de Cologne, le *Gymnasium tricoronatum*, puis effectuer deux ans d'études à l'université de la même ville.

A l'âge de dix-neuf ans, en 1610, Friedrich Spee quitte Cologne et remonte le Rhin pour entrer au noviciat des Jésuites de Trèves. Les études y duraient deux ans et il s'initie à la catéchèse des jeunes. L'électorat de Trèves avait été récemment, pendant les années 1587-1594, le lieu d'une des plus grandes chasses aux sorcières d'Allemagne. Dans deux villages de l'électorat, il ne restait plus que deux femmes : toutes les autres avaient été exécutées (Bechtel, p. 511). Il est donc probable que, dès cette époque et peut-être avant, Spee a été confronté à des exécutions de sorcières.

Mais, en 1612, une épidémie de peste contraint les Jésuites à s'éloigner de la ville et à transférer leur noviciat à Fulda, à près de deux cent cinquante kilomètres au nord-est de Trèves, dans la principauté de Hesse. Il y prononce ses premiers voeux à la fin de sa deuxième année de noviciat. L'odeur des bûchers doit cependant le poursuivre car, pendant six ans, entre 1593 et 1606, deux cents sorcières ont été brûlées à Fulda sous l'autorité du ministre Balthazar Ross (Bechtel, 512).

Spee étudie ensuite, à Würzburg, la philosophie qui lui servira plus tard à manier et définir avec précision les concepts dans la *Cautio.*

Commence alors, en 1615, la carrière d'enseignant de Friedrich Spee qui semble, si l'on en croit la Cautio, avoir correspondu à une vocation : "dès qu'il a commencé à toucher les lettres", écrit-il, il n'a pas été "moins avide d'enseigner que d'apprendre" (docendo quam discendo). Il enseigne donc en tant que professeur et régent dans les collèges jésuites de trois villes des bords du Rhin : Spire, Worms et Mayence. Dans la dernière de ces villes, on l'a vu, entre 1582 et 1604, sept cent cinquante personnes ont été mises à mort pour sorcellerie sous l'autorité de deux princes archevêques.

Mais en novembre 1616, il écrit au nouveau général des Jésuites élu l'année précédente, un Italien, Mutius Vitelleschi, pour demander à être envoyé en mission en Inde sur les traces de saint François-Xavier dont on préparait la canonisation (1622). Les demandes de ce genre étaient alors nombreuses chez les jeunes jésuites. On appelait ceux qui les formulaient les *indipetae* ("ceux qui vivent dans l'attente des Indes"). Mais la réponse qui lui parvient quelques mois plus tard, le 14 avril 1617, est négative : l'Allemagne, séparée entre catholiques et protestants, est elle-même terre de mission; c'est dans son propre pays que Spee devra répandre la parole du Christ.

Spee se résigne donc et termine ses études à Mayence : quatre années de théologie de 1619 à 1623.

Mais la théologie ne suffit pas à Spee. Sa piété a besoin d'une forme d'expression plus directe, moins rationnelle, qui corresponde mieux aux élans de sa foi et à son désir de la faire partager. Pendant cette période, Spee écrit et publie anonymement plus de cent cantiques; et ces cantiques ont un très grand succès. Ils ont formé la matière de nombreux livres de chants d'église. Trois petits recueils paraissent à Würzburg dès les années 1621-1622 et cent autres cantiques suivront au cours des années.

En 1622, Spee est ordonné prêtre, à l'âge de 31 ans.

Les années 1623 à 1626 sont sans doute consacrées à l'enseignement. Mais, durant l'année universitaire 1626-1627, Spee effectue encore, à Spire, une année de noviciat, ce qui était habituel chez les Jésuites. Ce second noviciat s'effectuait normalement tout de suite après les études de philosophie. Spee termine ainsi sa formation à l'âge de trente-six ans, alors qu'il aurait dû la terminer à trente et un ans. Les biographies de Spee disponibles en français ne permettent pas de préciser pour quelles raisons le juvénat (période d'études classiques et scientifiques qui durait normalement deux ans) et les études de philosophie de Spee (trois ans) ont duré sept ans au lieu de cinq. Ni pourquoi Spee a effectué son second noviciat trois ans après la fin de ses études de théologie.

Au moment où Spee effectue son second noviciat, un

nouveau massacre de sorcières a lieu à Mayence : plus de 1200 personnes exécutées sous l'autorité de deux archevêques successifs (1625-1630).

L'année 1627 comporte une incertitude que les éléments biographiques publiés en français ne permettent pas de combler.

D'après Anton Arens, en 1627, Spee est chargé de remplacer un professeur de philosophie malade à Cologne. Or, dans cette ville, les Jésuites avaient demandé à un groupe de femmes de s'occuper de catéchiser des jeunes filles. Pour les aider, Spee rédige chaque semaine un texte d'invitation à la prière et à la méditation sous la forme d'un dialogue entre confesseur et pénitent. Ces textes, recueillis en un volume formeront plus tard le *Livre d'or de la vertu (Güldenes Tugend-Buch).* D'après Anton Arens, ce recueil, qui n'a pas été traduit en français, témoigne du mysticisme de Friedrich Spee, de sa confiance dans les épreuves de la vie, de son amour de Dieu, des hommes et de la nature et de son aspiration à la mort. S'y manifeste également sa préoccupation pour les victimes innocentes des procès de sorcières.

Mais, d'après la notice du *Dictionnaire des auteurs* (Laffont), Spee, après avoir été prédicateur du chapitre à Paderborn, aurait été désigné en 1627 comme aumônier des condamnés au bûcher pour sorcellerie par le tribunal de Würzburg. Ce serait donc cette année-là que Spee aurait été confesseur des accusés de sorcellerie. Cette notice est d'ailleurs la seule parmi les documents sur Spee rédigés en français à indiquer le moment où Spee a été confesseur de sorcières. Si ce renseignement est exact, il faut préciser que le prince-évêque de Würzburg, Philipp Adolf von Ehrenberg, a fait exécuter pendant la durée de son règne (1623-1631) environ mille deux cents personnes dont son propre neveu, des prêtres et jusqu'à des enfants de sept ans (Bechtel, p. 513). La genèse de la *Cautio* s'est effectuée dans cette ambiance de folie persécutrice.

C'est probablement durant cette année 1627, que Spee a lu l'ouvrage d'un de ses confrères, jésuite et professeur de théologie à Ingolstadt et Munich, Adam Tanner (1572-1632), qui venait d'être publié. Il s'agissait d'une imposante somme de théologie (*Theologia scolastica*) mais une partie du tome III de ce livre, la quatrième *Disputatio,* portait sur les procès de sorcières et plus particulièrement critiquait l'emploi de la torture dont il montrait la cruauté et le risque qu'elle provoque la dénonciation et la condamnation d'innocents. Ce livre, sur lequel Spee s'appuie très fréquemment dans la *Cautio,* a certainement encouragé Spee à s'exprimer à son tour. Il lui a suggéré une forme, celle de la *disputatio* scolastique. Mais il lui a aussi inspiré la prudence car Tanner a connu de graves ennuis à cause de cette publication et Spee dit avoir rencontré des juges qui considéraient que Tanner aurait mérité, pour ses propos et son invitation à la prudence, d'être lui-même mis à la torture.

L'année suivante, en octobre 1628, Spee est envoyé à Peine, près d'Hildesheim, pour ramener à la foi catholique les vingt-huit communes de cette circonscription, protestante depuis soixante-dix ans. Mais, le 28 avril 1629, il est victime d'une tentative de meurtre au cours de laquelle il est gravement blessé et dont il a gardé des séquelles toute sa vie.

A la fin de la même année, il est nommé professeur de morale à l'université de Paderborn, ville dans laquelle les procès de sorcières se multiplient sous l'impulsion du très zélé Ferdinand de Bavière, archevêque et prince-électeur de Cologne. Spee a donc sur place de quoi alimenter sa réflexion. D'autant plus que paraissent successivement plusieurs livres sur la chasse aux sorcières. Un théologien, Paul Layman, publie une *Theologia moralis* dans laquelle il apporte son soutien à la thèse de Tanner contre la torture et pour une plus grande prudence dans les procès de sorcières. En 1630, un nommé Hermann Goehausen publie à Rinteln, la même ville où a paru l'année suivante la *Cautio*, un ouvrage intitulé *Processus juridicus contra sagas et veneficas*, ouvrage que cite Spee, mais seulement à partir du Doute 44, ce qui laisse penser que son propre livre était déjà presque terminé lorsqu'il a pris connaissance du livre de Goehausen. Enfin, en 1630, un certain P. Jordaneus publie un livre sur les marques prestigieuses (*Proba stigmatica*) dont Spee n'a eu connaissance que plus tard et qu'il ne cite que dans la deuxième édition de son livre.

Parallèlement, bien sûr, les procès de sorcières se poursuivent. Ainsi, en 1629, à Eichstadt, en Bavière, un juge demande la mort de 274 sorcières; et, à Coblence, 24 sorcières montent sur le bûcher.

Au cours de cette année universitaire, Spee est démis de son poste pour une raison que l'on ignore.

On ignore également, bien que parmi les spécialistes, les discussions aillent bon train sur ce sujet, si la publication de la *Cautio criminalis*, à Rinteln, au début du mois de mai 1631, s'est faite avec ou sans l'accord de Friedrich Spee. Ce qui est certain, puisque des passages de son livre y font allusion, c'est que Spee a fait lire la *Cautio* à certains de ses amis : "A peine avais-je écrit ceci quand un mien ami arrivant et ayant vu ce que je venais d'écrire, me dit en souriant..." (Doute 20) "Moi-même, pour cette raison, je n'ai pas encore voulu publier ces avertissements bien qu'il y ait longtemps que je les ai couchés par écrit, me contentant de les faire voir manuscrits à mes amis et en supprimant mon nom" (p. 33). Les amis en question ont très bien pu la publier contre sa volonté. C'est ce qu'affirme une note placée à la fin d'une des présentations de l'édition de 1631 où l'éditeur anonyme écrit : "Comme l'auteur de ce mémoire ne s'est pas laissé convaincre de le faire imprimer, j'ai estimé pouvoir, en vue du bien public, commettre un pieux larcin. Je l'ai donc commis, et expédié aussitôt le livre vers les bords de la Weser pour qu'il y soit imprimé. Si j'ai péché, on sera compréhensif et on me pardonnera" (cité par Roland Crahay). Mais peut-être aussi Spee était-il partiellement ou totalement consentant. L'accord de Spee est plus certain pour la deuxième édition qu'il a manifestement revue et corrigée.

Le livre de Spee paraît donc sous le titre complet de *Cautio criminalis ou Des procès contre les sorcières, ouvrage nécessaire aujourd'hui aux magistrats d'Allemagne , ainsi qu'aux conseillers et aux confesseurs des princes, aux inquisiteurs, aux juges, aux avocats, aux confesseurs des accusés, aux prédicateurs et à bien d'autres.* L'expression *Cautio criminalis* signifie à peu près Précautions à prendre en matière de procédure criminelle. Elle rattache le livre à un genre d'ouvrages juridiques : les *Cautelae juris* ou *criminales* qui précisaient la bonne manière de procéder. L'auteur en serait un théologien romain inconnu *(incerto theologo romano),* "romain" (ou "orthodoxe" dans deux des présentations de cette édition) signifiant ici catholique, précision d'autant plus utile que Rinteln était une ville protestante, passée pour une brève période au catholicisme, toujours d'après Roland Crahay.

A peine le livre a-t-il paru qu'il est violemment critiqué, dès le 14 mai 1631, dans une lettre à l'évêque d'Osnabrück, par l'évêque coadjuteur de Paderborn, Jean Pelcking, qui qualifie l'ouvrage de "*pestilentissimus liber*" (livre très pestilentiel) et dénonce Spee comme étant son auteur.

A l'intérieur de la Compagnie de Jésus, les avis divergent. Mais, rapporte Roland Crahay, "après avoir ordonné une enquête, le général tranche en sa faveur et donne son accord pour que Spee soit chargé au collège de Cologne du cours de théologie morale. Il tempère le zèle de ceux qui voudraient faire condamner le livre."

Une deuxième édition paraît en 1632 à Francfort. A moins

qu'elles ne soient pas de Spee, les retouches, qui apparaissent dans la traduction française réalisée à partir de cette édition, montrent qu'elle n'est pas seulement une copie de la première et que Spee a sans doute contribué à la préparer.

La controverse reprend alors de plus belle. Le général des Jésuites, apparemment peu sûr de lui et sans doute influençable, se retourne d'abord contre Spee et décide de l'exclure de la compagnie. Puis, il revient sur cette première décision et, conformément à l'avis du Provincial, demande à Spee, le 28 avril 1632, de quitter de lui-même la Compagnie. Spee refuse. Deux ans plus tard, dans une lettre datée du 25 février 1634 il se félicite que Spee soit resté dans la Compagnie.

Entre temps, Spee a été muté à Trèves, mais apparemment, d'après Roland Crahay, pour le soustraire aux attaques. Là, il enseigne comme professeur de morale et se consacre à son oeuvre poétique : *Le Rossignol combattant (Trutz-Nachtigall)* qu'il termine en 1634.

La même année, il est nommé à la chaire d'exégèse biblique, ce qui signifie, d'après Anton Arens, "une reconnaissance, une promotion et, du même coup, la complète réhabilitation de Spee". Il reçoit également la charge de directeur de conscience dans les prisons et les hôpitaux.

Mais en mars 1635, Trèves devient le théâtre de la guerre entre Français et Impériaux. Spee se fait l'infirmier des soldats blessés et malades. Lors de la prise de Trèves par les Impériaux, il négocie la libération des prisonniers français. Et malgré une épidémie introduite par les soldats, il poursuit son service d'infirmier [3].

Le 7 août 1635, Friedrich Spee, atteint par la contagion, meurt à l'âge de 44 ans. Il est enterré le jour même, sans doute en raison de la contagion, dans la crypte de l'église des Jésuites de Trèves.

Destin posthume de l'oeuvre de Spee.

Au moment de la mort de Friedrich Spee, les persécutions contre les sorcières commencent à s'apaiser en Allemagne. Guy Bechtel va même jusqu'à écrire que "la crise démonologique allemande est pour l'essentiel terminée"(p. 514). Il y eut bien encore quelques procès jusqu'en 1660, mais plus rien de comparable à l'effrayant massacre au milieu duquel Spee a vécu.

Il est vraisemblable que le livre de Spee a été pour quelque chose dans l'arrêt des persécutions. Au moment même de sa mort, les esprits sont encore très partagés. Ainsi, en 1635, un pasteur luthérien nommé Johann Matthäus Meyfahrt (1590-1642), dans un livre intitulé *Christliche Ernnerung an Gewaltige Regenten* et publié à Erfurt, demande comme Spee aux princes de faire cesser la chasse aux sorcières. Et il signe son livre, ce que Spee n'avait pas osé faire. Peut-être est-ce précisément l'effet produit par la *Cautio* qui lui a donné le courage de cet acte. Mais la même année, un autre luthérien, Benedict Carpzov, juge de l'électorat de Saxe et membre de la cour suprême de Leipzig, publie lui aussi un livre intitulé *Practica rerum criminalium* où, tout en déplorant l'usage abusif de la torture, il affirme qu'on ne peut pas l'éviter. Son livre a eu un grand succès dans les milieux protestants et est devenu "le *Malleus* du luthéranisme".

Cependant, à partir des années 40, il semble que le vent ait nettement tourné et les historiens ne signalent plus d'ouvrage important en faveur de la persécution des sorcières. Par contre, les livres et les actes qui s'y opposent se multiplient. Ainsi, en 1647, Johan Seifert, prédicateur et aumônier des troupes combattantes de Suède, publie à Brême un abrégé allemand (la première édition en allemand) de la *Cautio* sous le titre *Von processen gegen die Hexen (Des procès contre les sorcières).* Il dédie son livre à la reine Christine de Suède qui, sous son influence, promulgue deux ans plus tard, en 1649, une interdiction des procès de sorcellerie à l'intention des gouverneurs militaires de Brême et d'Osnabruck qui étaient alors sous son autorité. Cette mesure n'empêcha malheureusement pas, entre 1668 et 1675, après l'abdication et le départ de la reine, une persécution terrible qui causa sans doute la mort de 300 personnes.

Au milieu du siècle, deux princes, l'archevêque de Trèves Carl Caspar von der Leyen (1652-1676) et l'archevêque de Mayence et évêque de Würzburg Johann Philipp von Schönborn (1647-1673), qui connaissait personnellement Friedrich von Spee, interdisent radicalement les procès de sorcières, sous l'influence probable de son oeuvre.

D'autre part, les traductions de la *Cautio* se multiplient en Europe. En 1660 paraît une traduction française sous le titre *Advis aux criminalistes.* Cette traduction, due sans doute à un médecin de Besançon, Ferdinand Bouvot, est la première qui mentionne, de façon partiellement erronée le nom de l'auteur : "Je sais de bonne part qu'il s'appelait N. Spee et qu'il est mort depuis plusieurs années." Le "N.", d'après Roland Crahay, ne serait pas l'initiale d'un prénom mais symboliserait, de façon conventionnelle, un prénom inconnu. A cette époque, les procès de sorcières étaient terminés en France, mais la Franche-Comté en a connu encore quelques-uns jusqu'en 1667, avant de devenir française. Et la préface de Bouvot témoigne qu'il a assisté à des scènes de dénonciations, notamment d'une femme par ses enfants, avec les encouragements de prêtres, tout à fait comparables à celles qu'évoque Spee. C'est peut-être cette expérience qui a amené Bouvot à traduire la *Cautio.*

Vingt ans plus tard, en 1680, paraît une traduction polonaise de la *Cautio*. Le nom de Spee y figure. L'oeuvre de Spee est encore éditée en latin en 1731, avec cette fois le nom complet de Spee : Π. P. Friderici Spee e Soc. Jesu.

Deux oeuvres importantes témoignent encore de l'influence de l'auteur de la *Cautio*. D'abord, en 1691, celle du pasteur calviniste néerlandais Balthazar Bekker : *Le Monde enchanté*, qui se réclame de Spee. Et surtout celle, plus décisive encore, de Christian Thomasius (1655-1728) qui publia plusieurs ouvrages sur les procès de sorcières dont ses *Thèses de magie criminelle* (*De crimine magiae*, 1701). Thomasius qui était un brillant juriste protestant et qui enseignait à Leipzig et à Halle, appréciait fort la *Cautio* et aurait appris l'identité de Spee par le philosophe Leibniz (Anton Arens).

La dernière exécution légale d'une sorcière en Europe a eu lieu en Suisse, dans le canton de Glaris, en 1782, cent cinquante et un ans après la publication de la *Cautio*.

Le monde n'en a pourtant pas fini avec la persécution des "sorcières" puisqu'aujourd'hui encore, en Afrique, au Burkina Faso et au Ghana notamment, des femmes sont bannies de leur village et certaines vont vivre misérablement à la ville ou mourir dans la jungle à la suite d'une accusation de sorcellerie. En 1998, en Afrique du Sud, 442 personnes ont été victimes de la chasse aux sorcières (Le Monde, 2 octobre 1998).

Quelques mots sur cette édition.

Cette édition de la *Cautio criminalis*, la deuxième édition en français depuis 1660, a été réalisée à partir de la première traduction, celle de Ferdinand Bouvot.

Mais comme cette traduction aurait été à peu près illisible pour la majorité des lecteurs de notre époque, il a semblé utile de la moderniser dans sa syntaxe, son vocabulaire [4], son orthographe, sa ponctuation, et le découpage de ses phrases et de ses paragraphes.

D'autre part, Ferdinand Bouvot dans sa préface ne cache pas qu'il n'a pas cherché à faire une traduction exacte : "Je vous avertis que je ne me suis point assujetti dans ma traduction aux paroles de l'auteur. Je me suis mis devant les yeux son intention et son raisonnement, et je l'ai suivi et secondé de tout mon pouvoir." (Avis préliminaire du traducteur, p. 28). En réalité, sa traduction est en général fiable et fidèle à l'esprit de l'auteur. Mais elle comporte parfois des inexactitudes. Et surtout des ajouts (sept pages environ disséminées dans tout le livre en paragraphes de longueur variée) quelquefois assez longs, notamment lorsque le sujet se prêtait à l'intervention du médecin qu'était Ferdinand Bouvot. Ces ajouts sont particulièrement nombreux dans le chapitre concernant la recherche des marques prestigieuses. Enfin, le style de Bouvot est en général insistant; il préfère l'hyperbole à la litote et pratique volontiers la synonymie, doublant très fréquemment adjectifs et substantifs.

Sa traduction ayant été réalisée à partir de l'édition de 1632 de la *Cautio*, et cette édition comportant des ajouts par rapport à celle de 1631, il a fallu comparer les deux éditions latines pour distinguer les ajouts de l'auteur de ceux du traducteur que l'on a éliminés. Les additions de l'auteur sont indiquées entre parenthèses, précédées par la mention : 1632.

La disposition en paragraphes est presque toujours celle de l'édition de 1632, la dernière revue par Spee. Nous avons toutefois rajouté ou supprimé des alinéas, lorsque cela semblait nécessaire pour alléger le texte, le rendre plus clair ou mettre en valeur des anecdotes. Par souci de légèreté aussi, nous avons supprimé les titres d'alinéas annonçant des arguments (Ratio 1, Ratio 2, etc), des corollaires, des prétextes, des moyens ou des renseignements, et nous n'avons conservé que la numérotation. De même, pour la numérotation en tête d'alinéa, les chiffres romains un peu encombrants ont été parfois remplacés par des lettres. Enfin, sauf exception, et contrairement à une habitude assez fréquente chez Spee, nous avons évité de terminer un paragraphe par le début de la première phrase du paragraphe suivant.

Les références des oeuvres que cite Spee, qui peuvent être utiles pour un travail de recherche, ont été laissées en latin.

Plan du livre et intention de Spee.

La *Cautio* est faite d'une succession de cinquante-deux chapitres qui, par leur thème, peuvent être regroupés en quatre grandes parties de longueur à peu près égale précédées de cinq brefs chapitres qui forment une introduction.

Le plan de la *Cautio* reflète bien les intentions de Spee.

Après une préface désabusée et provocatrice où il dédie son livre à ceux qui ne le liront pas précisément parce qu'ils en auraient le plus besoin, le livre s'ouvre sur cinq chapitres très brefs dans lesquels Spee pose des questions apparemment essentielles sur **la sorcellerie** mais qu'il expédie en quelques lignes avec une sorte de désinvolture. Sorciers et sorcières existent-ils vraiment? En quoi consiste le crime de sorcellerie? Ce crime est-il excepté (c'est-à-dire exceptionnellement grave) ce qui justifierait une procédure exceptionnelle?. La réponse de Spee consiste à renvoyer le lecteur, comme pour se dédouaner, aux livres des démonologues. Mais ce qu'il pense d'eux, il le dit clairement dans le doute 20 : "Je ne sais quelle foi je dois ajouter à ces auteurs : Remy, Binsfeld et Del Rio que j'ai feuilletés avec curiosité, voyant que quasi toute leur doctrine touchant les sorcières n'est établie sur d'autre fondement que quelques contes et confessions extorquées sous la torture." Autrement dit, des tortures naissent les arguments des démonologues, lesquels arguments justifient la torture. Un seul de ces chapitres est un peu plus développé, celui qui répond à la question : y a-t-il plus de sorcières en Allemagne qu'ailleurs? Et à cette question, le livre effectivement apporte une réponse.

Après cette introduction, quatre chapitres (doutes 6 à 9) concernent particulièrement **la responsabilité des princes**. Car c'est bien à eux et à l'Empereur que s'adresse la *Cautio*. Spee distingue deux sortes de princes. Ceux qui s'acharnent à réprimer la sorcellerie. Mais les moyens qu'ils emploient sont-ils vraiment efficaces? Et ne devraient-ils pas être plus prudents? Et ceux qui se déchargent de leurs responsabilités sur leurs officiers. Se rendent-ils compte des conséquences de leur négligence?

Les dix chapitres suivants (doutes 10 à 19) insistent sur **le risque de condamner des innocents**, préoccupation centrale de Spee (les mots *innocent* et *innocence* reviennent près d'une fois par page dans l'édition de 1631). Il démontre d'abord la réalité de ce risque que nient les juges et les inquisiteurs (d'après eux, Dieu empêcherait que des innocents ne soient condamnés avec les coupables!). Il rappelle la parole du Christ sur l'ivraie et le bon grain : faut-il, pour extirper l'ivraie, prendre le risque d'arracher le bon grain? La réponse du Christ était négative. Cette parabole est un des axes de tout le livre. Et enfin, comment éviter que ne soient condamnés des innocents?

La partie suivante (doutes 20 à 31) porte sur **la torture** qui est, pour Spee une des causes principales, avec les dénonciations qu'elle provoque, de la multiplication des sorcières en Allemagne. Il montre d'abord que la torture met les innocents en danger. Puis il tente de limiter les dégâts en prouvant, textes à l'appui que les juges n'ont pas le droit de répéter la torture comme ils le font, et analyse les indices, dont la prétendue "taciturnité", qui permettent aux juges de torturer plusieurs fois les accusées. Il montre ensuite que la torture, contrairement à ce que croient les juges, ne permet pas d'accéder à la vérité. Et il expose enfin toutes ses raisons de croire qu'il faut abolir la torture, ce qu'il est peut-être le premier à faire avec une telle rigueur, bien avant les philosophes du XVIIIe siècle. Deux chapitres un peu à part concluent cette partie : l'un sur le rôle des confesseurs de sorcières qui se trouvent souvent impliqués dans la torture; l'autre sur cette forme particulière de torture infamante qu'est la tonte des accusées par le bourreau et la recherche des "marques prestigieuses".

Les douze chapitres suivants (doutes 32 à 43) mettent en évidence **la fragilité des indices et prétendues preuves** qui permettent aux juges de torturer les accusés, de les condamner ou, pour ceux qui sont morts en prison, de leur donner une sépulture infamante au pied du gibet. Spee montre en particulier l'importance et la fragilité de la mauvaise réputation parmi les indices menant à la condamnation. Il montre également comment le refus de l'aveu et les rétractations sont considérés comme des circonstances aggravantes au lieu d'être pris en compte comme éléments à décharge. Enfin, la mort des détenus en prison et les marques insensibles doivent-elles être considérées comme des preuves de culpabilité?

La dernière grande partie du livre (doute 44 à 50) porte sur **les dénonciations.** Cette partie est évidemment essentielle aux yeux de Spee puisque ce sont les dénonciations arrachées sous torture qui provoquent la multiplication à l'infini des sorcières et la condamnation de milliers d'innocents. Spee montre d'abord que les juges ne devraient tenir aucun compte des dénonciations, puis que, dans la logique de la sorcellerie, le diable pourrait bien avoir intérêt à les multiplier, et que le comportement arbitraire des juges est inacceptable.

Le doute 51 est **un condensé de tout le livre** dans lequel Spee récapitule en une dizaine de pages saisissantes la manière dont sont menés les procès de sorcières, les rouages qui poussent inéluctablement les accusés au bûcher ou au gibet et les raisons qui font que l'Allemagne est la "mère de tant de sorcières". Dès sa préface, Spee invite les lecteurs peu motivés que seront sans doute les juges et les inquisiteurs si jamais ils ouvrent son livre, à lire au moins ce chapitre qui contient l'essentiel de sa thèse.

Enfin, un appendice établit un **parallèle entre les procès de sorcières et la persécution des chrétiens par Néron**. Le fait que les martyrs chrétiens aient cédé à la torture et se soient dénoncés les uns les autres est la preuve évidente que le pouvoir de la torture est terrible, que Dieu ne protège pas nécessairement les innocents et que des multitudes d'innocents ont pu être torturés et condamnés au cours des procès de sorcières.

Ce plan illustre bien, par sa rigueur, la cohérence de l'argumentation de Spee. Son but essentiel est de défendre les innocents injustement condamnés : "Mon but principal est d'être secourable à quantité de pauvres innocents. " (Doute 9); "Je n'agis que pour l'amour de la vérité et pour la pitié que j'ai des misérables innocents que je désire soulager en instruisant leurs juges." (Doute 47) Pour les défendre, il ne peut s'adresser qu'aux autorités politiques, seules à même d'intervenir et d'interdire les procès de sorcières ou du moins de veiller à ce qu'ils se déroulent avec toutes les garanties nécessaires pour ne pas mettre en danger les innocents. D'où la dédicace aux princes et à l'Empereur, ceux que Spee appelle les magistrats. Il s'agit de les convaincre, et avec eux les juges et inquisiteurs et tous les prêtres et religieux impliqués de près ou de loin dans les procès de sorcières, que ces procès provoquent la mort de quantité d'innocents. Pour cela, il faut mettre à jour le mécanisme implacable qui, lorsqu'une personne est arrêtée, la mène inévitablement au bûcher ou au gibet : "Tout espoir est perdu quand la force des tourments a une fois fait confesser une innocente" (Doute 21).

Les trois rouages de ce mécanisme sont : 1° les **indices et preuves** sur lesquels se fondent les accusations et qui se réduisent le plus souvent à des rumeurs et des calomnies; 2° la **torture** que les juges estiment avoir le droit d'appliquer dès que les indices leur paraissent suffisants; 3° les **dénonciations** qui servent d'indices pour l'arrestation et la torture de nouvelles accusées qui en dénonceront d'autres et ainsi de suite. Ce sont les trois éléments principaux du plan de la *Cautio*.

Son langage et ses recommandations ne sont pas les mêmes pour chacune des catégories de personnes auxquelles il s'adresse.

Aux juges et aux inquisiteurs, Spee recommande, bien qu'il n'ait guère d'espoirs d'être lu par eux, une extrême prudence dans la conduite des procès, prudence qui devrait logiquement les amener à suspendre toute condamnation, sauf contre les calomnies et les médisances qui sont à l'origine des accusations; mais le plus souvent, il dénonce avec vigueur la manière dont ils mènent les procès. Aux confesseurs des accusés, sur le rôle desquels Spee ne se fait guère d'illusions car les juges et les inquisiteurs éliminent tous ceux qui pourraient ne pas collaborer à leur folie persécutrice, Spee recommande de ne jamais confondre leur fonction avec celle d'auxiliaires de la justice. Ils sont les représentants de Dieu auprès des accusés, ils doivent donc se conduire paternellement avec eux, qu'ils soient coupables ou innocents, et ils doivent leur apporter tout le secours spirituel qu'il est en leur pouvoir de leur donner. Ils ne doivent intervenir auprès des juges qu'à la décharge des accusés, mais avec la prudence nécessaire pour ne pas faire plus de mal que de bien par des interventions maladroites. Spee s'adresse aussi aux supérieurs des confesseurs pour qu'ils les choisissent avec perspicacité et ne confient cette charge qu'à des religieux capables de l'assumer par la solidité de leur formation et leur bon sens. Aux magistrats, c'est-à-dire pour l'essentiel aux princes, Spee tient un langage fait de respect et de sévérité. Il les considère comme les principaux responsables des abus qu'il constate dans les procès puisqu'ils ont autorité sur les juges et les inquisiteurs. Il déplore leur zèle excessif ou leur indifférence et, dans ce cas, leur tendance à déléguer leur pouvoir en cette matière à des officiers dont ils ne contrôlent pas la conduite. Dans son rôle auprès d'eux, Spee compare et oppose son comportement à celui des chiens qu'évoque le prophète Isaïe, incapables d'aboyer pour signaler les dangers du chemin. Lui, Spee, aboie et rappelle aux princes que leurs excès de zèle ou leur négligence risque de compromettre le salut de leur âme. Enfin, à l'égard de l'Empereur à qui il s'adresse à plusieurs reprises et dont il sait ou veut croire qu'il est le seul à pouvoir intervenir pour mettre fin aux procès, il adopte le ton respectueux et confiant qui convient : "Personne ne peut secourir l'Allemagne sinon notre très auguste César. Que ceux donc qui sont opprimés recourent à lui. Il ne rebutera ou repoussera personne qui voudra s'approcher de l'autel de sa justice. Il lira volontiers les mémoires des accusations sur lesquelles les inquisiteurs ont coutume de procéder et qu'il trouvera pour la plupart farcis de niaiseries ou d'autres chefs d'accusation mal prouvés ou suffisamment réfutés. Et je me trompe fort ou il entreprendra de grand coeur de châtier la licence de ces très iniques procédures." Était-il vraiment si confiant en la sollicitude de l'Empereur pour les accusés de sorcellerie? On peut en douter. Mais l'intervention de l'Empereur était pour lui la seule porte de salut, et il fallait la laisser ouverte, fût-ce au prix d'une bienséante flatterie.

Un mécanisme pervers autoproducteur de sorcières.

La *Cautio* est sans doute une des analyses les plus précises, effectuée à chaud, du fonctionnement du mécanisme qu'a été la persécution des sorcières. Car il s'agit bien d'un mécanisme inéluctable d'où celui ou celle qui y est entré n'a pratiquement aucune chance de sortir vivant : " Tout espoir est perdu quand la force des tourments a une fois fait confesser une innocente." De ce mécanisme, Spee montre clairement les rouages, les ressorts, la perversité et les conséquences.

Ce mécanisme comporte quatre rouages principaux qui fonctionnent en étroite imbrication.

Le premier de ces rouages, pour Spee, est le peuple allemand, et spécialement les catholiques : " Les premières causes du soupçon de sorcellerie sont la superstition, l'envie, la calomnie, les détractions et les murmures du peuple allemand et surtout, on a honte de le dire, catholique" (Doute 51). Ce magma de sentiments populaires est orienté, d'après Spee, par une croyance relativement récente dont on verra l'origine ensuite, celle que tous les maux viennent des sorcières : "Toutes les punitions dont Dieu nous menace dans la Sainte Écriture viennent de la part et par le moyen des sorcières, car aujourd'hui Dieu et la nature ne font rien, le diable et les sorcières font tout." (id.) C'est cette désignation collective de boucs émissaires [5] qui est le point de départ de la persécution. Mais la pression populaire, ce que Spee appelle "le torrent des opinions populaires" ("opinionum vulgarium torrentem"), continue à se faire sentir tout au long des procès sur les juges, sur les magistrats, sur les religieux et il est difficile et risqué de réagir contre cette pression. La plupart des historiens actuels confirment que la persécution des sorcières est bien un phénomène collectif populaire. L'auteur de l'étude sur l'Allemagne dans l'ouvrage collectif *Magie et sorcellerie en Europe,* écrit que parfois "des communautés entières se proposaient pour financer elles-mêmes les procès - même si cela nécessitait la vente des forêts communales".

Le deuxième rouage est celui de l'autorité politique, ceux

que Spee appelle les magistrats qui ne sont pas ici les juges mais les autorités à tous les niveaux : les autorités municipales, les princes et même l'Empereur. C'est aux princes que s'adressent les demandes populaires d'enquêtes contre les sorcières. Ce sont eux qui peuvent mettre en branle l'appareil de la justice. Certains de ces princes en prennent la décision d'eux-mêmes avec un zèle fanatique, mais, d'après Spee, le plus souvent, ils obéissent à la pression du peuple.

Troisième rouage, donc, l'appareil de la justice : juges, inquisiteurs, personnel des prisons, bourreaux. Dans le doute 51, Spee montre que les juges ne sont pas toujours très chauds au départ pour se lancer dans une telle entreprise. Certains, révoltés, il en donne des exemples, l'abandonnent en cours de route. Mais la plupart des juges se laissent emporter par la double pression qu'ils subissent de la part des princes et de la part du peuple, double pression à laquelle s'ajoutent d'autres ressorts que l'on verra plus loin.

Dernier rouage enfin : l'Eglise. Spee montre son implication à différents niveaux. Par le biais de ses démonologues, elle fournit d'abord la justification idéologique de la persécution des sorcières. Les juges s'appuient sur les livres de démonologie. Mais ces livres, dont certains ont été de grands succès de librairie, sont certainement aussi connus, directement ou indirectement, dans la population et contribuent à son effervescence. L'Eglise fournit aussi ses confesseurs : confesseurs des juges, confesseurs des "sorcières", confesseurs et souvent conseillers des princes. Leur zèle persécuteur, leur modération ou leur passivité peuvent avoir une réelle influence ou laisser agir leurs ouailles en toute bonne conscience. De même, les prédicateurs agissent aussi bien sur le peuple que sur les juges et les princes. Enfin, ce sont les supérieurs des ordres religieux qui désignent les religieux chargés de confesser les accusés. Selon qu'ils les choisissent sages, fanatiques ou simplement stupides, les conséquences pourront être très différentes.

Tels sont donc les éléments qui sont entrés en jeu dans la persécution des sorcières et entre lesquels Friedrich Spee s'est trouvé placé. On peut imaginer l'indépendance d'esprit qui lui a été nécessaire pour résister à cette quadruple pression et on aimerait savoir ce qui, dans son milieu familial et dans sa formation, peut expliquer une telle capacité de compassion, une telle lucidité et une telle autonomie.

Les ressorts psychologiques qui ont fait fonctionner ce

mécanisme sont aussi décrits avec précision dans la *Cautio*.

Les sentiments populaires sont d'abord, on l'a vu, l'ignorance et la superstition qui font qu'on attribue à des causes surnaturelles des faits purement naturels comme les phénomènes météorologiques ou les maladies des hommes ou des animaux. La tendance à chercher des responsables humains à ces maux et la malveillance qui aide à les trouver interviennent ensuite. C'est exactement le même ressort qui, aujourd'hui encore, fait fonctionner la chasse aux sorcières en Afrique. Le choix du bouc émissaire s'effectue, d'après Spee, à partir de médisances, de jalousies, de calomnies, et même de jeux ou de moqueries. Qu'un enfant traite une vieille femme de sorcière et elle risque le bûcher. Tel est le bouillonnement collectif où naît la persécution. Mais pour qu'elle prenne toute son ampleur, il faut qu'interviennent les autres rouages.

La réaction des princes à cette agitation populaire est évidemment décisive. S'ils sont eux-mêmes convaincus de la nécessité des persécutions, ils ne se font pas prier pour mettre en branle la machine judiciaire. Ils y sont quelques fois poussés par des prédicateurs ou des conseillers animés d'un zèle qui, d'après Spee fait le malheur de l'Allemagne. Mais on sait que dans certains États où les princes étaient réfractaires à la chasse aux sorcières, celle-ci ne s'est pas développée. Une fois les procès mis en route, c'est la négligence des princes, leur irresponsabilité, que Spee dénonce, ainsi que leur tendance à déléguer entièrement leur pouvoir, en cette matière à leurs officiers de justice : "J'appris l'autre jour qu'un prince, averti de la grande circonspection et du soin qu'il devait apporter à une affaire de sorcellerie qui pressait beaucoup, répondit légèrement qu'il laisserait ce soin-là aux officiers qu'il avait établis pour cela." (Doute 9) "Quelqu'un se moquait de moi là-dessus, il n'y a pas longtemps, comme si j'avais quelque espérance, si éloignée qu'elle fût, qu'aucun prince voulût faire faire enquête sur les abus et les fautes de ses inquisiteurs. Je ne sais s'il avait raison, mais je sais bien que cette négligence des souverains magistrats n'est pas excusable. " (Doute 16) Pourtant les princes sont très capables de s'occuper eux-mêmes de certaines affaires :"Dans les affaires de la maison, de la chasse et autres moins importantes, les princes ne se déchargent pas à ce point des soucis. Ils prennent part à l'application qui y est nécessaire et ne pensent pas que cela déroge en quoi que ce soit à leur majesté et dignité de passer des soins plus élevés et importants du gouvernement de l'Etat à des affaires de moindre conséquence. Il s'en suit qu'ils ne seront pas suffisamment justifiés devant Dieu si, ayant été diligents et soigneux en affaires de moindre considération, ils se trouvent avoir été négligents en affaires de si grande importance et où il s'agit de la vie, de l'honneur et des biens de toute une famille" (doute 9). L'ignorance des princes en ce qui concerne les affaires de sorcellerie, derrière laquelle il leur arrive de se retrancher, ne paraît pas plus excusable à Spee : "J'avoue qu'ils l'ignorent. Mais qu'ils en soient excusables pour cela, c'est ce que je nie bien fort. Ils pourraient, s'ils le voulaient, savoir cela aussi bien que d'autres choses semblables. Pourquoi donc l'ignorent-ils?" (Doute 40). C'est pourquoi Spee énumère au doute 29, vingt-deux points sur lesquels les princes devraient s'informer sérieusement (parmi lesquels l'état des prisons, la manière dont sont menés interrogatoires et tortures, l'impartialité des juges, etc.) pour que les procès de sorcières se déroulent au moins de façon légale.

Les ressorts psychologiques qui font agir les représentants de la justice, plus directement impliqués par leur fonction dans les tortures et les condamnations, sont plus divers. Certains, qui disent déplorer la manière dont ils sont contraints de mener les procès, se retranchent derrière les ordres reçus : "Ils ont en effet coutume de répondre que ce sont les princes qui les obligent à s'y comporter comme ils font. D'où vient qu'un d'entre eux, il n'y a pas longtemps, disait qu'il savait bien que beaucoup d'innocents passaient avec les coupables, mais qu'il ne s'en sentait point la conscience chargée, "parce que nous avons, disait-il, un prince très consciencieux qui nous presse et nous pousse à faire ce que nous faisons; c'est à lui de savoir s'il peut nous le commander en conscience et c'est à nous d'obéir". Un autre me disait, il y a plus longtemps, quelque chose de semblable, comme je l'avertissais de prendre garde à marcher droit. Et, il est à noter que tous deux étaient officiers du même prince duquel j'ai parlé ci-devant et qui me disait qu'il déchargeait sa conscience sur celle de ses officiers" (...) "Le prince dit: "C'est à mes officiers d'y prendre garde"; les officiers disent: "C'est au prince". Quel cercle vicieux! " (Doute 9). Mais dans certains États au moins, les juges et les inquisiteurs, payés à la pièce si l'on peut dire, sont animés par l'intérêt : "J'entends qu'en certains lieux, on ordonne une certaine somme de deniers par tête criminelle pour salaire de ceux que le prince emploie dans ces procès comme jurisconsultes, inquisiteurs etc.; par exemple quatre ou cinq ristalles par tête. Or, qui ne voit ici que, pour cette seule raison, aucune vigilance ne peut être assez grande pour empêcher que l'espérance de gain ne corrompe la procédure et que les accusés ne soient d'autant plus facilement jugés criminels que la plus grande quantité des coupables fait plus enfler la bourse qu'un moindre nombre." (Doute 8). D'autres juges ne se contentent pas de ce salaire et savent mieux encore tirer parti de la situation :"Certes, on ne peut pas présumer que la justice d'un inquisiteur soit exempte de corruption, si après avoir embrasé les âmes grossières des paysans contre les sorcières, puis ayant été appelé et ayant promis d'aller bientôt extirper une telle peste, il envoie en avant ses émissaires qui vont de porte en porte exigeant de chacun une contribution plus que volontaire, comme pour engagement et invitation à ce galant homme d'exploiter[6] plus courageusement. Puis étant venu, et après quelques légères procédures, ayant fait grande parade de ses exploits et rempli les pesants esprits de ses admirateurs des maléfices et pernicieux desseins qu'avaient avoués celles qu'il a fait brûler, feignant de s'en vouloir aller, il se fait retenir moyennant une nouvelle collecte pour extirper le reste de la zizanie; et ainsi, ayant assez tiré d'un village, passe à l'autre usant toujours de la même charité que je viens de dire. Certes, je tiens ces quêtes pour des tributs publics. Et je m'étonne de voir que les princes les permettent à leurs inquisiteurs ou que notre Auguste Empereur les permette à ses princes" (Doute 16). Mais ce qui pousse aussi les juges à condamner, c'est parfois leur zèle fanatique, leur conviction d'agir pour le bien commun en extirpant la sorcellerie. D'où l'insensibilité et l'acharnement avec lesquels ils traitent les accusées : "Elles ne rencontrent que des statues sourdes et insensibles qui, pour toute consolation, ne font que les injurier et leur reprocher leur crime prétendu, les appeler obstinées, infâmes, endiablées, comme s'il y avait indulgence plénière à qui en dirait le plus et que l'on fît un grand sacrifice à Dieu en les bafouant et en les maltraitant." (Doute 19) "Et pourtant, et les inquisiteurs et les magistrats demeurent en pleine et profonde paix de leur conscience, et écoutent, les jambes étendues et tout à leur aise, ces beaux discours de leurs officiers." (Doute 33).

Le clergé, régulier ou séculier, semble, d'après Spee, essentiellement animé par le zèle de la persécution, mais un zèle qu'il appelle "ignorance et faute de bon sens" (Doute 19). Il fustige en effet la sottise, la niaiserie de nombre de prêtres, religieux, prédicateurs, confesseurs qui croient assurer le salut de leur âme et de l'Empire en faisant torturer et en envoyant au bûcher le plus possible d'hommes, de femmes, d'enfants, en insistant parfois pour qu'on ne tienne pas compte de l'âge et même en suggérant aux juges et aux bourreaux de nouveaux procédés de torture. D'autres motivations semblent animer ceux qui tiennent à assister au déshabillage et à la tonte des sorcières. Certains, de bonne foi mais naïfs et ignorants, croient, comme l'écrit Spee, à des contes de vieilles et, sur la foi de ces contes, envoient les accusés au bûcher en toute bonne conscience. D'autres s'acharnent à arracher des aveux aux accusées jusque devant les flammes et se rendent plus insupportables aux accusées que le bourreau lui-même. Il faut ajouter à ces ressorts psychologiques ceux qui animent les démonologues, théologiens en général, souvent jésuites, donc confrères de Spee. Celui-ci stigmatise chez eux le même zèle qu'il dénonce chez beaucoup de membres du clergé, mais aussi, plus spécialement, une insensibilité et une indifférence aux souffrances des accusées qui tient à leur condition, nous dirions aujourd'hui, d'"intellectuels" privilégiés. Ainsi il évoque ces religieux qui "comme c'est l'ordinaire de ceux qui ont coutume de philosopher à quatre pas de leurs fourneaux et, à leur aise dans leur poële, (sont) plus ardents que les autres et (...) se laiss(ent) emporter à l'impétuosité d'une imagination échauffée"(Doute 48) "Mais pourquoi s'en étonner, écrit-il dans un autre doute, puisqu'étant accoutumés à toutes délicatesses et opulence, ils écrivent et spéculent à leur aise dans leur poële sans avoir aucune idée de la douleur et des tourments que souffrent les pauvres infortunés non plus qu'un aveugle des couleurs. C'est pourquoi ils sont si libres à juger des choses qui leur sont inconnues. L'on peut véritablement dire d'eux ce que dit l'Ecriture *(Amos, 6) Ils boivent le vin à même les coupes, s'enduisent des huiles les plus exquises, mais de la tristesse de Joseph ils ne souffrent pas.* S'ils étaient mis une fois pour un seul quart d'heure à la torture, je suis sûr qu'aussitôt toute leur sagesse et leur magnifique philosophie s'en irait par terre, car ils ont coutume de raisonner en enfants des choses qu'ils ne connaissent en rien" (Doute 20).

Ainsi, pour Spee, l'énergie qui fait tourner la machine de la persécution est un composé d'ignorance, de superstition, de zèle religieux, d'irresponsabilité, d'intérêt, de sottise, de naïveté, de cruauté, d'indifférence et d'insensibilité. Mais comme le pensent les historiens actuels, la motivation première n'est pas religieuse. Elle prend sa source dans des sentiments bien plus profonds que la foi religieuse : la peur devant des phénomènes redoutables et la tendance à en attribuer la responsabilité à des boucs émissaires dont la destruction permettrait seule de rétablir l'ordre ancien.

Mais, comme l'a montré Soljenitsyne à propos du Goulag, la

violence ne peut jamais se déchaîner longtemps sans que le mensonge s'en mêle et sans atteintes à la légalité même du système persécuteur. Si la vérité intégrale de la persécution des sorcières avait été révélée et si la légalité avait été respectée, la chasse aux sorcières n'aurait sans doute pas duré longtemps car il lui fallait non seulement la justification idéologique que lui donnaient les démonologues, mais aussi un grand nombre d'entorses à la loi et beaucoup de mensonges. Et tout cela, la *Cautio* le montre bien. Tout au long de ses pages, Spee, qui souhaitait que l'Empereur établisse une nouvelle loi qui ne laisse aucune liberté d'interprétation aux juges, cherche à défaut à persuader les juges et les magistrats de respecter au moins la *Constitution caroline* qui offrait déjà de nombreux garde-fous dans la conduite des procès, et même simplement les préceptes des démonologues sur lesquels ils se vantaient de s'appuyer et qui marquaient certaines limites à ne pas dépasser. Mais les juges, pour justifier leur procédure inhumaine se référaient à l' "usage" et à la notion de "crime excepté" qui autorisaient toutes les outrances. Certains doutes qui peuvent nous paraître un peu ratiocineurs et coupeurs de cheveux en quatre cherchent en fait à prouver aux juges que leur façon de pratiquer la torture et d'utiliser les dénonciations est totalement illégale. Il s'agissait là d'une argumentation capitale en fait car si les juges n'avaient plus eu le droit d'utiliser en toute licence la torture et les dénonciations, la persécution des sorcières en aurait sans doute été tarie.

Parmi les entorses à la légalité, l'absence d'avocat, les procédés par lesquels on dissuade les accusés de s'en procurer un et la pression que l'on exerce sur les avocats eux-mêmes, facilement accusés d'être des avocats du diable et donc suspects de complicité avec les sorcières. Alors que, écrit Spee, " c'est une manifeste iniquité de refuser un avocat à une personne accusée qui nie d'être sorcière." (Doute 18) Autre entorse, l'indifférence des juges aux arguments à décharge présentés par les accusées : "on ne fait pas la moindre mention de ce qu'elle a allégué pour sa défense, comme si c'était tout un que la misérable eût baillé ou parlé". En revanche toutes les déclarations à charge sont soigneusement notées. Ou encore le procédé qui consiste à fractionner la durée légale de la torture de façon à pouvoir y soumettre les accusées cinq fois de suite, ce qu'aucun texte n'autorisait[7]. De même, en vertu de la Bulle papale *In coena Domini,* les juges n'avaient pas le droit d'arrêter des prêtres ou des religieux et de les mettre en procès sans permission spéciale du Saint-Siège. Or, ils ne s'en privaient pas.

Si tout cela avait été éventé, le Pape ou les autorités civiles auraient pu intervenir. Il fallait donc couvrir ces irrégularités et empêcher qu'elles ne soient connues en tant que telles. D'où l'interdiction faite aux avocats de participer aux procès, l'éloignement des confesseurs trop préoccupés du sort des accusés, les menaces prononcées contre le théologien Tanner qui, dans sa *Theologia scolastica* avait dénoncé la torture et invité les juges et les inquisiteurs à une extrême prudence. Et la crainte que Spee lui-même avait d'exprimer ouvertement ses critiques, ce qui l'a amené à publier son livre anonymement.

Juges et inquisiteurs recouraient aussi à des moyens particulièrement retors pour couvrir les injustices qu'ils savaient avoir commises : "Si les juges ont envie de savoir un autre stratagème du même inquisiteur, pour ôter de la fantaisie des hommes l'opinion de l'innocence de quelque misérable qui aurait été exécutée un peu légèrement, je le leur enseignerai volontiers. Quand ils donneront la question à quelque autre accusée, qu'ils conduisent adroitement les interrogatoires pour en venir à parler de celle qui est morte en se déclarant innocente, car ainsi, elle sera portée à accuser plutôt celle que vous présenterez à sa mémoire, quand ce ne serait que pour vous obliger et éviter des tourments. Les accusées ont d'ailleurs coutume d'accuser celles qui sont déjà exécutées pour rendre leurs accusations plus vraisemblables, comme je le dirai ci-après. Vous aurez ainsi ce que vous demandez et ne manquerez pas de publier partout combien la méchanceté de la première accusée est rendue de jour en jour plus claire et manifeste par les nouvelles accusations de ses semblables. Ajoutez qu'elle a eu de la chance d'avoir été punie sans plus de délai, puisque si l'on avait attendu, elle aurait mérité d'être brûlée toute vive." (Doute 40) Ainsi, la dénonciation mise dans la bouche d'une accusée sous la torture devient la justification rétroactive d'une condamnation inique antérieure.

Spee cite également l'ignoble comportement d'un prêtre qui, après avoir harcelé une condamnée pour qu'elle avoue être sorcière, la suivit jusqu'au bûcher et " la sollicita tellement, lui faisant horreur du supplice préparé et lui donnant espérance de quelque grâce si elle venait à avouer, qu'elle proféra enfin ces trois ou quatre paroles : "Je suis donc coupable." Sur quoi, le prêtre ayant réparti à la hâte : *Je t'absous,* courut après cela droit au juge, demandant l'adoucissement du supplice puisqu'elle avait avoué le crime. Mais le juge, indigné, lui ayant répondu qu'il fallait l'avoir fait plus tôt, elle fut poussée toute vive dans le feu. On ne peut imaginer pourtant combien ce prêtre a proclamé partout l'obstination des criminelles et combien peu on devait se fier à la constance de celles qui soutenaient la torture sans avouer, puisque celle-là qui avait résisté à tant de tourments avait enfin avoué son crime à l'article de la mort" (Doute 39).

Mais un des phénomènes les plus intéressants engendrés par la persécution des sorcières dans des conditions de légalité extrêmement douteuse, et particulièrement bien analysé par Spee, est l'utilisation par les juges et inquisiteurs d'une "langue de bois" avant la lettre, qui fait penser à la novlangue imaginée par George Orwell dans *1984*.

D'après Spee, les juges emploient un vocabulaire particulier, des expressions qui leur sont propres et qui ne rendent compte en rien de la réalité des procès. Ils peuvent de cette façon donner l'illusion de la légalité là où il n'y a qu'abus de pouvoir, injustice et cruauté. C'est dès la fin du doute 9 que Spee expose aux magistrats et aux princes cette "novlangue" destinée à leur dissimuler la réalité. Quand les officiers de justice viennent exposer aux princes "quelque question de grande importance", les princes "ne la pourront bien entendre à cause des nouvelles façons de parler que l'on a introduites dans ces procès, qui ne se trouvent dans aucun dictionnaire ou *Trésor des langues* et qui ne se peuvent savoir que par la pratique. Mais afin que l'on ne croie pas que je feigne tout ceci, que les princes s'éprouvent un peu et qu'ils voient si, après avoir fait allumer tant de brasiers, il y en a un seul aujourd'hui parmi eux qui sache ce que veulent dire ces phrases des inquisiteurs :

1 On a entendu la défense de Gaïa[8] , elle n'a point satisfait.

2 Nous avons des indices de grand poids et de conséquence contre elle.

3 Nous procédons *secundum allegata et probata.*

4 Titia s'est avouée coupable et criminelle sans torture.

5 Elle a très librement ratifié *ad bancum juris* la confession qu'elle avait faite à la torture.

6 Plusieurs pénitentes sont mortes dans l'accusation d'une telle.

7 La criminelle a avoué tous les points et les mêmes circonstances que les complices avaient déposées contre elle.

8 Sempronia a usé du maléfice de taciturnité contre les tourments.

9 Elle n'a rien senti dans les tourments, elle riait, elle dormait.

10 Elle a été convaincue en face de crime, néanmoins elle est demeurée impénitente.

11 Elle a été trouvée morte en prison, ayant le col rompu; le démon l'a étranglée, etc.

J'assure hardiment que de telles façons de parler ne signifient pas plus ce qu'elles semblent signifier qu'un cheval signifie un boeuf, un chameau un âne, ou que l'eau signifie le feu, comme le lecteur le remarquera en divers lieux ci-après, quand, en passant, nous expliquerons brièvement en son lieu cette sorte de jargon.

De sorte que si l'inquisiteur demande au prince ce qu'il veut que l'on fasse du prêtre tel, s'il n'entend pas qu'il soit brûlé tout vif non seulement pour avoir été accablé d'indices, mais encore pour avoir été convaincu en face, sans vouloir pourtant se repentir et convertir, que peut répondre le prince à cela sans faire faute? S'il ignore encore ce que veut dire en cette matière: "grands indices" et "avoir été convaincu en face", ou ce que signifie "ne se pas vouloir convertir" et "vouloir mourir impénitent". Et même en supposant que le prince consulte les docteurs et théologiens et qu'il ne se fie point à son sentiment mais qu'il s'en rapporte au leur, qu'arrivera-t-il de plus, sinon qu'il commettra une faute d'autant plus importante. Car où pourraient-ils avoir appris ce qu'on entend par de telles façons de parler? Dans quels livres et comment pourraient-ils avoir songé qu'on aurait changé la signification ordinaire des paroles sans l'aveu du conseil des lettrés. Il faut donc que le prince apprenne ce jargon et il ne l'apprendra jamais que par la pratique, si bien qu'il ne faut pas qu'il se rapporte de toutes choses au soin et à la diligence de ses officiers." (p.15)

Ainsi, lorsque les juges affirment qu'une accusée a été jugée *secundum allegata et probata* (à partir de déclarations alléguées et prouvés) cette expression omet que l'accusée a réfuté les accusations portées contre elle. Lorsqu'ils prétendent qu'elle a avoué "sans torture", il faut comprendre qu'elle n'a été passée qu'à la première torture, c'est-à-dire qu'on lui a écrasé les jambes "comme des gaufres" entre deux mâchoires de fer jusqu'à ce que le sang en ruisselle. S'ils disent que "les déclarations de telle accusée ont été concordantes en tous points à ce que les autres avaient déposé contre elle", il faut savoir que les juges et inquisiteurs ont tout fait pour orienter les dénonciations vers l'accusée qu'ils avaient besoin d'accabler. "Certes les officiers racontent de telles coïncidences à leur souverain, mais elles ne sont vraies que d'après leur façon de parler, pour ne pas dire qu'elles sont tout à fait fausses"(Doute 28).

A propos des marques prestigieuses, censées ne pas saigner, Spee raconte avoir discuté avec des "criminalistes" qui lui assuraient qu'un "sorcier" piqué profondément comme c'était l'usage à l'emplacement d'une de ces prétendues marques n'avait pas saigné : "Comme je pressais ceux qui m'assuraient cela, je tirai enfin d'eux qu'au moins il en avait "fort peu donné". De sorte que "peu" leur était "rien" : je crois qu'ils attendaient de voir des ruisseaux de sang" (Doute 26).

De même, lorsque les accusés, après avoir maintenu l'affirmation de leur innocence malgré une première séance de torture, avouent être coupables sous la menace d'une autre séance, puis reviennent à leur première déclaration quand ils s'aperçoivent qu'ils seront torturés de toute façon, les juges "ordonnent donc qu'ils soient remis à la torture, et alors leur font confesser "en toute liberté" (comme ils disent et l'entend le prudent lecteur!) qu'ils sont véritablement coupables." (Doute 2).

On voit donc, et c'est peut-être une des révélations de la *Cautio,* que la persécution des sorcières n'a pas pu se dérouler, malgré ce qui nous paraît être la cruauté des moeurs de l'époque et toutes les justifications idéologiques apportées par les démonologues, en toute transparence. En réalité, inquisiteurs et juges, pour la mener à bien, si l'on peut dire, ont dû mentir et recourir à des stratagèmes. Ce qui signifie d'une part qu'ils avaient des raisons de craindre que l'Eglise ou les autorités civiles ne sanctionnent les illégalités de leurs procédures; que les lois de l'époque, notamment la *Constitution caroline*, si elles avaient été vraiment appliquées, auraient sans doute entravé le bon fonctionnement de la machine; et que les juges savaient que tout le monde n'était pas favorable à la poursuite de cette persécution. Et effectivement, certains princes s'opposaient aux procès de sorcières. Spee donne des exemples de juges qui répugnaient à y participer. Et l'on voit qu'il avait dans son entourage des amis et des relations que ces procès révoltaient. Autrement dit, les juges et les inquisiteurs n'agissaient pas dans un milieu qui leur était entièrement favorable. Ils avaient surtout un pouvoir terroriste, celui que leur donnait la terreur qu'ils exerçaient. Ils n'agissaient pas en fonction d'une vraie légalité.

Le courage de Spee, et de tous ceux qui, comme lui se sont élevés contre cette persécution, même s'il s'est exprimé anonymement (mais il savait certainement qu'il serait vite identifié et, une fois identifié, il a fait rééditer son livre) a été, dans le seul but de sauver des innocents, de dévoiler mensonges et illégalités et de faire voir que le roi était nu. Son courage a été, poussé par le sentiment d'horreur qu'il éprouvait et sa compassion pour les victimes, de parler publiquement. Certes, la publication de la *Cautio* n'a pas fait cesser immédiatement les procès. Mais elle semble en avoir diminué le nombre. Et elle a donné à d'autres le courage de s'exprimer et une argumentation forte sur laquelle s'appuyer.

La torture et la souffrance des victimes.

La *Cautio* est sans doute un des premiers grands livres consacré presque entièrement à la torture. Car c'est elle qui est au centre du livre de Spee qui savait bien que sans elle la chasse aux sorcières n'aurait jamais pris l'ampleur qu'elle a prise en Allemagne. Les mots *torture* et *tourment* reviennent plus de six cents fois dans la *Cautio.*

Les "criminalistes" distinguaient deux degrés de torture : la première torture qu'ils considéraient comme légère et qui consistait, on l'a vu, à écraser les jambes "comme des gaufres" entre deux mâchoires de fer; et la seconde, plus lourde, l'estrapade. Celle-ci consistait à suspendre le prisonnier par ses mains liées dans le dos, à le faire monter ainsi jusqu'au plafond et à le faire descendre brusquement en l'arrêtant une ou plusieurs fois, brusquement aussi, au milieu de sa course. Le résultat était une traction et une souffrance insupportable aux articulations des épaules qui aboutissait souvent à les désarticuler. Pour améliorer la méthode, on suspendait des poids aux pieds des torturés.

Mais il est significatif que Spee ait considéré que la torture commençait bien avant, dès l'arrestation. La souffrance morale et physique des prisonniers dans leurs conditions ordinaires de vie était déjà pour lui une torture. Il a vu "les malheureux gisant dans l'ordure et la misère", dans "l'humidité et la puanteur d'un fond de fosse"; il a entendu "dans une solitude éloignée de toute consolation", "leurs plaintes et leurs lamentations"(Doute 24). Il sait que les juges "cherchent tous les moyens possibles de venir à bout de leur ouvrage et de faire en sorte que celle qui est entre leurs mains soit telle qu'ils la désirent, c'est-à-dire coupable. Ils la resserrent dans une prison plus obscure, ils lui mettent les fers aux pieds et aux mains, ils lui font souffrir le froid, la chaleur, la faim, la soif. Ils lui envoient des gens à leur convenance qui les tourmentent, comme j'ai dit ci-devant, la plupart brutaux et ignorants, mercenaires et serviles, et qui concourent au dessein de ceux qui les emploient" (Doute 22).

Vient ensuite la torture à proprement parler, celle que les juges considéraient comme légère :"J'ajoute que, bien que les tourments soient énormes, les juges mêmes non plus que les autres ne s'en peuvent persuader. Ils en témoignent assez quand ils disent de certaines criminelles, comme cela leur est assez habituel, qu'elles ont confessé "sans tourment", ce que j'ai entendu de mes propres oreilles plus d'une fois dans la bouche de juges et même de prêtres, qui, pour ce, concluaient qu'elles étaient sans aucun doute coupables. C'est chose étrange de voir jusqu'où la licence de parler est arrivée, puisque, ayant eu la curiosité de m'informer s'il en était ainsi, j'appris qu'en réalité, elles avaient été mises à la torture, mais seulement dans un large pressoir de fer dont la platine de devant est armée de dentelures très aiguës, dans lequel on presse les jambes des criminels. En sorte que, tant à cause de la sensibilité extrême du devant des jambes qu'à cause de la violence que l'on exerce en les pressant, par laquelle les jambes, aplaties comme une gaufre entre les fers, ruissellent le sang de tous côtés, avec une douleur que les plus robustes disent être intolérable, l'on peut juger quels sentiments ont ces Messieurs de la torture puisqu'ils n'appellent pas cela tourment et disent qu'elles ont confessé "sans torture". Ils le font ainsi entendre au peuple, écrivent aux princes qu'ils ne doivent aucunement douter qu'elles ne soient coupables puisqu'elles-mêmes avouent "sans être mises à la torture". Que peuvent résoudre les jurisconsultes sur ces cas, quand on les consulte, s'ils ne sont informés de la façon de parler des inquisiteurs. A quoi pensent donc les criminalistes, si cela n'est pas torture pour eux?" (Doute 20).

La seconde torture n'est pas décrite directement par Spee, mais ses conséquences sur les accusées suffisent à montrer sa violence : "Et ainsi il y en a (je le sais fort bien) qui sont morts à cause de l'énormité des tortures. D'autres ont été rendus impotents pour le reste de leurs jours, d'autres tellement martyrisés que, comme on devait les exécuter, le bourreau n'osa pas leur découvrir les épaules de peur que le peuple ne fût ému de la cruauté de ce spectacle. D'autres enfin qu'il a fallu expédier en toute hâte vers le lieu du supplice de peur qu'ils ne mourussent en chemin. Personne toutefois ne se sent travaillé d'aucun remords de conscience et obligé à aucune satisfaction" (Doute 20).

Si les criminalistes avaient un peu de compassion, si les princes acceptaient de voir la réalité, la pensée même de tels traitements leur serait insupportable : "S'ils en avaient bien pris conscience, même par la seule imagination, ils ne pourraient pas les faire sentir à des bêtes sans être émus de compassion. Il n'y a gentilhomme allemand qui pût souffrir que l'on tourmentât son chien de la sorte. Qui pourra donc être d'avis que l'on martyrisât tant de fois des créatures raisonnables?" (Doute 21).

Et ce que révèle aussi la *Cautio,* c'est que ces tortures se déroulaient parfois dans des maisons de villages, devant des enfants : "comme l'on baillait la question à quelques accusées dans une maisonnette du village, les enfants étaient aux fentes de la porte et des fenêtres écoutant tout ce qui s'y faisait et disait avec les noms des dénoncés et toutes les particularités des accusations. Et je sais que la même chose se pratique en beaucoup d'autres lieux." (Doute 28).

En ce qui le concerne, Spee n'éprouve aucun doute sur son incapacité à supporter une telle torture : " J'avoue quant à moi que je serais si peu capable de supporter de telles peines que si on me condamnait à la torture, je ne ferais point de difficulté de me charger d'abord de tous les crimes que l'on voudrait, et choisirais plutôt la mort que de souffrir de si grands tourments." (Doute 20) Et d'ailleurs qui pourrait y résister? "C'est ce qui me fait souvent avouer que si nous ne sommes et ne passons pas tous pour sorciers, c'est que nous n'avons pas subi la torture. L'autre jour, un inquisiteur d'un grand prince osa dire à ce propos, avec grande vérité, entre deux vins, que si le Pape même était tombé entre ses mains, il lui ferait subir une telle torture qu'il lui ferait avouer d'être sorcier. Et il pourrait bien faire de même à Binsfeld, et à moi, et à tout autre, à l'exception de quelques individus plus résistants" (Doute 48).

Et Spee est si persuadé de l'inhumanité de la torture et de l'incapacité d'un homme ou d'une femme ordinaire à y résister qu'avec une sorte de cynisme désespéré, il traite d'insensée l'innocente qui n'avoue pas : " Malheureuse! A quoi pensais-tu? Que ne confessais-tu dès que tu as été mise en prison que tu étais sorcière? Sotte et malheureuse, pourquoi veux-tu mourir plusieurs fois plutôt qu'une? Suis mon conseil, et d'abord, avant qu'on commence à te tourmenter, avoue le crime et résous-toi à mourir, car tu n'en réchapperas pas. Car tout cela est la conséquence du zèle des Allemands" (Doute 51).

A l'intérieur même de la Compagnie de Jésus, les faits devaient, quelque temps plus tard, donner raison à Spee. Un Jésuite portugais, le Père C. Ferreira, missionnaire au Japon depuis vingt-trois ans, abjura sa foi sous la torture et aida pendant vingt ans la police japonaise à traquer les chrétiens. Puis, s'étant rétracté, il fut martyrisé à son tour.

On comprend donc pourquoi il y a tant de sorcières en Allemagne : "Tout est plein de sorcières parce qu'ils se sont servi d'un mauvais et dangereux moyen de les connaître." "Les princes ont beau brûler, ils n'en verront jamais la fin s'ils ne brûlent tout. Ils désertent leurs terres plus que la guerre même et n'avancent pas de l'épaisseur d'un cheveu, ce qui mérite d'être pleuré de larmes de sang." (Doute 7)

En ce qui concerne les condamnations à mort, la *Cautio* montre qu'il existait des degrés différents de cruauté : les accusées qui avaient avoué leurs crimes étaient pendues avant d'être brûlées; les "obstinées", c'est-à-dire celles qui avaient refusé d'avouer, étaient brûlées vives (Doute 39). Enfin, celles qui avaient été trouvées mortes dans leur prison (Doute 41), et donc censées avoir été étranglées par le diable, étaient traînées au pied du gibet où elles étaient enterrées.

La personnalité de Spee.

Mais l'aspect de la *Cautio* qui, aujourd'hui encore peut le plus nous toucher, c'est la personnalité même de Friedrich Spee. Existe-t-il, dans notre littérature du XVIIe siècle, un seul écrivain qui ait fait preuve d'une telle humanité, d'une telle compassion, et que la souffrance des autres ait à ce point déchiré? Et cela, non pas d'abord par devoir religieux ou charité chrétienne, bien qu'il fût prêtre, mais simplement parce que les souffrances des autres lui étaient insupportables. Et insupportables jusqu'au désespoir.

Bien sûr, Friedrich Spee est prêtre et croyant. Ses références à la religion, à l'Evangile, à l'Ancien Testament, sont nombreuses. Le doute sur les devoirs des confesseurs témoigne d'une conception du sacerdoce inspirée par l'amour et la bonté. Le christianisme de Spee est essentiellement axé sur la bonté. Le Dieu auquel il se réfère est un Dieu de miséricorde, qui pardonne, console. Celui de la parabole de l'enfant prodigue, plein de tendresse et de douceur. L'usage qu'il fait de la parabole de l'ivraie montre que son christianisme n'est en rien "éradicateur". Si pécheurs que soient les hommes, il faut les accepter, être à leur côté, et tenter, par la seule vertu de la miséricorde, de les ramener à Dieu.

Cette conception du christianisme n'empêche pas Spee d'exprimer avec vigueur son indignation et sa révolte précisément contre ceux qui, se prétendant chrétiens, jugent, torturent, condamnent leurs semblables et s'imaginent pouvoir purifier l'Allemagne du mal de la sorcellerie. Ce que montre Spee, au fond, c'est que ce sont eux qui se comportent de façon véritablement diabolique. Le diable n'est pas chez les victimes mais chez les persécuteurs. Le rapprochement avec les persécutions de Néron contre les chrétiens est à cet égard significatif. Les condamnées pour sorcellerie y sont mises en parallèle avec les martyrs chrétiens et leurs juges avec Néron. On est là aussi très près des analyses de René Girard pour qui le diable et le mécanisme mimétique de la persécution ne font qu'un.

Étonnante aussi, chez un homme de ce début du XVIIe siècle, la part faite à la raison, à ce que Spee appelle souvent la "lumière naturelle" ou la raison naturelle. On trouve dans la Cautio plus de soixante occurrences de ces expressions ou d'expressions où le mot raison a le même sens fort. Spee associe souvent et parfois oppose les mots "droit" et "raison". L'expression "selon droit et raison" revient très souvent. Mais parfois, par exemple lorsque le droit autorise, en cas de "crime excepté", à utiliser tous les moyens, Spee rappelle que, même si le droit le permet on ne doit jamais aller contre la raison : "Ce qui est du droit de nature doit avoir force dans les crimes exceptés aussi bien que dans les ordinaires. En vain donc l'on prétexte l'exception du crime puisque la loi naturelle ne souffre point d'exception." (Doute 17) Et, plus vigoureusement encore, à la question de savoir si les juges, en cas de crime excepté, peuvent procéder en toute liberté " je réponds que non. La raison est que, bien qu'ils portent exception de ce qu'a ordonné la loi humaine politique, ils ne sont pas pourtant exceptés de ce qu'ordonnent la loi et la raison naturelle. Donc quelle que puisse être la procédure qui se doit tenir en tel cas, ordinaire ou extraordinaire, rien ne doit s'y passer qui soit contraire à la droite raison. Cela est si évident qu'il est inutile de le prouver, personne n'osant soutenir que ce qui est contre la raison puisse être jamais permis." (Doute 5) La raison est aussi opposée par Spee à l'usage et parfois à l'autorité, et elle semble lui paraître le rempart le plus solide contre les abus du fanatisme et de l'imbécillité.

Dans la logique de cette attitude, Spee ne partage en rien la croyance en la sorcellerie diabolique. Il n'ignore pas, bien sûr, la pratique de la magie. Il reconnaît qu'elle est interdite par l'Eglise, mais pour lui "la différence est grande entre pratiquer un art défendu et être sorcier" (Doute 26) au sens de suppôt du diable. Son témoignage a d'autant plus de valeur que Spee semble d'abord avoir cru comme tout le monde à la sorcellerie : "Ci-devant je ne doutais aucunement qu'il n'y eût au monde quantité de sorcières" (Doute 48) Puis, il s'est honnêtement demandé ce qu'étaient les accusés de sorcellerie, et cela sans préjugés : "Ayant affaire à telles gens dans les prisons et les ayant examinés souvent et soigneusement (pour ne pas dire curieusement), j'ai quelquefois trouvé mon esprit si embarrassé que je ne savais nullement ce que j'en devais croire." (Doute 1) Mais à force de confesser les hommes et les femmes accusés de sorcellerie, il en est arrivé à une conviction de plus en plus solide : "J'ai une certaine raison dans mon esprit que je tiens encore cachée et que je découvrirai en son temps, par laquelle je demeure entièrement persuadé que sur cinquante que l'on condamne à être brûlées, à peine y en a-t-il cinq, que dis-je? à peine deux qui soient véritablement coupables" (Doute 29). "Maintenant, après avoir bien examiné nos procédures et jugements, je me sens peu à peu conduire au point de douter s'il y en a aucune." (Doute 48). Et enfin, deux fois dans son livre, il affirme de façon définitive et solennelle : "Je suis homme et puis me tromper, c'est ce que je ne nierai jamais. Je dirai encore pourtant qu'après avoir traité plusieurs fois avec ces pauvres misérables, dedans et hors la confession, après avoir tourné leurs esprits sur tous les flancs, et pris de tous les biais, après avoir considéré attentivement les indices et les actes des procès, après en avoir discouru avec les juges autant que le sceau de la confession me le permettait, après que j'ai tout bien pesé, examinant toutes les raisons pour et contre avec équité et sans préjugé, après, dis-je,avoir imploré l'assistance divine et m'être servi de celle des hommes, je n'ai pu trouver autre chose, sinon que celles que l'on tenait pour coupables étaient véritablement innocentes" (Doute 11) et "Pour moi, après avoir tout bien considéré et jugé avec prudence, j'affirme sous serment qu'ayant accompagné nombre d'accusées au bûcher, je ne puis affirmer d'aucune qu'elle était coupable. J'ai entendu la même chose de deux savants et circonspects théologiens qui n'avaient pourtant omis aucune sorte de diligence et d'industrie pour parvenir à connaître la vérité, comme je l'ai dit ci-devant." (Doute 30)

Ainsi, c'est guidé par la raison et le bon sens que Spee en arrive à la conclusion qui l'amène à écrire son livre. Mais ce que l'on peut appeler son rationalisme, probablement influencé par une formation thomiste, n'a en rien desséché sa sensibilité. Spee semble être un homme sans carapace chez qui sensibilité, bon sens et rigueur rationnelle coexistent sans s'opposer. Et sa sensibilité apparaît à maintes reprises dans la *Cautio*..

Elle apparaît le plus souvent sous la forme d'une colère ou d'une souffrance impuissante, constamment étouffée dans la vie quotidienne et qui ne peut se manifester que dans son livre. "Certes, j'ai peine à exprimer quelle douleur j'ai au coeur de ne pouvoir, en découvrant l'abus, oser donner un avis salutaire à ce prince très pieux pour lequel je serais prêt à donner ma propre vie." (Doute 9)

La violence de ses sentiments s'exprime souvent à travers des réactions physiques : "Le sang me monte au visage" (Doute 33), "c'est ce qui me fait frémir et dresser les cheveux sur la tête" (Doute 30), "Quel est l'homme de bon sens qui, entendant de pareilles niaiseries en matière si importante ne se sente échauffer la tête contre une telle indignité?" (Doute 45). Bien qu'il essaie de contenir son indignation - " Je tâche de ne pas m'échauffer plus que la chose ne le mérite" (Doute 9) -, elle l'obsède au point de l'empêcher de dormir : "Dieu sait combien de soupirs sont sortis du plus secret de mon coeur, quand je repensais en moi-même, souvent de nuit, au lieu de dormir, à tous ces abus, ne voyant pas comment je pourrais arrêter le torrent des opinions populaires" (Doute 20).

Mais une des réactions les plus fréquentes de Spee est l'amertume de ne pas être entendu qui se manifeste dès la préface de son livre où il s'adresse "non seulement à ceux qui le liront, mais encore à ceux qui ne le liront pas" précisément parce qu'ils en auraient le plus besoin. "Que ceux donc qui ne se soucient de le lire le lisent. Pour ceux qui y sont déjà portés, il n'est pas si besoin qu'ils en prennent la peine". La même amertume réapparaît de doute en doute dans le courant du livre : "Qu'est-il besoin de mettre de tels avertissements dans les livres puisque les juges continueront à poursuivre comme ils ont commencé parce qu'ils ont leurs raisons?" (Doute 21) "Mais à quoi sert tout cela? Ni les inquisiteurs ne voudront pratiquer cet expédient, ni les magistrats l'ordonner. Les inquisiteurs n'en veulent rien savoir, parce que le nombre des sorcières diminuant, leur bourse s'amaigrirait. Les magistrats ne l'ordonneront pas, parce que personne ne le suggérera et eux ne liront pas les livres où ils le pourraient trouver" (Doute 45).

Cette amertume va parfois jusqu'à un accablement qui ôte à Spee le courage de traduire son livre en allemand : "Mais qui le voudra connaître? J'en dirais davantage si la douleur ne me coupait la parole, m'accablant tellement que j'ai peine à achever ce petit sommaire, ni penser, comme ce serait très utile, à une version allemande" (Doute 51).

Enfin, l'accablement de Spee atteint à certains moments à un désespoir qui va jusqu'à ébranler sa foi en la Providence : "Mais à quoi bon tout cela? Les princes l'ont entendu et se sont tus, leurs confesseurs l'entendent et demeurent muets. Qu'en sera-t-il donc? Peut-être que Dieu ne voit rien de tout cela et qu'il ne se soucie des gémissements des innocents." (Doute 16).

De même, il est probable qu'à plusieurs reprises l'horreur de la persécution des sorcières a fait douter Spee de la supériorité de sa foi catholique sur les autres religions. Dès le début de son livre, Spee est contraint de constater que c'est chez les catholiques surtout que se développe la persécution des sorcières. Les chrétiens d'ailleurs sont-ils meilleurs que les païens? "Je crains fort que nous ne donnions des leçons de cruauté aux païens mêmes qui pourtant, autrefois, par leurs continuelles et cruelles guerres et par les spectacles inhumains des gladiateurs, semblaient chercher à dessein à se rendre plus farouches." (Doute 20) Et de même : "Pour moi, je crois que même parmi des barbares et gentils on ne refuserait pas cette grâce au moindre valet de leur sacrificateur sur le point d'aller à la mort." (Doute 18) Sont-ils meilleurs que les musulmans? "Les calomnies et critiques ne sont que trop partout en crédit et la charité chrétienne en est blessée et outrageusement offensée. J'en ai entendu qui disaient, voyant l'effrénée licence des langues de ce temps de toute correction et châtiment, et que l'on procède en vertu d'une renommée si mal fondée, qu'ils passeraient volontiers quelque temps parmi les Turcs, jusqu'à ce qu'il fut permis aux innocents de vivre en sûreté. Ce qui me choqua véritablement et m'obligea à leur remontrer que, par ce discours, ils offensaient indirectement le magistrat"(Doute 35). La vivacité de la réaction de Spee traduit peut-être une réaction personnelle contre lui-même. Et le cinquante deuxième chapitre de son livre développe longuement un parallèle entre la cruauté de Néron et celle des juges chrétiens d'Allemagne.

Qui parmi les chrétiens de son temps a osé s'avouer et exprimer de tels doutes?

C'est encore un des signes de l'étonnante liberté d'esprit et autonomie de pensée de Spee. Confirmation s'il en est besoin que le partage entre les "justes" et les autres ne passe pas entre les religions quelles qu'elles soient mais entre ceux qui se retrouvent toujours du côté du manche et ceux qui, dans toute situation, voient où sont les victimes et prennent leur parti.

Pourquoi en sont-ils capables? En ce qui concerne Spee, la

religion ne semble y être pour rien : la plupart des chrétiens de son temps approuvaient les persécutions et les bûchers, et même si les protestants ont moins persécuté que les catholiques, ils ont eu aussi leurs bûchers et leurs démonologues. La formation intellectuelle donnée par les Jésuites n'a pas empêché un bon nombre d'entre eux d'encourager dans leurs ouvrages la chasse aux sorcières. Il est bien regrettable qu'on ne sache apparemment rien sur l'enfance et l'éducation reçue par Friedrich Spee dans sa famille. Car la réponse est peut-être là. Sa sensibilité, son courage, la justesse et l'autonomie de son jugement, conservés au milieu de la démence collective, font pressentir un équilibre fondamental lié aux origines de sa personnalité.

La "disputatio" scolastique.

Le genre choisi par Spee pour prendre la défense des accusées de sorcellerie est un genre propre à la théologie et utilisé pour examiner systématiquement une question point par point.

Voici ce qu'en écrit Roland Crahay : "Le livre n'a pas la forme d'un traité théorique; il a d'un bout à l'autre le caractère d'une controverse. Il se divise en 51 chapitres appelés *Dubia* (doutes), terme technique de la scolastique, utilisé aussi par le P. Tanner. Chaque *dubium* pose une question, à laquelle l'auteur répond aussitôt par "oui" ou par "non", à moins qu'il ne réserve sa position jusqu'à plus ample exposé.

Dans chaque *dubium*, la démonstration se divise en *rationes.* Aux raisons invoquées par l'adversaire, les *argumenta*, aux objections de celui-ci, introduites par le verbe *dices* (tu dis), l'auteur réplique *respondeo* (je réponds). Au terme d'une discussion, il peut formuler encore des *corollaria*, éventuellement des instructions pratiques, *documenta.* Toutes ces articulations du débat sont numérotées."(R. Crahay, p. 127)

Spee recourt fréquemment à des procédés d'argumentation classiques dans ce genre. Notamment le syllogisme, l'enthymème et le dilemme dont on trouvera la définition en note. Même si ces procédés peuvent nous paraître un peu lourds et formels, il faut reconnaître leur cohérence avec le projet de Spee : démontrer **rationnellement** le danger pour les innocents de la persécution des sorcières. Et il nous semble qu'ils ne font jamais barrage à l'expression de sa révolte.

Bibliographie.

I - Éditions de la *Cautio*. (D'après Gunther Franz, in *Cautio criminalis*, 1992.)
1- Latin - Rinteln - 1631.
2 - Latin - "Frankfurt" (Cologne) - 1632
3 - Latin - Poznan - 1645-1647.
4 - Allemand - Brême - 1647.
5 - Allemand - Francfort - 1649.
6 - Néerlandais - Amsterdam - 1657.
7 - Français - Lyon - 1660.
8 - Latin - Sulzbach - 1695.
9 - Allemand - Halle 1703.
10 - Latin - Sulzbach 1718.
11 - Latin - Augsbourg 1731.
12 - Allemand - ? 1785.
13 - Allemand - Weimar 1939.
14 - Allemand - Berlin 1961
15 - Allemand - Darmstadt 1967.
16 - Latin - Rinteln 1971
17 - Latin - Francfort 1971.
18 - Français - Paris 1975 (Edition en microfiches disponible à la Bibliothèque Nationale).
18 - Allemand - Munich - 1982-1987.
19 - Italien - Rome 1986.
20 - Allemand - Paderborn 1991.
21 - Allemand - Langwaden 1991
22 - Latin - Allemand - Tubingen et Bâle 1992.

II-Études en français sur Friedrich Spee :

-L. Polgar, *Bibliographie sur l'histoire de la Compagnie de Jésus 1901-1980*. Roma 1990, tome III, p. 244 ss. (178 références à Spee en 12 pages)
-Anton Arens, Article *Spee von Langenfeld* du *Dictionnaire de spiritualité,* 1986, tome 14, col. 1117 ss.
-Roland Crahay, *Le procès des procès de sorcellerie : la Cautio criminalis du P. Friedrich Spee, et son traducteur français,* in *Les Jésuites parmi les hommes,* Actes du congrès de Clermont-Ferrand, avril 1985, Clermont-Ferrand, 1987, p. 125-139.
-Jean-B. Neveux, *Friedrich von Spee S J (1591-1635) et la société*

de son temps, la grâce et le droit, in *Études Germaniques,* octobre-décembre 1964, numéro 4.
-H. R. Trevor-Roper, *De la Réforme aux Lumières,* Paris, Gallimard, pp. 202-203 (traduction de Laurence Ratier).

III-Études en allemand.

-Consulter la bibliographie de L. Polgar citée ci-dessus et celle de l'édition de la *Cautio* de 1992.(Disponible à la bibliothèque de Lille III).

IV-Études sur la sorcellerie.

-Guy Bechtel, *La Sorcière et l'Occident,* Paris, Plon, 1997.
-*Magie et sorcellerie en Europe du Moyen-âge à nos jours.* Ouvrage collectif sous la direction de Robert Muchembled, Paris, Armand Colin, 1994.
Ces deux ouvrages contiennent de copieuses bibliographies.

NOTES

1 - A l'exception de la réédition en microfiches de la traduction de 1660 disponible à la Bibliothèque nationale (Hachette, 1975).

2 - Guy Bechtel estime que plus de 50% de toutes les sorcières exécutées en Europe l'ont été dans des pays de langue germanique.

3 - Les soins aux malades faisaient traditionnellement partie de la mission des Jésuites et, sous le généralat de Vitelleschi, près de 700 Jésuites moururent de maladies contractées en soignant des malades.

4 - Par exemple, *locusta* (sauterelle) devient *cigale* sous la plume de F. Bouvot, selon une confusion fréquente au XVIIe siècle. Par pudeur, dans une liste de pécheurs, des *fornicatores* deviennent des incendiaires. Le mot *femmelette* a trop changé de sens pour pouvoir traduire *muliercula.* Quant au prénom Guillemette, il remplaçait joliment mais infidèlement la scolastique et latine Sempronia.

5 - La chasse aux sorcières, telle que la décrit Spee, semble une illustration de la crise mimétique évoquée par René Girard. On peut voir dans le passage cité ci-dessus le rôle de l'envie au départ de la crise. Or, l'envie est l'essence même du désir mimétique. Le déchaînement de ce désir fait naître une crise telle que la société entière est menacée d'anéantissement. Spee évoque des villages désertifiés par la persécution, personne n'étant hors d'atteinte des dénonciations. La folie persécutrice que Spee appelle le "torrent des opinions populaires" ou des "sentiments populaires" suit un chemin ascendant de la base au sommet de la société, impliquant sur son passage toutes les institutions : pouvoirs publics (les magistrats à qui s'adresse Spee), justice, Église. L'implication de la justice montre d'ailleurs qu'on est à un stade relativement évolué : le peuple ne se fait pas justice lui-même mais

exige des princes qu'ils envoient juges et inquisiteurs. Seuls le respect véritable d'une loi indépendante (la *Constitution caroline*) et l'autorité de l'Empereur ou de princes encore lucides pourraient mettre un terme à cette folie. De même, Girard pense que, dans les États modernes, l'autorité de l'Etat et la justice interdisent le déclenchement de crises mimétiques internes en prenant en charge les sanctions légales et en interdisant la vengeance personnelle. D'autre part, René Girard, dans *Le Bouc émissaire* (Grasset, 1982) a montré que les récits de persécutions de Juifs et de sorcières sont intermédiaires entre les récits proprement mythiques qui dissimulent en fait un lynchage et la conception moderne de l'histoire qui n'hésite pas à dévoiler les massacres. La *Cautio* de Spee est un bel exemple de démythification effectuée à chaud, alors que fonctionnait encore le système de la création de mythes, notamment celui du sabbat.

6 - *Exploiter* : signifier des actes judiciaires dits *exploits* (Robert).

7 - D'après Brian P. Levack (cité par Guy Bechtel, p. 393), dans un procès de sorcières, la torture aurait été appliquée cinquante-six fois à la même personne.

8 - Gaïa, Titia, Sempronia, Gracchus: prénoms latins utilisés conventionnellement dans les argumentations scolastiques.

CAUTIO CRIMINALIS

ou ***Des procès contre les sorcières,***
ouvrage nécessaire aujourd'hui aux magistrats d'Allemagne, ainsi qu'aux conseillers et aux confesseurs des princes, aux inquisiteurs, aux juges, aux avocats, aux confesseurs des accusés, aux prédicateurs et à bien d'autres.

J'ai vu sous le soleil au lieu du jugement,
le manquement au devoir, au lieu de la justice,
l'iniquité.
Ecclésiaste. 3, 16.

Et maintenant, rois, comprenez; instruisez-
vous, juges de la terre.
Psaumes. 2, 10.

PRÉFACE DE L'AUTEUR.

J'ai dédié ce livre aux magistrats d'Allemagne, non seulement à ceux qui le liront, mais encore à ceux qui ne le liront pas. La raison est que ceux qui ont assez de scrupules pour se croire obligés de lire ce que j'ai écrit touchant les procès de sorcellerie ont déjà ce pour quoi ils devaient le lire, à savoir le soin et la diligence que l'on doit apporter à de tels procès. C'est pourquoi il ne leur sera pas si nécessaire de le lire et d'en tirer ce qu'ils ont déjà eux-mêmes. Mais s'ils sont si négligents et inconsidérés qu'ils méprisent de lire ceci, ou que même ayant lu ces pages, ils soient gens à ne s'en pas beaucoup soucier, dès lors, il sera plus que nécessaire qu'ils les voient plus attentivement afin qu'ils apprennent à être plus soigneux et avisés. Que ceux donc qui ne se soucient de le lire le lisent. Pour ceux qui y sont déjà portés, il n'est pas si besoin qu'ils en prennent la peine.

Cependant, parmi ceux qui le liront et ceux qui ne le liront pas, je demande au moins qu'il n'y ait personne qui ne voie le dernier ou 51e Doute, le pesant et examinant mûrement et à loisir. Et même, ce ne sera ni contre raison ni contre l'ordre de le voir avant tous les autres.

DOUTE 1

Existe-t-il vraiment des sorciers et sorcières?

Je réponds que oui. Bien que je sache que quelques-uns, bons catholiques, gens de bien et de savoir qu'il n'est pas besoin de nommer, en ont douté. Bien que je sache aussi que certains ont cru non sans raison que l'Eglise avait vu des temps où l'on n'ajoutait point de foi à la réalité des sabbats et autres assemblées de sorcières. Bien que moi-même, enfin, ayant affaire à telles gens dans les prisons et les ayant examinés souvent et soigneusement (pour ne pas dire curieusement), j'ai quelquefois trouvé mon esprit si embarrassé que je ne savais nullement ce que j'en devais croire. Malgré tout cela, dis-je, quand je viens à considérer en bloc tous les sujets de ma perplexité, il faut que j'avoue qu'il y a dans le monde de cette méchante race de gens qui usent de maléfices, et que l'on ne saurait nier sans grande témérité et égarement d'esprit. Voyez les auteurs sur ce sujet : Rémy[1] , Del Rio[2] , Bodin[3] et autres. Ce n'est pas mon dessein de m'arrêter ici beaucoup. Mais qu'il y en ait tant et que toutes celles qui ont été brûlées soient sorcières, je ne le crois pas, ni avec moi beaucoup de gens de bien; et ne chercheront pas à m'en

---

[1] - Nicolas Rémy (1554-1600), juriste au tribunal des échevins de Nancy, membre du conseil privé de Charles III en Lorraine. Procureur général de Lorraine en 1591, auteur de *Demonolatriae libri tres* (1595), il s'est vanté d'avoir fait brûler 128 sorciers et sorcières en dix ans.

[2] - Martin Del Rio (1551-1608), jésuite espagnol, procureur général au conseil de Brabant, auteur des *Disquisitionum magicarum libri VI* (1599), ouvrage auquel on attribue un grand rôle dans la chasse aux sorcières et qui a connu vingt-cinq éditions successives.

[3] - Jean Bodin (1530-1596), magistrat et philosophe français, juge au présidial de Laon, auteur de *La Démonomanie des sorciers* (1580) et d'une *Réfutation des opinions de Jean Wier* (ce médecin allemand avait dénoncé , dès 1563,dans la chasse aux sorcières "un bain de sang d'innocents"). La *Démonomanie* a été éditée quinze fois en vingt-cinq ans.

persuader ceux qui, non par impétuosité et autorité, mais avec raison et mûr jugement, tâcheront comme moi de découvrir la vérité. A quoi j'exhorte mon lecteur de toute mon affection et par cette charité que notre Législateur Jésus-Christ a tant recommandée à tous ceux qui le veulent suivre. Si quelqu'un a du zèle et est animé contre les sorcières, qu'il le réprime tant soit peu et qu'il accompagne son zèle de la science et de la considération dont il a peut-être besoin. Toute impétuosité ne vient pas de vertu, mais souvent du pur mouvement de la nature. La vertu est modeste et modérée et ne craint point de devenir moindre en s'instruisant. Si nous nous laissons emporter à nos fougueux mouvements et que, dans l'opinion de tout savoir, nous refusons d'apprendre, ce ne sera pas merveille si la vérité s'éloigne de nous. Courage, lecteur, et mettant à part tout préjugé, suis-moi avec modestie où je te conduirai doucement par la main. Tu ne te repentiras point d'avoir considéré avec moi plusieurs choses mûrement et avec attention.

DOUTE 2

Y a-t-il plus de sorcières en Allemagne qu'autre part?

Je réponds que je ne le sais pas. Je dirai toutefois ce qui me vient en pensée pour ne pas perdre temps, qu'il semble qu'il y en ait davantage en Allemagne qu'autre part.

La raison est que l'on voit en Allemagne de tout côté fumer les brasiers qui ont été allumés pour exterminer cette maudite engeance. Cela montre à quel point on la tient universellement infectée de cette peste. Et c'est au grand déshonneur de l'Allemagne et au grand contentement de ses ennemis, en sorte que, comme dit l'Ecriture : *Nous avons exhalé notre puanteur aux narines de Pharaon et de ses serviteurs (Exode, 5, 21).* De plus, nous entretenons l'opinion d'une multitude de sorcières parmi nous, pour deux raisons dignes d'être considérées.

La première est l'ignorance et la superstition de la populace que je démontre ainsi. Les philosophes enseignent que plusieurs choses arrivent fort naturellement qui toutefois s'écartent en quelque façon du cours ordinaire de la nature et qui, pour ce, sont dites extraordinaires. Comme par exemple une pluie ou une grêle démesurément grande et impétueuse, une gelée, un orage et une tempête extraordinaires. Les médecins enseignent aussi que les bêtes comme les hommes ont leurs maladies et que dans les uns et les autres ils découvrent tous les jours des accidents nouveaux qu'ils n'ont pas encore remarqués et qu'universellement, dans la nature, il y a quantité de merveilles cachées qui se mettent en lumière à l'admiration des ignorants et au grand étonnement de ceux qui n'ont jamais pénétré ces trésors. Et que même le plus savant de tous les hommes n'a pu encore arriver, malgré toute sa diligence et ses plus exactes recherches, à comprendre jusqu'où sa force peut atteindre. Si toutefois il arrive en Allemagne quelque chose de semblable, principalement parmi des paysans, et que quelque maladie se mette dans le bétail; que le ciel se trouble et semble s'indigner plus que de coutume, que le médecin ignore la cause ou la nature de quelque nouvelle maladie, ou qu'elle ne cède pas d'abord aux remèdes accoutumés, enfin qu'il y arrive quelque chose qui semble extraordinaire; de là, je ne sais par quelle légèreté superstition ou ignorance, on va penser d'abord à quelque sorcellerie et en rapporter la cause à la malice d'une personne de ce métier. Aussitôt, on assure à grands cris avoir découvert la vraie source du mal. Cependant, si quelque misérable a eu le malheur de passer, arriver ou se rencontrer en quelle façon que ce soit, disant ou faisant ce qu'il vous plaira (puisque rien n'arrive sans quelque circonstance), d'abord on la charge de toute la faute et, comme la plupart de telles gens sont envieux et malins, on sème ce poison par tout le voisinage. C'est pourquoi il ne faut pas s'étonner si en peu d'années, la renommée venant à s'étendre, nous nous trouvons remplis et tout entourés de telles gens. D'autant plus que les prédicateurs et pères spirituels ne s'en émeuvent point, mais tout au contraire se rendent eux-mêmes coupables de la même faute, et qu'il ne s'est trouvé, que je sache, aucun magistrat en Allemagne qui ait témoigné son zèle contre ces pestilentes accusations dont nous parlerons plus amplement au doute trois. Il y a d'autres nations plus sages qui, à notre grande honte, nous sont supérieures en ce point, parmi lesquelles si quelque enfant ou quelque bête vient à sécher de maladie, si quelque arbre vient à être touché de la foudre, ou la moisson battue de la tempête, si la pauvreté, si la famine vient de quelque mauvais vent, si les sauterelles ou les mulots rongent les blés, on en rapporte la cause à Dieu ou à la nature, et l'on n'attribue à des maléfices que ce que l'on voit manifestement et selon l'avis des plus compétents excéder les lois de la nature.

La seconde, c'est l'envie et la malignité de cette même populace que je démontre ainsi. Toute autre nation m'accordera facilement que dans une grande multitude il s'en trouve toujours quelques-uns, envers lesquels Dieu se montre plus libéral de ses bénédictions, leur faisant meilleure part des biens temporels, en sorte qu'ils recueillent plus promptement, achètent plus heureusement et, en un mot, s'enrichissent plus que les autres. Si cela arrive en Allemagne parmi le peuple, il se trouvera aussitôt un bon nombre de ceux à qui la Fortune n'est pas si favorable, qui commenceront à faire des conciliabules et à médire d'eux. La mauvaise réputation de tel ou tel s'accroîtra encore si un des soupçonnés ou enviés paraît plus dévot qu'il ne leur plaît, comme s'il porte son chapelet hors de l'église, s'il tient des lampes allumées devant des images de Notre-Dame, si on le voit battre sa poitrine comme par contrition, et cent autres pareilles choses dont je n'ai que trop d'exemples à la honte de la nation allemande. Chose indigne véritablement et inouïe parmi les autres nations, lesquelles tenant ces deux sources ici bouchées, ne trouvent pas tant de sorcières chez elles que nous. Je ne dis pas pourtant qu'il n'y ait aucune sorcière en Allemagne. J'accorde qu'il y en a. Mais j'ajoute que le prudent lecteur découvrira facilement par ce que j'ai à dire ci-après, que vu la façon dont on procède, il est inévitable que, dans la multitude de celles que l'on brûle, il y en ait grande quantité d'innocentes, et que, pour cette raison, il n'y a rien de plus incertain en Allemagne que le nombre des coupables.

DOUTE 3

En quoi consiste le crime de sorcellerie?

Je réponds qu'il est très énorme, très grave et atroce.

La raison en est que dans ce crime s'unissent les circonstances los plus énormes, comme l'apostasie, l'hérésie, le sacrilège, le blasphème, l'homicide et même le parricide, souvent aussi l'accouplement contre nature avec une créature spirituelle, enfin la haine de Dieu, lesquels comprennent tout ce qu'il y a de plus atroce : telles sont du moins les paroles de Del Rio *(l.5, sect. 1)*, sur quoi toutefois nous discourrons plus amplement dans un autre traité. La chose demande un examen tout nouveau et très exact; et l'on peut dire ici ce que disait celui dont parle Daniel *(13. v.47)* [4]

---

[4] - Daniel, 13, v. 47 : "Tout le monde se retourne vers lui et ils lui demandent : "Que signifient les paroles que tu as dites?"Mais la citation du verset 47 est peut-être une erreur, car les deux versets suivants sont beaucoup plus en rapport avec la chasse aux sorcières et traduisent mieux la pensée de Spee. Il s'agit de Suzanne, injustement accusée et condamnée : "Daniel fend la foule, se dresse au milieu et dit : "Etes-vous vraiment si veules, fils d'Israël? Sans enquête, sans preuve évidente, vous condamnez ainsi une fille d'Israël? Retournez au lieu du jugement, car ces gens ont porté contre elle un faux témoignage." (La référence à Daniel est absente de l'édition de 1631).

DOUTE 4

Ce crime fait-il partie des crimes exceptés?

Je réponds que oui. Sur quoi, il faut noter que les jurisconsultes réduisent tous les crimes à deux genres, disant que les uns sont communs et vulgaires, comme le vol, l'homicide et semblables, les autres plus graves parce qu'ils tendent plus directement au dommage public et affligent la république[5] d'une façon gravissime et toute particulière, comme le crime de lèse-majesté, d'hérésie, de sorcellerie, de trahison, de conjuration de falsification de la monnaie, de brigandage. Ces crimes sont communément appelés "exceptés", parce qu'ils sont véritablement exceptés de la commune et ordinaire disposition de la loi. De sorte que dans les poursuites et punitions qui se font de tels crimes, on n'est pas obligé aux communes et ordinaires procédures que le droit ordonne pour les autres.

La raison est qu'étant extraordinairement pernicieux à la république, il est juste de les réprimer et punir par des moyens aussi extraordinaires.

[5] - Spee emploie constamment le mot *république* au sens d'État.

DOUTE 5

Est-il pour autant permis de former et instruire à discrétion les procès contre les crimes exceptés?

Je réponds que non.

La raison est que, bien qu'ils portent exception de ce qu'a ordonné la loi humaine politique, ils ne sont pas pourtant exceptés de ce qu'ordonnent la loi et la raison naturelle. Donc quelle que puisse être la procédure qui se doit tenir en tel cas, ordinaire ou extraordinaire, rien ne doit s'y passer qui soit contraire à la droite raison. Cela est si évident qu'il est inutile de le prouver, personne n'osant soutenir que ce qui est contre la raison puisse être jamais permis. Or, je fais remarquer ceci parce que je m'aperçois que certains juges, dans les procès de sorcellerie, sont plus libres qu'il n'est besoin, excusant toutes choses parce que le crime est excepté. De telle sorte que, si les indices sont frivoles, s'ils ont abusé de l'usage de la torture, s'ils ont été trop crédules, s'ils ont récusé les raisons et les moyens de défense, et choses semblables qui manquent de raison, si vous les pressez là-dessus, ils ne manquent point de vous opposer comme un ferme bouclier que le crime est excepté et qu'en tels crimes il y a très ample liberté de se conduire à discrétion, comme dans la suite de ce livre, je vous le ferai remarquer de temps à autre. Mais si nous ne voulons pas être tout à fait iniques, il faut que tout juge s'impose pour principe inéluctable cet axiome :*en toute sorte de crime, excepté ou non, il n'est jamais permis de procéder* [6] *autrement que la droite raison ne le permet.* Il faut aussi qu'il tienne pour très faux *qu'aux crimes exceptés il est permis de s'éloigner de toutes les règles et limitations que prescrit la loi politique,* n'étant permis de s'en départir qu'en quelques points seulement, non en tous, aucune loi ne permettant le contraire. Cela montre l'ignorance de beaucoup de

[6] - Procéder : ce mot a dans toute la *disputatio* le sens juridique de "mener un procès".

juges et justifie les propos de Farinacci[7] *(Quaest. 37, num. 90)* pour qui la doctrine qui permet de mépriser l'ordre et disposition du droit dans les crimes exceptés ou est fausse absolument parlant, ou se doit entendre de la punition seulement, quand il n'y a plus rien à rechercher et qu'il découle avec évidence du délit que la punition peut être plus sévère que la commune disposition du droit ne le prévoit. C'est l'avis de plusieurs docteurs qu'il cite et que nous omettons pour être plus courts. Voyez encore sur ce point Mascard[8] *(Vol. 3, concl. 1311).* Mais quoiqu'il en soit, ne voulant pas ici nous arrêter, nous tenons pour indiscutablement défendu, même en matière de crime excepté, de rien faire qui soit contraire à la droite raison.

[7] - Prospero Farinacci (1544-1618), jurisconsulte romain auteur de *Praxis et theorica criminalis* (1616).

[8] - Joseph Mascardus, *De probationibus*, Francfort, 1595.

DOUTE 6

Les princes d'Allemagne font-ils bien de procéder rigoureusement contre les sorciers et sorcières?

Je réponds : A Dieu ne plaise que je veuille reprendre les magistrats animés contre ce crime; Dieu les a établis pour nous commander, et nous pour leur obéir; ils ont leurs raisons que leurs conseillers leur suggèrent, et les voici.

1 - Ils purgent (disent-ils) la république d'une très dommageable peste qui, comme un chancre, va s'insinuant et infectant tout par sa contagion.

2 - Ils coupent le chemin aux maux et désastres que ces suppôts de Satan ne cessent de machiner.

3 - Ils satisfont à leur devoir et vocation et, comme dit l'apôtre[9] *(Rom. 13)* parlant du magistrat, *ce n'est pas pour rien qu'il porte le glaive : il est un instrument de Dieu pour faire justice et pour châtier qui fait le mal ;* en sorte que si contre le bien public ils négligent de punir les coupables sans cause légitime, ils pèchent grièvement, se rendent participants du crime et sont tenus à restitution et rétablissement de toutes les pertes et dommages qui en reviennent tant au public qu'aux particuliers. C'est la commune opinion des docteurs qu'il serait trop long de rapporter.

4 - Ils montrent leur zèle pour la gloire de Dieu, punissant de la corde et du feu ceux qui se déclarent ses capitaux ennemis; ils font donc bien et ne peuvent être repris puisqu'ils se conforment à la Sainte Écriture disant *(Exod. 22), ne laisse pas vivre les sorciers.*

---

[9] - Paul.

DOUTE 7

Peut-on extirper ce mal par des remèdes violents ou par quelque autre moyen?

Je réponds que les princes ont beau brûler, ils n'en verront jamais la fin s'ils ne brûlent tout. Ils transforment leurs terres en désert plus que la guerre même et n'avancent pas de l'épaisseur d'un cheveu, ce qui mérite d'être pleuré de larmes de sang. Il y en a donc qui proposent des moyens plus doux, entre lesquels Tanner, insigne théologien de la Compagnie de Jésus, me semble exceller en prudence et discrétion *(Tom. 3, Theol.. disput. 4, De just. q. 15, dub. 5, num. 123 et ss.).* Si les princes voulaient suivre les expédients qu'il propose, il ne faut pas douter que la république n'en tirât un grand fruit. Quant à moi, pour parler franchement, j'ai beaucoup réfléchi sur ce sujet et j'ai tâché de trouver quelque moyen pour sortir de tant d'obscurités, à propos desquelles je sais que nombre de gens de bien n'ont pas épargné leurs larmes pour obtenir de Dieu les lumières qui nous sont nécessaires. Mais la condition des temps est si étrange que si ces lumières nous avaient été données, on ne peut être certain que les magistrats d'Allemagne auraient voulu y prêter attention. C'est pourquoi je n'ai pu encore me résoudre à déclarer ce que je sais sur ce sujet, ne trouvant pas raison de croire qu'ils soient disposés à le prendre en bonne part. S'il se trouve quelqu'un des souverains magistrats qui ait la curiosité et le courage d'apprendre un secret tout nouveau[10], et veuille faire l'expérience d'un moyen tout particulier pour détruire et exterminer cette peste en une année seulement, en sorte que la sorcellerie sera le plus rare de tous les crimes; s'il s'en trouve, dis-je, qui veuille sérieusement s'y appliquer et en faire l'essai, et se bien persuader qu'il s'agit autant du bien public que du repos de sa conscience, je m'offre à lui proposer un

[10] - Il est probable que ce secret n'est autre que l'interdiction des procès de sorcellerie, de la torture et de la prise en compte des dénonciations.

religieux qui lui exposera un moyen de son invention, et pour le bon succès duquel il osera bien engager sa vie. Je l'ai vu et examiné et, après l'avoir bien épluché, je n'y trouve aucun défaut ni sujet de douter qu'il ne produise certainement l'effet conforme à l'intention de l'auteur. Et je me suis fort étonné qu'il ne soit encore tombé dans l'esprit de beaucoup d'autres. Au reste, c'en est assez dit pour maintenant, l'intention de l'auteur étant de ne le produire et révéler qu'à ceux qui en seront avides et curieux. Notre Législateur a enseigné qu'il y avait dix heures au jour et qu'il y a de la bonne terre et de la méchante, et que si vous semez dans celle-ci ou hors de saison, autant vaudrait semer sur les flots de la mer. Quand donc il sera temps, on n'épargnera pas la semence. Mais peut-être dirai-je déjà dans la suite de ce livre des choses que les avisés pourront entendre. Cette chose est facile et aisée, dérisoire et de grande conséquence, à la fois connue de tous et ignorée de tous.

DOUTE 8

Avec quelle circonspection les princes et leurs officiers doivent-ils se comporter touchant les procès de sorcellerie?

Je réponds qu'autant les princes qui poursuivent ce crime avec ardeur et zèle ne font pas mal, autant ils font aussi très mal s'ils n'accompagnent leur zèle de prudence et d'une grande circonspection. En sorte que non seulement il n'est pas permis de procéder en ce crime plus librement et à la légère, parce qu'il est excepté, mais au contraire, celui-ci, plus que tout autre crime, même des plus grands, demande un surcroît de soin et de vigilance pour empêcher que l'on ne procède illégitimement, contre raison et contre la lumière naturelle.

Supposé donc qu'il soit permis en matière de sorcellerie de procéder en partie autrement que ne porte la commune pratique parce que c'est un crime excepté, il n'est pas pourtant permis d'y apporter moins de circonspection et de soin qu'en tout autre non excepté; au contraire, il faut s'y appliquer avec une extraordinaire attention et un singulier discernement. En voici les raisons.

1 - C'est un crime très occulte, comme tout le monde le reconnaît. Il se commet de nuit la plupart du temps et, comme dit Monsieur de Lancre[11] , après le premier sommeil, dans les ténèbres et parmi les spectres et les masques. Il faut donc une grande prudence pour découvrir la vérité parmi tant de sujets de doute.

2 - Nous voyons que dès que l'on a commencé à procéder contre les sorciers et sorcières, le nombre des coupables se multiplie tellement que des villages entiers se détruisent et se dépeuplent sans que l'on en tire d'autre profit que de voir se remplir de nouveaux

[11] - Pierre de Lancre (... - v. 1630), magistrat français. Conseiller du roi au Parlement de Bordeaux, il instruisit le procès de sorcellerie du Labourd durant lequel il envoya au bûcher plus de six cents victimes dont la plupart, ne connaissant que la langue basque, ne pouvaient pas se défendre. Il est l'auteur du *Tableau de l'inconstance des mauvais anges et démons* (1612).

noms les listes d'accusés; en sorte que si vous vous obstinez à pousser plus avant, vous ne cesserez de brûler et griller que tout le pays ne soit vidé d'habitants. Et il ne s'est point encore trouvé de prince contraint de cesser. De telle façon qu'ils ont tout fait sans atteindre le but qu'ils cherchaient. Cependant, quelle diligence ne doit-on pas apporter dans une affaire si grave et si importante, pour empêcher qu'il ne s'y coule quelque abus qui fasse périr les innocents avec les coupables. D'autant plus que la condamnation d'une seule innocente en entraîne une infinité d'autres comme je le montrerai ci-après.

3 - S'il arrive que, par une imprudente procédure, la tempête vienne à frapper les innocents, il s'en suivra aussi de grands malheurs dans la république. A savoir une multitude de pauvres misérables iniquement suppliciés et diffamés, souvent le déshonneur pour les plus nobles familles et même pour la religion catholique, laquelle, comme l'a fort bien noté Tanner, en reçoit le contrecoup et paraît ridicule à nos ennemis et sujet de scandale à ses propres enfants, qui voient emporter par ce torrent ceux mêmes qui paraissent les plus dévots et gens de bien. J'appris l'autre jour de personnes de marque qu'en certain lieu on était venu jusqu'à ce point de malignité que si quelqu'un, comme bon catholique, était vu souvent manier son chapelet, prendre trop fréquemment de l'eau bénite et prier dévotement à l'église, en un mot pratiquer soigneusement tous les exercices de la vraie dévotion, soudain on le soupçonnait de sorcellerie, comme si les sorciers avaient coutume d'être plus dévots que les autres ou, comme disent quelques-uns, si le diable ne les laissait pas en repos sans cela. D'où il est arrivé que non loin d'ici, sous un très sage et bon prince, chacun évite bien soigneusement de paraître plus dévot que de raison, et s'éloigne de toute apparence de piété. Même des prêtres habitués à dire la messe tous les jours, s'en abstiennent maintenant, ou le font en particulier, en cachette et l'église étant fermée, de peur que la populace ne les remarque et en murmure. Ainsi, quand, sous apparence de justice, nous procédons imprudemment, nous ouvrons la porte à l'impiété et à l'athéisme au lieu de la fermer. Ce n'est pas donc pas sans grande raison que nous demandons ici aux magistrats une vigilance toute particulière.

4 - C'est quasi toujours contre des femmes que l'on forme les procès. Mais lesquelles? Souvent rêveuses, folles, légères, causeuses, inconstantes, menteuses, méchantes et parjures. Si elles sont véritablement coupables, elles sont dressées à toute sorte

de méchanceté par leur maître, et pour les examiner et les juger, il faut une dextérité et un discernement admirables pour ne pas tomber en mille fautes et embarras. Un jurisconsulte célèbre me disait récemment qu'il rencontrait tous les jours tant de difficultés provenant de ce seul chef que s'il pouvait une fois sortir de tant d'embarras, il se garderait bien d'y jamais retomber, et qu'il ne conseillerait jamais à aucun prince de s'engager dans une affaire si difficile et embrouillée.

5 - J'entends qu'en certains lieux, on ordonne une certaine somme d'argent par tête criminelle pour salaire de ceux que le prince emploie dans ces procès comme jurisconsultes, inquisiteurs etc.; par exemple quatre ou cinq thalers[12] par tête. Or, qui ne voit ici que, pour cette seule raison, aucune vigilance ne peut être assez grande pour empêcher que l'espérance de gain ne corrompe la procédure et que les accusés ne soient d'autant plus facilement jugés criminels que la plus grande quantité des coupables fait plus enfler la bourse qu'un moindre nombre. Cela est d'autant plus difficile et dangereux que nous ne sommes pas tous saints ni fermes dans la résolution de bien faire. Quelquefois l'avidité du gain - si elle ne nous corrompt tout à fait - nous détourne au moins du droit chemin, même sans que nous y prenions garde, le principal effet de chaque passion étant d'aveugler celui qui en est possédé.

6 - Rien ne doit autant exciter la diligence des princes pour l'exactitude de tels procès, que de se souvenir qu'un abus s'y étant une fois coulé, il n'y a rien de si difficile que de le corriger. En toutes les autres fautes, il y a des voies de redressement; ici non, ce que je prouve en cette sorte. En toutes les autres fautes, il se trouve toujours quelqu'un qui peut et veut adroitement et utilement admonester et redresser ceux qui viennent à faillir, sans pour cela contracter aucune tache à sa réputation. Mais dans ce seul cas, désormais, d'après ce que je vois, tous les chemins seront coupés à de tels avertissements. Car qui dorénavant osera s'avancer pour reprendre de vive voix ou par écrit (si discrètement et prudemment qu'il puisse se comporter) ceux qui en auraient besoin, voyant qu'il n'y pourrait gagner autre chose que le nom de protecteur des sorciers comme s'il avait à craindre pour lui ou pour les siens, ou qu'il voulût venger les cendres de quelqu'un de ses parents? Des voix malveillantes diront alors que de tels reproches visent à donner liberté aux crimes les plus atroces, et que c'est vouloir taxer tant et de si grands princes, tant de magistrats et de jugements si publics de précipitation et d'iniquité. Il encourra de plus l'indignation des grands

[12] - Pièce d'argent; unité monétaire des pays germaniques.

aux oreilles desquels les flatteurs vont tout rapporter avec exagération et falsification. Qui donc sera pourvu de si haute vertu et qui méprisera assez le danger pour mettre une tache sur sa réputation et celle de tous les siens, et encourir l'évident péril d'offenser ceux à qui il prétendrait profiter? Qui, malgré cela, voudra se hasarder à dire hardiment la vérité? Quand on aura commencé à procéder iniquement, il ne faudra espérer aucune admonition ni correction. Il faut donc apporter d'autant plus de diligence pour prévenir les iniques procédures.

7 - Tous les jours l'on voit naître de nouvelles difficultés en cette matière, et les opinions sont partagées, non seulement entre les hommes doctes, mais encore entre les plus pieux. Il semblait autrefois que Del Rio et Binsfeld[13] avaient de quoi satisfaire un esprit raisonnable sur ce sujet. Maintenant il s'en trouve qui, examinant de près toutes les particularités des cas, trouvent que l'on s'est trop fié à quantité de petits contes et histoires et aux trompeuses confessions extorquées par la torture. Ils trouvent les décisions trop sévères, refusent tant de pouvoir à l'arbitrage des juges, doutent des danses et sabbats des sorcières ou au moins tiennent avec Tanner qu'elles ne sont pas si fréquentes que l'on croit, beaucoup de sorcières étant sans doute trompées par des illusions du diable. Ils ne donnent pas non plus grand poids aux dénonciations et semblables indices auxquels ils se sont trop fiés sans d'assez solides raisons. Enfin, l'on voit tous les jours naître de nouveaux écrits qui rendent la chose moins assurée qu'ils n'ont cru. Qui niera donc qu'ici, plus qu'aux autres procès plus clairs et plus faciles, il est besoin de plus de circonspection et vigilance.

Vous me direz qu'il n'est pas besoin de tant se tourmenter l'esprit pourvu que l'on ait quelque auteur approuvé pour guide, puisque les théologiens enseignent que quand les opinions sont partagées et probables de part et d'autre, on peut suivre celle que l'on veut et laisser même la plus assurée. Or, ils appellent "opinion probable" celle qui est appuyée de l'autorité de quelque grand auteur ou de quelque forte raison, comme l'enseignent les casuistes (Cf. Layman[14] *livre I, traité I, chap. 5, § 2, n. 6 et ss*)

Je réponds d'abord que la seule autorité ne rend pas une

---

[13] - Peter Binsfeld (1540-1598), évêque auxiliaire de Trèves, auteur d'un *Tractatus de confessionibus maleficarum* (1589), un des plus impitoyables livres de démonologie contre les sorcières.

[14] - Paul Layman (1575-1635), jésuite auteur d'une *Théologia moralis* (1629) dans laquelle il a repris les thèses de Tanner, notamment contre la torture.

opinion bien sûre et probable, à moins que les auteurs qui la suivent n'aient bien examiné et pesé les raisons que l'on peut alléguer contre elle. On peut (comme le remarque Layman au même lieu) présumer pieusement cela de gens doctes et prudents, particulièrement si l'on est du nombre des moins intelligents. Toutefois, si l'on vient à former de nouvelles oppositions à de telles opinions, et donner de nouvelles raisons dont la solution ne se trouve pas chez ces auteurs-là, je soutiens qu'au moins les doctes sont obligés de les bien examiner et peser, pour voir si elles ont quelque force, et si elles ne peuvent pas détruire la probabilité de l'opinion contraire. Ainsi, les juges n'ont pas le droit de procéder sans consulter les auteurs plus modernes sur ce sujet, et sans employer ensuite toute leur diligence pour y découvrir de nouvelles lumières.

Je réponds de plus que bien qu'il soit communément vrai que quand les opinions sont probables de toutes parts, il est permis de choisir celle que l'on veut, même la moins assurée, toutefois les théologiens disent expressément qu'il faut suivre l'opinion la plus assurée et la rechercher avec soin quand on risque de faire tort ou de causer quelque dommage à son prochain. En sorte qu'à propos des sorcières, puisqu'il s'agit d'un tel danger et que par conséquent il faut tenir l'opinion la plus assurée en conscience, on doit sans doute apporter grand soin pour éviter d'être surpris par des apparences, et traiter ces procès avec une extrême circonspection. Il s'ensuit ce que j'avais l'intention de prouver, à savoir qu'aux procès de sorcellerie, il est besoin d'une singulière dextérité et discrétion pour ne pas tomber dans les inconvénients d'une si dommageable témérité. Et j'insiste d'autant plus que je vois certains inquisiteurs si persuadés de leur suffisance et clairvoyance qu'ils croient ne pouvoir faillir, et se persuadent que les accusées en font facilement accroire aux confesseurs et prêtres qui les approchent, et qu'elles les trompent par une diabolique hypocrisie. Eux-mêmes ne se doutent pas qu'elles puissent en faire autant avec eux ou avec les autres juges séculiers. Or, quelle circonspection peut être trop grande pour parer à une si dangereuse confiance. Jamais personne ne prend garde à ce qu'il n'aperçoit pas.

DOUTE 9

Les princes ont-ils raison de décharger leur conscience et de vivre sans souci, en laissant toute responsabilité à leurs officiers?

Je propose cette question parce que j'appris l'autre jour qu'un prince, averti de la grande circonspection et du soin qu'il devait apporter à une affaire de sorcellerie qui pressait beaucoup, répondit légèrement qu'il laisserait ce soin-là aux officiers qu'il avait établis pour cela.

A cela je réponds que les princes qui, se déchargeant de tout soin, laissent faire à leurs officiers comme il leur plaît, ne sont point excusables, car ils ont l'obligation eux-mêmes d'avoir l'oeil ouvert pour empêcher et prévenir les abus, et, pour ce, de prier Dieu affectueusement qu'il les daigne assister de son Esprit. En voici les raisons.

1 - Le prince n'est pas toujours assuré de la capacité et probité de ses officiers. Beaucoup sont ignorants, d'autres brutaux et malins. Sachant le prince et les peuples animés contre ce crime, ils sont portés à une complaisante rigueur conforme à leur impétueux naturel, et ont peu d'égard cependant au devoir de chrétien qui les oblige à traiter plus humainement de pauvres misérables. C'est donc l'office du prince de se charger d'une partie du soin et de ne pas tant se fonder sur les forces d'autrui.

2 - Dans les affaires de la maison, de la chasse et autres moins importantes, les princes ne se déchargent pas à ce point des soucis. Ils prennent part à l'application qui y est nécessaire et ne pensent pas que cela déroge en quoi que ce soit à leur majesté et dignité de passer des soins plus élevés et importants du gouvernement de l'Etat à des affaires de moindre conséquence. Il s'en suit qu'ils ne seront pas suffisamment justifiés devant Dieu, si ayant été diligents et soigneux en affaires de moindre considération, ils se trouvent avoir été négligents en affaires de si grande importance et où il s'agit de la

vie, de l'honneur et des biens de toute une famille.

3 - Dieu de qui dérive toute légitime domination, a coutume de douer les princes d'une grâce et prudence toute particulière, en sorte que quand ils entreprennent eux-mêmes quelque affaire en personne, le succès en est beaucoup plus heureux et facile. S'ils refusent sans grandes causes d'employer les grâces particulières qu'ils ont reçues du ciel pour des affaires si difficiles et importantes, il est à craindre qu'ils ne se rendent indignes de la continuation et augmentation de ses faveurs, et qu'ils ne déshonorent la charge que Dieu leur a donnée d'administrer la justice.

4 - Les princes sont ordinairement d'un naturel plus doux et enclin à la clémence et humanité chrétienne. Pour cela, s'ils venaient quelquefois eux-mêmes en personne voir de près les misères des prisonniers et entendre les soupirs et gémissements des misérables, et s'ils ne se contentaient pas toujours de voir par les yeux de leurs officiers et d'entendre par leurs oreilles pour être plus certains de la façon avec laquelle toute leur procédure se conduit, il est certain que souvent les affaires prendraient un autre biais et que l'on ne verrait pas tant de condamnations capitales et à si bon marché. Les officiers peuvent bien être cruels et farouches, non pas les princes, leur propre étant de se faire remarquer par l'humanité et la clémence, jamais par la rigueur. C'est pourquoi, s'ils avaient vu une fois de leurs propres yeux la cruauté des tortures ou s'ils s'en étaient fait faire le fidèle rapport et qu'ils l'eussent bien mis dans leur esprit, certes l'Allemagne ne compterait pas tant de sorcières dont le nombre se trouve maintenant infini par la rigueur des questions. Bien qu'on puisse attribuer cela à nos péchés, les princes toutefois ne sont pas eux-mêmes exempts de fautes, s'ils ne veulent voir nos misères de plus près, et nous privent ainsi du bénéfice de l'humanité dont Dieu les a doués plus que les autres. J'ai coutume de dire que parmi les misères et les peines des prisonniers, l'une des plus considérables est d'être toujours privés de la vue de leur prince, étant réduits dans des cachots où ceux-ci n'épandent jamais aucun rayon de leur visage, si ce n'est par l'intermédiaire de leurs officiers, c'est-à-dire à travers des verres infects qui rendent la lumière et les objets tels et de même couleur qu'ils sont eux-mêmes. Il s'est trouvé un seul prince de la terre, Roi des rois, qui n'a point méprisé les siens mendiants et prisonniers, mais qui a illuminé ceux qui étaient dans les ténèbres et l'ombre de la mort. Si bien qu'épandant les entrailles de sa miséricorde, il a compati à nos infirmités afin que nous eussions auprès de son père un avocat sensible à toutes nos souffrances.

5 - Quand les officiers savent que le prince détourne son regard et ne se soucie pas de ce qu'ils font, il arrive nécessairement qu'ils deviennent moins soigneux et attentifs. Le naturel des hommes étant d'agir plus négligemment quand ils sont éloignés des yeux des supérieurs. C'est ce que le prince ne peut pas ignorer. Il pèche donc s'il rejette toute sorte de soins et vigilance, et s'il n'examine pas lui-même les procédures et actions de ses officiers, s'il ne les reprend et ne les presse pas et enfin s'il ne veille sérieusement à ce que l'on ne fasse tort à personne, principalement en affaire de si grande importance. Il est de son devoir le plus strict d'exciter la diligence des siens et d'éviter aux innocents tout risque de dommage. Qu'il vérifie donc particulièrement:

1 - Si les prisons sont visitées et combien souvent.
2 - Si elles sont plus incommodes que la simple nécessité de la garde ne le demande.
3 - Si quelques prisonniers ne demeurent pas quelquefois longtemps dans le froid ou les chaleurs, sans qu'on les entende pour les mettre hors des liens ou de la vie.
4 - De quelle façon et selon quelle règle on donne la torture.
5 - De quelle façon on interroge.
6 - Quelle est la modération et la capacité des confesseurs et pères spirituels que l'on introduit.
7 - Si la défense est bien libre et facile aux accusés.
8 - S'il n'y a point quelques plaintes contre les commis et inquisiteurs.
9 - S'ils ne sont point avares ou inhumains.
10 - Si l'un d'entre eux, avant que le criminel ne soit convaincu, ne prend pas parti pour lui plutôt que pour la partie adverse.
11 - Si l'un d'eux ne montre pas de quelque façon qu'il souhaite que l'accusé soit trouvé coupable plutôt qu'innocent.
12 - Ou voyant l'accusé se trouver innocent s'en réjouisse plutôt que de s'en indigner.
13 - Qu'il s'enquière aussi si aucun n'est mort dans la prison et comment.
14 - S'il était déjà enterré sous la potence, quelle raison on a eue de croire à une mauvaise mort et à d'autres choses semblables.
15 - Qu'il s'informe aussi des divers jugements que l'on fait de la façon de procéder contre les sorcières, et de ce qui s'en dit de part et d'autre.
16 - Qu'il ne penche pas tellement d'un côté qu'il ne pèse bien les raisons du parti contraire.
17 - Qu'il donne toute liberté à un chacun d'en dire son sentiment.

18 - Qu'il regarde quelquefois les procès-verbaux ou se les fasse lire.
19 - Qu'il propose des doutes aux savants ou qu'il en fasse proposer.
20 - Qu'il ne croie pas d'abord tout ce qu'on allègue.
21 - Qu'il fasse examiner les sorcières par des gens qui y croient le moins, plutôt que par les autres, afin que l'on n'omette rien pour éclaircir la vérité.
22 - Qu'il ne manque pas de bien examiner ce qui d'abord lui paraîtra le plus absurde.

Qu'y a-t-il aujourd'hui de plus invraisemblable et éloigné de la croyance publique que de croire qu'il y a peu de sorcières? Et pourtant, si le prince se donnait la patience d'entendre et avait la curiosité d'apprendre, on le lui pourrait peut-être bien démontrer avec évidence. Tout ce qui reluit n'est pas or, et tout ce qui est contraire à l'opinion commune n'est pas faux. Il y a beaucoup d'étonnantes vérités qui dépassent la portée du vulgaire et qui ne se doivent faire entendre qu'aux plus élevés. Il n'y a rien de si ennemi de la vérité que le préjugé. Mais laissons cela et ne profanons point des vérités que le commun ne peut pas comprendre.

6 - Ceux qui paraissent tellement zélés contre les sorcières et qu'admirent pour cela les ignorants supposent comme chose certaine que les princes se mêlent eux-mêmes vraiment et souvent de ces procès. Sur quoi l'autre jour, l'un d'entre eux, des plus spirituels comme vous pouvez le croire, s'imaginait avoir bien argumenté contre Tanner et quelque autre religieux en parlant ainsi : "Il y a tant d'excellents et bons princes dans l'Allemagne qui ont courageusement poursuivi les sorciers et sorcières avec le fer et le feu! Qui croira donc avec Tanner ou quelque autre semblable théologien que Dieu ait voulu permettre que de tels princes, qu'il ne manque pas d'assister de ses grâces, aient pu condamner des innocents?" Tout cela n'aurait aucune force s'il était permis de dire que les princes ne se mettent pas en grand soin de tels procès et ne prennent pas garde aux excès de leurs officiers contre le prochain. Je répondrais, moi, que Tanner et ceux qui le suivent, gens de bien et bons chrétiens, ont pris la peine eux-mêmes de passer dans les prisons, d'examiner les actes et sentences de tels procès, de voir et entendre par leurs propres yeux et leurs propres oreilles, et par une soigneuse méditation et examen, les particularités qui auraient facilement échappé aux yeux et aux oreilles des princes, ou y seraient parvenues aussi altérées que sont adroits ceux qu'ils y emploient et qui leur font voir les choses comme à travers une nuée et comme il leur plaît. Pour faire donc que leur raison ait quelque

force, il faut supposer que les princes aient autant d'expérience des procédures usitées en matière de sorcellerie, que Tanner et les autres théologiens ses semblables, qui vraiment ne l'ont pas acquise par ouï-dire. Car autrement, combien de choses sont bien ordonnées et commandées par les princes, bons quant à eux, qui pourtant vont très mal, parce qu'elles sont laissées à la conduite et exécution d'autrui, Dieu le permettant ainsi. Et pourquoi donc ne le permettrait-il pas en notre cas? C'était donc un frivole raisonnement s'il ne suppose ce que je demande.

7 - Les officiers mêmes considèrent que ce sont les princes qui ont la conscience chargée de tout ce qui se fait en tels procès. Ce que l'on peut facilement juger par ce qu'ils répondent à leurs confesseurs quand ceux-ci leur rappellent de prendre bien garde d'agir avec circonspection. Ils ont en effet coutume de répondre que ce sont les princes qui les obligent à s'y comporter comme ils font. D'où vient qu'un d'entre eux, il n'y a pas longtemps, disait qu'il savait bien que beaucoup d'innocents passaient avec les coupables, mais qu'il ne s'en sentait point la conscience chargée, "parce que nous avons, disait-il, un prince très consciencieux qui nous presse et nous pousse à faire ce que nous faisons; c'est à lui de savoir s'il peut nous le commander en conscience et c'est à nous d'obéir". Un autre me disait, il y a plus longtemps, quelque chose de semblable, comme je l'avertissais de prendre garde à marcher droit. Et il est à noter que tous deux étaient officiers du même prince duquel j'ai parlé ci-devant et qui me disait qu'il déchargeait sa conscience sur celle de ses officiers.

Chose véritablement ridicule! Le prince rejette toute sorte de soin et diligence et en remet toute la charge à ses officiers. Les officiers, de leur côté, s'en remettent à la conscience du prince. A dans B et B dans A. Le prince dit: "C'est à mes officiers d'y prendre garde"; les officiers disent: "C'est au prince". Quel cercle vicieux! Et lesquels croyez-vous seront obligés d'en répondre devant Dieu si, les uns et les autres refusant la charge, personne ne prend garde? Certes, j'ai peine à exprimer quelle douleur j'ai au coeur de ne pouvoir, en découvrant l'abus, oser donner un avis salutaire à ce prince très pieux pour lequel je serais prêt à donner ma propre vie.

8 - Aujourd'hui les affaires en sont à un tel point que le prince ne pourrait avoir connaissance de l'incurie de ses officiers, à moins d'aller la constater par lui-même ou au moins d'employer à cette tâche des envoyés secrets. Car sinon, il ne peut en avoir connaissance que par le moyen desdits officiers, y compris ceux, prêtres ou laïcs, qu'ils

emploient eux-mêmes, ou d'autres.

Il n'apprendra rien par ces officiers ou ceux qui les secondent, parce qu'ils prêcheraient contre leurs reliques et se trahiraient eux-mêmes ainsi que leurs intérêts. D'autant plus que j'entends dire qu'en certains lieux non seulement les laïcs, mais encore les ecclésiastiques sont récompensés par tête de coupables, payés selon le nombre de condamnés et que l'on fait des banquets avec les inquisiteurs, et qu'ainsi, par une collusion mutuelle, ils s'invitent à trinquer avec le sang des pauvres misérables.

Ils ne pourront pas non plus le savoir par d'autres, chacun évitant d'être mêlé à de telles affaires. D'ailleurs, si la charité obligeait quelqu'un à donner un avis là-dessus, on ne le voudrait pas entendre. Sans compter qu'il se rendrait lui-même suspect s'il venait à lâcher quelque parole, comme s'il voulait entraver le cours de la justice et protéger les sorcières, ou s'il était entaché du même crime, comme je l'ai déjà dit ci-devant. Mais afin que le lecteur ne croie pas que j'exagère cela par malveillance, qu'il entende les paroles d'un, voire de deux inquisiteurs d'un grand prince, qui ayant lu les écrits du très célèbre théologien de la Compagnie de Jésus, Tanner, n'hésitèrent pas de dire que s'il était tombé entre leurs mains, ils n'auraient pas hésité à le mettre à la torture, simplement parce qu'il rappelle très prudemment et solidement qu'il faut procéder contre les sorcières avec grande circonspection, et que si les juges s'en veulent rapporter à leur discrétion, ils tomberont facilement dans des inconvénients et choses semblables, ce qui suffit à ces imbéciles (ineptissimi) pour condamner un si grand théologien à la torture.

Pour moi, je ne pense pas que le sérénissime sang des princes allemands resterait froid s'ils venaient à entendre quelque chose de semblable de la part d'un de leurs officiers. Que le prince donc, si l'un d'entre eux lit ceci, ou au moins les conseillers des princes, jugent avec quel jugement et modération ces officiers se conduisent à l'égard de pauvres femmes, misérables et abandonnées, puisqu'ils ont bien osé donner un tel soufflet à un si grand personnage, pour ne pas dire à toute la Compagnie de Jésus. L'Allemagne pourtant souffre de tels inquisiteurs et commissaires, laïcs et séculiers, et les princes s'en rapportent entièrement à leurs consciences. Les voilà ces grands jurisconsultes qui ne cessent d'exalter leurs grandes opérations, d'exagérer combien est étendue cette maudite peste de sorcellerie, et de prêcher que le nombre de sorciers et sorcières est infini. Voilà ce qu'ils ne cessent de clamer ambitieusement d'une bouche enflée et présomptueuse. Mais ce n'est pas à Tanner seulement qu'ils en veulent. Ils en veulent aussi à beaucoup d'autres personnes, religieuses et de piété connue, pour avoir osé entreprendre de leur remontrer (bien que modestement et avec fondement et l'occasion le requérant) combien il importait de prendre garde qu'il n'arrivât par leur faute aucun inconvénient, ignorance ou négligence et leur avoir montré quelques abus qu'ils avaient remarqués. C'est pour cela qu'ils ont tâché de les rendre suspects de ce crime et de les exposer aux coups de langue des malveillants et médisants. En sorte que celui-là fera mal ses affaires qui entreprendra quelque chose de semblable de vive voix ou par écrit. Je crains pour les princes qui ont la conscience si paisible quand ils sont le plus en danger; particulièrement ceux qui ont des confesseurs auxquels manque le soin ou la liberté de les en avertir. L'autre jour, je fus sur le point d'écrire pour donner quelque avis de cette nature à un d'entre eux et mis par trois fois la plume bas considérant que cela ne me touchait point. Toutefois, malheur à ceux à qui il touche et qui seuls peuvent parler avec quelque fruit, s'ils demeurent muets.

Certes, dans ce petit recueil d'avis, je n'ai d'autre but, si vous le prenez bien, que d'inviter à prendre garde à propos des fautes de quelques-uns touchant la légèreté des preuves et faiblesse des indices dont ils se servent. Mon but principal est d'être secourable à quantité de pauvres innocents. Je tâche de ne pas m'échauffer plus que la chose ne le mérite et qu'il n'est séant à un religieux. Je n'attaque que les méchants en général et n'entends aucunement parler des bons. Il n'y a donc rien ici qui puisse déplaire aux gens de bien et amoureux de justice. Au contraire, ceux qui aiment la justice et la vérité et donnent les mains à la raison, se conduisant avec prudence, seront ravis de voir défricher les passages et faciliter les chemins qui nous donnent accès au palais de la vérité. Je suis sûr pourtant que si ce livre vient à tomber entre des mains vulgaires, beaucoup de criminalistes le rejetteront et s'en moqueront, déclarant ainsi qui ils sont et combien l'amour de l'équité leur tient à coeur. Mais quoi qu'il en soit, l'on voit assez que personne n'avertira les princes de leur devoir si eux-mêmes ne le prennent à coeur, et qu'ainsi il y va de leur conscience de le faire.

9 - Si les princes de temps en temps ne portent les yeux de près sur les procédures en question, et s'ils ne se rendent savants par quelque expérience bien circonstanciée, ils pécheront grièvement si quand les officiers recourront à eux pour quelque difficulté de grande importance, ils viennent à oser la résoudre. Ceci

est facile à prouver parce que, ne l'entendant pas bien, ils ne peuvent que mal la résoudre . Et ils ne la pourront bien entendre à cause des nouvelles façons de parler que l'on a introduites dans tels procès, qui ne se trouvent dans aucun dictionnaire ou Trésor des langues et qui ne se peuvent savoir que par la pratique. Mais afin que l'on ne croie pas que je feigne tout ceci, que les princes s'éprouvent un peu et qu'ils voient si, après avoir fait allumer tant de brasiers, il y en a un seul aujourd'hui parmi eux qui sache ce que veulent dire ces phrases des inquisiteurs :

1 On a entendu la défense de Gaïa[15], elle n'a point satisfait.

2 Nous avons des indices de grand poids et de conséquence contre elle.

3 Nous procédons *secundum allegata et probata.*

4 Titia s'est avouée coupable et criminelle sans torture.

5 Elle a très librement ratifié *ad bancum juris* la confession qu'elle avait faite à la torture.

6 Plusieurs pénitentes sont mortes dans l'accusation d'une telle.

7 La criminelle a avoué tous les points et les mêmes circonstances que les complices avaient déposées contre elle.

8 Sempronia a usé du maléfice de taciturnité contre les tourments.

9 Elle n'a rien senti dans les tourments, elle riait, elle dormait.

10 Elle a été convaincue en face de crime, néanmoins elle est demeurée impénitente.

11 Elle a été trouvée morte en prison, ayant le col rompu; le démon l'a étranglée, etc.

J'assure hardiment que de telles façons de parler ne signifient pas plus ce qu'elles semblent signifier qu'un cheval signifie un boeuf, un chameau un âne, ou que l'eau signifie le feu, comme le lecteur le remarquera en divers lieux ci-après, quand, en passant, nous expliquerons brièvement en son lieu cette sorte de jargon.

De sorte que si l'inquisiteur demande au prince ce qu'il veut que l'on fasse du prêtre tel, s'il n'entend pas qu'il soit brûlé tout vif non seulement pour avoir été accablé d'indices, mais encore pour avoir été convaincu en face, sans vouloir pourtant se repentir et convertir, que peut répondre le prince à cela sans faire faute? S'il ignore encore ce que veut dire en cette matière: "grands indices" et "avoir été convaincu en face", ou ce que signifie "ne se pas vouloir

[15] - Gaïa, Titia, Sempronia , Gracchus: prénoms latins utilisés conventionnellement dans les argumentations scolastiques.

convertir" et "vouloir mourir impénitent". Et même en supposant que le prince consulte les docteurs et théologiens et qu'il ne se fie point à son sentiment mais qu'il s'en rapporte au leur, qu'arrivera-t-il de plus, sinon qu'il commettra une faute d'autant plus importante? Car où pourraient-ils avoir appris ce qu'on entend par de telles façons de parler? Dans quels livres et comment pourraient-ils avoir songé qu'on aurait changé la signification ordinaire des paroles sans l'aveu du conseil des lettrés? Il faut donc que le prince apprenne ce jargon et il ne l'apprendra jamais que par la pratique, si bien qu'il ne faut pas qu'il se rapporte de toutes choses au soin et à la diligence de ses officiers.

DOUTE 10

Est-il croyable que Dieu veuille permettre que les innocents soient confondus avec les coupables?

C'est l'opinion de quelques-uns qui soutiennent que Dieu ne permettrait jamais que des innocents soient convaincus et condamnés pour un crime si atroce; sur quoi Binsfeld assure que c'est le privilège des amis et enfants de Dieu, ce qu'il prouve ainsi (*p. 351*).

1 - Parce que les promesses de la loi divine l'assurent ainsi dans le psaume : *Parce qu'il a espéré en moi, je le libérerai, je le protégerai parce qu'il a reconnu mon nom.* Et plus loin : *Ceux qui ont reconnu ton nom espèrent en toi, parce que tu n'abandonnes pas, Seigneur, ceux qui te recherchent.* Et derechef, *les justes m'ont appelé et je les ai exaucés.* Idem :*Qui espère en Dieu n'est pas confondu* et 2 Pierre 2 *Le Seigneur sait délivrer de l'épreuve les hommes pieux.* Et saint Paul: *La fidélité de Dieu ne permettra pas que vous soyez tentés au-delà de vos forces et vous donnera, avec la tentation, le moyen d'en sortir.*

2 - Parce qu'il y a plusieurs exemples de cela dont il raconte ces trois, à savoir ceux de Suzanne, de saint Athanase et de l'évêque saint Sylvain.

3 - Il rapporte le témoignage du grand saint Cyprien que nos sorciers et sorcières confirment par leurs confessions. Car ce saint, dit-il, étant encore magicien et fort amoureux d'une jeune fille chrétienne nommée Justine, tâcha par art magique, étant à Antioche, de s'en procurer la jouissance et, demandant au démon comment il en pourrait venir à bout, celui-ci lui répondit que tous les artifices s'emploient en vain contre ceux qui adorent Jésus-Christ. Voilà ce qu'il dit. Et, pour ces raisons, Del Rio et plusieurs autres personnages de grand zèle suivent son opinion.

Néanmoins je réponds que cette opinion que Dieu ne

permettra jamais que les innocents périssent parmi les coupables, est inacceptable. Car d'abord, elle ouvre la porte à la paresse et fournit une occasion de négligence aux juges. De plus, elle relâche la conscience des princes qui, pour ce, ne se soucieront pas beaucoup de choisir des juges bons et capables. Enfin, elle ne résiste pas à l'examen. En voici les raisons.

1 - Pourquoi Dieu ne permettrait-il pas maintenant ce qu'il a permis autrefois? Et puisqu'un nombre presque infini de martyrs de Jésus-Christ ont été cruellement et innocemment martyrisés et même condamnés comme magiciens et sorciers, (1632 : ayant surnagé, ce qui est à noter, à l'épreuve de l'eau, comme l'on voit dans la vie de saint Côme et saint Damien et d'autres), où donc cet axiome était-il enseveli, que Dieu ne permettait pas que les innocents fussent opprimés par une si cruelle tempête? Où sont ces divines promesses que cite maintenant Binsfeld? A quoi bon ces exemples et le grand témoignage, comme il dit, de saint Cyprien? N'étaient-ils pas innocents? N'adoraient-ils pas Jésus-Christ et n'invoquaient-ils pas son nom et ne mettaient-ils pas toutes leurs espérances en lui?

2 - Dieu permet beaucoup de choses plus graves et atroces, comme que la sainte hostie soit foulée aux pieds et soit maltraitée en mille façons abominables; que son fils unique ait été crucifié avec des larrons, etc. Pourquoi donc ne permettrait-il des choses plus légères? Je conclus donc avec les paroles de Tanner qui, sur ce même sujet, parle ainsi : *Dieu très juste permettrait donc tant d'autres forfaits et ces crimes énormes dans des affaires judiciaires et, dans les seuls procès de sorcières, par une sorte de codicille, il aurait pris l'engagement de ne pas permettre que les innocents soient victimes d'une injustice?* L'argument est donc ridicule, et je m'étonne qu'il ait eu quelque poids dans l'esprit de gens bien sensés.

La réponse est donc facile à tout le raisonnement de Binsfeld.

1 - Parce que toutes les raisons prouvent trop, et par conséquent rien, puisqu'elles prouvent que Dieu n'aurait pas laissé tourmenter et mourir tant de martyrs alors que le contraire nous est connu.

2 - S'il est permis de raisonner ainsi : Dieu n'a pas permis que ces trois, Suzanne, Athanase et Sylvain, aient péri, donc il ne permettra pas que d'autres innocents périssent, il me sera aussi permis de dire : Dieu a permis que trois voire plusieurs innocents périssent, même pour crime de sorcellerie; donc Dieu permettra que d'autres innocents périssent pareillement.

3 - Quant au témoignage de saint Cyprien si le démon dit la vérité assurant que tout son art et sa malice était sans effet contre les adorateurs de Jésus-Christ, pourquoi donc Binsfeld et autres crient-ils tant contre les sorciers et sorcières qui feraient tant de maux aux gens de bien. De plus, les raisons de Binsfeld touchent principalement la permission par laquelle il serait permis au démon de représenter les innocents au Sabbat. De sorte que, quand nous aurions accordé que Dieu ne voudrait pas permettre que par tels artifices du diable les innocents fussent convaincus (de quoi nous traiterons plus particulièrement au doute 47) il ne s'en suivrait pas pourtant qu'il ne voulût pas permettre qu'ils périssent par la malice ou ignorance des hommes, j'entends par les sentences imprudentes des juges, ce qui nous suffit.

DOUTE 11

En réalité, de nombreux innocents ont-ils été exécutés pour coupables?

Binsfeld et Del Rio semblent ne le pas croire.

Pour moi, je réponds que je ne doute pas que beaucoup d'innocentes n'aient été enveloppées avec les autres dans un commun supplice. Voici mes raisons.

1 - Tanner atteste que plusieurs doctes et prudents personnages, même professeurs de théologie, dont certains avaient souvent traité cette matière dans les confessionnaux, avaient hautement témoigné qu'ils craignaient bien fort que, par quelque procédure mal ordonnée, beaucoup d'innocents ne fussent souvent maltraités et condamnés à tort, ce qui préjuge grandement en faveur de mon opinion.

2 - Je sais aussi moi-même que plusieurs doctes personnages et bons religieux, après avoir plusieurs fois manié et traité de semblables affaires, assuraient que non seulement ils le craignaient, mais encore qu'ils n'avaient aucun doute à ce sujet. Sur quoi je dirai que je connais un prince qui, ayant fait mourir plusieurs sorcières et, l'occasion s'étant présentée, ayant demandé à un bon prêtre qui en avait assisté une grande partie et les avait accompagnées jusqu'au supplice, s'il croyait véritablement que dans le nombre de celles qu'il avait assistées il y en eût d'innocentes, celui-ci, haussant les épaules, lui répondit nettement qu'il n'en doutait en aucune façon,et qu'il ne pouvait affirmer autre chose sur le salut de son âme. Ce que le prince prit tellement à coeur qu'il fit cesser toute poursuite de cette nature-là.

3 - Si le lecteur veut accorder quelque valeur à mon témoignage, je le puis assurer qu'en ayant assisté quelques-unes jusqu'à la mort ces années passées, je demeurai tellement convaincu de leur innocence (étant encore aujourd'hui dans cette même ferme

croyance) que je fis toutes les diligences qui me furent possibles, jusqu'à passer presque dans l'excès, pour faire découvrir la vérité.

La curiosité m'aiguillonna (pourquoi le dissimulerais-je?) et me poussa presque outre mesure pour voir si dans une chose incertaine je pourrais trouver quelque chose de certain. Je ne pus pourtant trouver en elles autre chose que véritable innocence. Vous pouvez donc vous imaginer avec quel sentiment de douleur et de compassion, indubitablement convaincu pour plusieurs et fortes raisons de leur innocence, et cependant pour de bonnes raisons aussi dans l'impossibilité d'intercéder pour elles, je les assistai à bien mourir. Je suis homme et puis me tromper, c'est ce que je ne nierai jamais. Je dirai encore pourtant qu'après avoir traité plusieurs fois avec ces pauvres misérables, dedans et hors la confession, après avoir tourné leurs esprits sur tous les flancs, et pris de tous les biais, après avoir considéré attentivement les indices et les actes des procès, après en avoir discouru avec les juges autant que le sceau de la confession me le permettait, après que j'aie tout bien pesé, examinant toutes les raisons pour et contre avec équité et sans préjugé, après, dis-je,avoir imploré l'assistance divine et m'être servi de celle des hommes, je n'ai pu trouver autre chose, sinon que celles que l'on tenait pour coupables étaient véritablement innocentes. Je ne pense pas faire preuve de légèreté en ayant peine à croire après cela que je me sois trompé.

4 - Ceux que l'on emploie à l'instruction des procès contre les sorcières sont souvent imprudents et malins. La torture est souvent démesurée et cruelle. La plupart des indices légers ou ambigus, la façon de procéder le plus souvent contre le droit et la raison naturelle (comme je le montrerai de temps en temps en son lieu). Certes ce serait merveille si malgré cela la justice allait toujours si droit qu'elle ne vint jamais à donner dans quelque écueil.

5 - Tanner raconte que, ces années passées, en Allemagne, deux fripons qui avaient mené plusieurs procès de sorcellerie avaient été condamnés et exécutés à Ingolstadt pour les friponneries et iniquités de leurs procédures. Je laisse à penser si c'était avec grand danger pour les innocents. Pour moi, je connais un prince qui en a fait punir de mort quelques-uns de même farine. Qui doutera donc que, sous de tels juges, plusieurs innocents n'aient été réduits en cendres?

6 - Mieux encore, combien d'innocents croirons-nous avoir été condamnés par des juges qui, après avoir été grands persécuteurs de sorcières, ont été depuis convaincus de sorcellerie

par leurs propres confessions et brûlés ensuite? L'autre jour, deux ou trois que je ne veux pas nommer pour ne pas inquiéter leurs mânes, furent exécutés de cette sorte. L'Allemagne a vu ces exemples. Que se peut-il dire au contraire? Qui nous délivrera de la juste crainte que cela ne puisse encore arriver? Certes, il ne faut pas douter que le diable ne souhaite et ne manigance fort cela, ayant une belle et grande porte ouverte pour faire périr les innocents et mettre les coupables en sûreté quand il a rencontré un tel inquisiteur. Mais il y aurait encore grand sujet de s'étonner si, le nombre des sorciers et sorcières étant si grand que le veulent ces Messieurs les zélés, ils ne faisaient pas tout leur possible, avec l'assistance de leur maître, pour que quelqu'un de leur troupe devienne juge ou inquisiteur et s'ils n'en venaient pas à bout. Ce que Dieu a permis une fois, pourquoi ne le permettrait-il pas de nouveau?

Que les princes donc prennent garde et examinent la vie et la conduite de leurs officiers. Dieu me garde de taxer les bons, mais il m'est permis de craindre, voyant certains manquements tolérés dans des personnes de cette autorité qui en devraient être bien éloignées, comme d'être rarement à l'église ou, y étant, d'y causer, rire et badiner, et voyant quelque femme prier Dieu avec plus d'ardeur que les autres, se demander l'un l'autre s'il n'y a aucun bruit de celle-là, ou de soupçon contre elle. Au reste, gens orgueilleux, avares et cruels, se donnant toute liberté à eux-mêmes pendant qu'ils tiennent tout le monde dans la crainte de leur fournir quelque sujet de soupçon. Entendant l'autre jour quelqu'un appliquer les épithètes ci-dessus à un juge , je me tus véritablement, hochant la tête pour témoigner que je n'y ajoutais aucune foi et pour ne pas favoriser la médisance. Cependant je reconnus ensuite que l'on avait dit vrai, et même que l'on en pouvait dire bien davantage.

7 - Un homme digne de foi me raconta l'autre jour qu'un certain bourreau, quelque peu initié à la magie, avait aussi été exécuté, pour avoir, entre autres grands crimes et par un artifice tout particulier, fait en sorte que tous ceux qui lui tombaient entre les mains étaient contraints d'avouer tout ce qu'il leur demandait. Il avait ainsi réduit plusieurs innocents à confesser ce à quoi ils n'avaient jamais pensé.

Que peut-on dire de plus clair à notre propos et pour vérifier l'oracle de ceux qui croient avec Del Rio que quand quelque innocent vient à être soupçonné et saisi, son innocence ne manque point de venir en évidence, Dieu le voulant ainsi? C'est-à-dire bien souvent après qu'ils sont réduits en cendre.

8 - S'il y a quelque chose que j'aie pu apprendre par une longue expérience et par une continuelle voire curieuse recherche, c'est bien que des innocents périssent comme coupables. S'il se trouve quelque prince en Allemagne qui ne le puisse croire qu'il ne le touche au doigt, qu'il me garantisse seulement des mauvaises langues des intéressés, et n'ayant pas été moins avide (dès que j'ai commencé à goûter les lettres) d'enseigner que d'apprendre, je m'engage à lui faire toucher des deux mains par une très belle et nouvelle invention. De façon que quand il connaîtra palpablement la vérité de ce que j'avance, il demeurera étourdi d'étonnement et ressentira un grand remords de conscience, pour paisible qu'elle soit à présent. Mais il n'est pas permis de profaner toutes les vérités.

9 - Il est manifeste, même par ce que Binsfeld et Del Rio ont écrit, qu'en effet plusieurs innocents ont été condamnés pour coupables. Ils enseignent, et avec bonnes raisons, que la preuve des sorcières qui se fait par l'eau[16] est illicite, et que les procès qui sont fondés là-dessus sont iniques et nuls par conséquent. D'où il s'en suit que celles qui ont été condamnées en suite de cette preuve ont été innocentes et doivent être tenues pour telles jusqu'à ce que l'on ait bien et dûment prouvé qu'elles sont criminelles. *Un accusé doit être considéré comme innocent aussi longtemps que sa culpabilité n'est pas légitimement prouvée.* Or, ils disent eux-mêmes qu'autrefois on en a condamné et qu'aujourd'hui encore on en condamne en beaucoup de lieux en suite d'une telle épreuve; il faut donc qu'ils accordent que plusieurs innocentes ont péri et périssent tous les jours misérablement et iniquement comme sorcières.

10 - Eux-mêmes tiennent que la preuve des marques doit être rejetée. De plus, qu'il ne faut pas procéder à la condamnation sur peu d'indices (c'est-à-dire un ou deux) et sur les seules dénonciations, mais seulement à la torture, de peur (disent-ils) que les innocentes n'en pâtissent. Or, je vous prie de considérer s'ii n'y en a pas une bonne partie qui ont été condamnées à la suite de tels indices et accusations. Ne montrent-ils pas ainsi qu'ils croient possible la mort de nombre d'innocentes?

---

[16] - La preuve par l'eau était fondée sur la croyance que les sorciers étaient plus légers que les bons chrétiens. Jetés à l'eau, les bons chrétiens coulaient. Ceux qui surnageaient étaient évidemment sorciers. A l'époque de Spee, on avait renoncé à cette "preuve".

DOUTE 12

Ne faut-il pas renoncer à la poursuite des sorcières, s'il est évident que nombre d'innocentes sont condamnées comme coupables?

Nous avons déjà ci-devant apporté l'exemple d'un prince qui jugeait qu'il fallait cesser, et ce avec juste raison. Ce que pourtant nous ferons entendre avec quelque distinction afin de mieux convaincre le lecteur zélé. Nous distinguerons deux genres de procès.

Le premier comprend ceux qui se font avec telle circonspection et conformité au droit et à la raison naturelle que les innocents n'y peuvent courir aucun danger.

Sous le second seront compris ceux qui se font si négligemment et avec telle ignorance ou malice qu'il est moralement impossible que les innocents ne soient en grand danger par de telles procédures. Sur ces deux sortes de procès je donnerai deux réponses.

1 - Je dis d'abord qu'il n'est pas besoin de cesser si l'on procède de la première façon, puisque tels procès ne sont point dangereux, à condition qu'on n'y introduise pas d'autre danger par ailleurs.

La raison est qu'il n'y a rien qui doive empêcher ces justes procédures tendant à délivrer la république d'une telle peste, si l'on vient à connaître qu'elle en soit infectée.

2 - Je réponds ensuite qu'il faut cesser au plus tôt ou suspendre la poursuite des sorcières, plutôt que de faire les procès de la seconde espèce, non seulement en ce cas de sorcellerie, mais encore en tous autres, de crimes exceptés ou non. Voici mes raisons.

1 - De tels procès sont toujours iniques et illégitimes, étant trop manifeste que c'est agir contre la justice que de mettre en danger ceux à qui l'on devrait procurer toute sorte d'assurance et

donner toute protection.

2 - Qui use de telles procédures pèche mortellement quand ce ne serait qu'en s'exposant au danger de pécher mortellement en faisant mourir quelque innocent, ce que l'on a trop de raisons de craindre de la seconde sorte de procès.

D'où il s'ensuit qu'il s'en faut entièrement abstenir en quelque crime que ce soit, si atroce ou excepté qu'il vous plaira.

Vous me direz que l'extermination de cette maudite engeance cause un tel avantage à la république qu'on en peut tirer suffisante raison de ne pas prendre égard à quelques innocents qui passent parmi le nombre de coupables, étant bien raisonnable que le bien public soit préféré au particulier.

A cela je réponds que s'ils venaient à périr sans aucune faute de ta part, et indirectement, peut-être que la perte d'une ou de deux innocentes ne serait pas bien considérable; mais tu leur procures directement le malheur en les mettant directement en danger. Or, il ne faut pas faire le mal pour procurer un bien. De plus, si quelque innocente s'y trouve mêlée, aussitôt celle-là en mettra une infinité d'autres en peine comme je le montrerai ci-après, et ainsi la république ne se purgera pas des mauvais mais s'épuisera des bons. Et tous ces grands inconvénients que j'ai touchés au doute 8, raison 3, s'en ensuivront, ce qui est fort remarquable. De sorte que ces grands maux ne sont pas une juste raison de mettre les innocents en danger.

Vous me direz alors qu'il faudrait donc aussi s'abstenir de faire la guerre quelle qu'elle soit puisque nombre d'innocents périssent avec les coupables.

Je réponds que la raison n'est pas pareille. Car c'est autre chose de faire mourir des innocents indirectement et sans infamie, ce qui se fait dans la guerre, et autre chose de leur causer une mort infâme et ignominieuse par une inique procédure qui va directement à leur dommage. L'infamie étant ici principalement, pour son étendue, bien pire que la mort. Ce que vous pouvez voir chez les théologiens parlant de l'homicide. Et puis je suis bien d'accord qu'il faut dans les guerres mêmes avoir grand soin d'éviter cet inconvénient. Ajoutez que la susdite infamie cause un plus grand mal à la république que l'on ne doit espérer de bien de telles procédures. Dans les guerres donc, l'on perd seulement les biens et la vie, non la réputation et l'honneur. Ici l'un et l'autre, et d'une façon extraordinaire et atroce. De cette façon, plusieurs nobles familles tout entières en sont déshonorées, et la foi catholique elle-même en reçoit le contrecoup, comme je l'ai dit ci-dessus. Même si les raisons dont nous nous servons devaient également défendre l'usage de la guerre, nous avons toutefois une toute particulière et expresse résolution de ce doute par la bouche de Jésus-Christ, dans la parabole de l'ivraie mêlée avec le bon grain (de laquelle nous parlerons ci-après). Et son autorité doit passer au-dessus de toutes les raisons que l'on pourrait alléguer au contraire. D'où je tire ce dilemme : ou les raisons que l'on allègue contre mon opinion ont quelque force ou non. Sinon, elles ne méritent pas qu'on s'y arrête; si elles sont considérables, pourquoi Jésus-Christ a-t-il conclu tout le contraire dans la parabole susdite?

DOUTE 13

Dois-je m'abstenir de poursuivre des coupables si, sans aucune faute de ma part, cette poursuite risque de mettre en danger des innocents?

Dans le crime dont il est question, le cas se rencontrera difficilement, puisque si le procès n'a aucune faute ni défaut, je ne vois pas d'où peut venir le danger, sinon de ceux qui concourent à l'instruction dudit procès. Toutefois, puisque la question est générale, voici ce que j'en pense.

Je réponds donc que si le prince ou le magistrat, pour purger la république des méchants, leur ôte la vie en les poursuivant, puis vient à reconnaître qu'il y a du danger que les innocents ne soient exécutés pour ou avec les coupables, bien que le prince ou le magistrat ne soit pas cause de ce danger, ils doivent néanmoins s'abstenir entièrement de la poursuite des méchants. Voici les raisons qu'en apporte Tanner.

1 -Ce fut autrefois, dans l'Ancien Testament, l'opinion du patriarche Abraham qui, voyant Dieu indigné contre les Sodomites et près de les exterminer, pour détourner le coup de la tempête de dessus la tête des innocents, osa demander l'impunité pour tous par ces paroles : *Loin de toi de faire cette chose et de tuer le juste avec le pécheur et que le juste soit traité comme le pécheur. Il n'est pas digne de toi, qui juges toute la terre, d'exécuter un tel jugement.*

2 - Dieu suivit ce sentiment et le confirma par son exemple puisqu'ayant ouï la prière d'Abraham, il lui promit l'impunité de toute cette abominable et très populeuse ville si, dans un si grand nombre de méchants, on pouvait trouver dix justes.

3 - Dans le Nouveau Testament, notre Législateur Jésus-Christ l'ordonne manifestement ainsi dans la parabole de l'ivraie (*Matt. I3*). Les serviteurs du père de famille disaient : *Veux-tu donc que nous ramassions l'ivraie?* Lui répond : *non car en arrachant l'ivraie,*

vous risqueriez d'arracher le blé en même temps . Et il faut noter qu'il ne dit pas seulement *ne eradicetis (vous arracheriez)* mais qu'il ajoute encore la particule *forte* *(ne forte eradicetis : vous risqueriez d'arracher)* pour montrer qu'il enseigne deux choses. A savoir qu'il ne veut en aucune façon qu'on arrache l'ivraie s'il faut ensemble arracher le froment, mais encore quand il n'y aurait que le danger de ce faire, ce que montrent les particules *ne forte.* Il ne distingue point ici le danger qui vient de la faute des serviteurs d'avec celle qui pourrait venir d'ailleurs. Il dit seulement qu'il faut s'en abstenir à cause du danger qui accompagne l'extirpation. Ce que j'avais à démontrer.

Vous me dites que les hérétiques se servent de ce raisonnement contre l'Eglise quand elle agit contre eux par voie de l'Inquisition, ce qui n'empêche pas que l'Inquisition ne suive son cours.

Je réponds qu'ils s'en servent mal parce que la parabole n'enseigne pas simplement qu'il faille laisser l'ivraie mais seulement quand il y a danger d'arracher le bon grain d'avec l'ivraie. Or, dans l'extirpation de l'hérésie par la voie de l'Inquisition, ce danger ne s'y trouve pas : étant assez connus et distingués d'avec les bons catholiques par le moyen des conciles, les hérétiques ne peuvent pas se couvrir de cette parabole. S'ils ne pouvaient pas être distingués et qu'il y eût danger de faire périr les bons catholiques avec les hérétiques, vraiment, il faudrait les épargner tous suivant le commandement de l'Evangile. Et l'Eglise ne les poursuivrait pas en ce cas-là. Ainsi les docteurs de l'Eglise expliquent cette parabole (*S. Aug livre 3, contra Epistolam Parmeniani chap. 2, et contra Cresconium livre 2 chap. 34 et 37 ac contra litteras Petiliani livre. 3, chap. 2 et 3. Item D. Thomas 22 qu. 10, art .8. ad. 1*) Ils sont suivis par tous les interprètes, et, dans un si grand nombre d'auteurs aucun n'est de sentiment contraire. L'on ne peut pas ôter du monde tous les scandales, il en faut souffrir beaucoup auxquels on ne peut pas apporter de remède assez commode. Il vaut mieux laisser aller trente coupables et plus, que de châtier un innocent *car il vaut mieux,* dit saint Augustin, *pendant que la paille est battue avec le blé, avant le vannage, tolérer, à cause des innocents, le mélange avec les coupables que d'outrager, à cause des coupables, l'amour dû aux innocents (lib. 3. c. 3. contra litteras Petiliani).* Il faut donc poursuivre les méchants et brandir le coutelas, mais de telle façon qu'il ne tombe point sur la tête des innocents.

4 - Il me semble fort intempestif que le zèle des persécuteurs de sorcières veuille pénétrer des mystères si occultes et que de purs

laïcs et séculiers osent prendre à parti un ennemi si rusé et si fin, et cela avec une telle impétuosité, eux qui crient que la sorcellerie est un crime si occulte, que le diable est si méchant et raffiné, qu'il est capable de tromper les hommes les plus sages et prudents qui auraient passé leur vie dans les exercices spirituels. Vous ne trouverez aucun exemple dans la Sainte Écriture qui conseille quelque chose de semblable. Dieu a commandé de punir les crimes, s'ils ne sont pas bien occultes, si on peut discerner les innocents d'avec les coupables; autrement, parlant de l'ivraie qui est mêlée avec le froment, il a déjà été dit *laissez l'un et l'autre croître ensemble jusqu'à la moisson* alors les anges les sépareront et jetteront l'ivraie dans une fournaise ardente. Permettons à ces esprits plus épurés de dissiper ces obscurités. Que si nous autres, laids et grossiers animaux, peu savants et peu experts dans les méchancetés et détours d'un esprit malin, savons séparer les innocents d'une si grande multitude de coupables, pourquoi dira-t-on encore que c'est un crime si caché et occulte.Plusieurs autres crimes sont manifestes. Si ce zèle des magistrats est inspiré de Dieu, pourquoi ne l'emploie-t-on pas d'abord contre les connus, et puis après contre les moins connus?

Ce serait donc encore renverser l'ordre des choses de passer sous silence et sans châtiment d'autres crimes qui crèvent les yeux de tout le monde, pour fouiller et chercher dans une épaisse obscurité des crimes inconnus.

Je dis : même quand il n'y aurait aucun danger à craindre. J'ai toujours cru que l'on se gouvernait fort sagement dans les États où l'on punit véritablement et efficacement ce qui vient par hasard à paraître au jour et se mettre en évidence, mais où l'on ne juge point être du bien public d'aller rechercher les suites très occultes de ce crime par des voies très dangereuses. Mais afin que ceux qui sont résolus à persécuter les sorcières ne se rebutent à la lecture de ces remarques et ne les rejettent d'abord, je leur enseignerai comment ils le pourront mieux faire. Qu'ils ne s'étonnent point et qu'ils continuent seulement à lire, ils trouveront de quoi se satisfaire.

DOUTE 14

Faut-il inciter princes et magistrats à la recherche et à la punition des sorcières?

Je réponds que je ne crois pas que ce soit nécessaire si on ne les avertit en même temps de la difficulté de l'entreprise que j'ai tâché jusqu'ici de bien montrer. Si vous voulez conseiller à quelqu'un de passer par un chemin fort glissant, vous êtes aussi obligé de l'avertir du danger qu'il y a de tomber, afin qu'il se précautionne contre la difficulté de ce mauvais pas.

J'ai entendu quelquefois des prédicateurs qui faisaient merveille sur ce sujet et déployaient leur éloquence pour inciter les magistrats à employer toute la rigueur et sévérité de la justice pour exterminer cette maudite engeance. J'en ai encore entendu d'autres qui, en particulier, ne cessaient d'exagérer l'atrocité de ce crime et, le dépeignant de ses plus fortes couleurs, d'en aigrir l'esprit des princes contre ces misérables en sorte qu'ils semblaient vouloir faire descendre le feu du ciel pour seconder leur admirable zèle.

Je ne condamne point, absolument parlant, ce grand désir de nettoyer l'Eglise catholique de cette abominable secte, et le soin de fortifier le coeur des princes dans la haine d'une si odieuse peste. Il est certes fort souhaitable que la chrétienté soit purgée et débarrassée de toutes plantes bâtardes et venimeuses. Mais je trouve quelque chose à redire au grand zèle de ces Messieurs. Je veux dire qu'ils ne me semblent pas faire suffisante réflexion (toute passion à part) sur les difficultés et dangers que l'on doit raisonnablement craindre de l'impétuosité, ignorance et inconsidération de beaucoup de juges dans les procédures et façons de poursuivre cette sorte de criminels. Ils ne considèrent pas bien qu'ici *ce n'est pas une lutte contre la chair et le sang mais contre le principe des ténèbres* qui a des moyens de nous tromper qui passent de beaucoup notre portée. Mais surtout, il me semble que toutes les fois qu'ils inciteront les magistrats à déraciner partout la zizanie, ils doivent conjointement montrer le danger qui s'y rencontre d'arracher avec l'ivraie le bon grain et les avertir de la circonspection qu'exige le soin des innocents. Ils doivent rapporter en telle occasion la parabole susdite puisque Jésus-Christ ne l'a pas proférée pour néant. Je les assure qu'elle ne causera aucun inconvénient et qu'elle contribuera plutôt à la justice qu'elle ne l'empêchera.

Que les princes, ou au moins ceux qui doivent les en avertir, puisqu'il ne semble pas que les princes veuillent prendre la peine de le lire, remarquent bien ceci.

Mais vous me direz qu'il semble que tout ceci ne tend qu'à faire tolérer dans l'Etat les crimes les plus abominables et retarder le cours de la justice, et par conséquent que l'on me doit tenir dans la même estime que les protecteurs des crimes car c'est ainsi que j'entendis parler l'autre jour un de ceux à qui mes avis s'adressent.

Je réponds à cela que sans être obligé de déclarer la fin que je me suis proposée, j'ai pourtant montré assez clairement que je n'avais autre but que la parabole que j'ai rapportée de l'ivraie, avec l'interprétation non mienne mais de tous les docteurs. Je ne retiens point le bras de la justice et n'entends point intercéder pour les méchants; je demande seulement que ce que notre Législateur Jésus-Christ ordonne de sa propre bouche soit mis ici en considération et mûrement pesé par ceux qui sont si prêts à purger l'Etat de zizanie. Qui se pourra donc scandaliser si je tâche de faire entendre aux princes et magistrats les volontés du Souverain de tous les princes? Est-ce qu'il faut taire ce qu'a dit notre Sauveur, de peur d'être accusé de vouloir protéger les sorciers et sorcières et arrêter le cours de la justice? Au contraire, c'est de là que je tire mon plus fort argument pour prouver qu'il est très important de rappeler aux princes, comme je le disais tantôt, le grand danger qu'il y a et la nécessaire circonspection qui accompagnent la poursuite des sorcières, puisqu'ils y sont incités par des gens si échauffés de zèle qu'ils ne me veulent pas écouter quand je les avertis d'user de grande prudence en un pas si glissant et qu'ils m'appellent protecteur des crimes quand je leur mets devant les yeux les paroles de l'Evangile. Certes, il est fort à craindre que la chaleur de tels incitateurs ne les porte plus loin que de raison dans une affaire si difficile. Ce qui fait voir combien, par cette seule raison, l'attention et circonspection sont ici nécessaires.

Que les princes donc considèrent soigneusement qui sont ceux qui incitent si fort à prendre les armes contre les sorciers et sorcières et ils trouveront qu'outre l'indiscrétion du zèle, il s'y mêle beaucoup d'autres causes mouvantes et défauts comme les passions d'avarice et d'ambition, l'ignorance et souvent la cruauté qui passent pour d'excellentes vertus lorsque vous les parez du beau manteau du zèle contre l'impiété et de charité pour le prochain et la gloire de Dieu. C'est pourquoi le magistrat ou le prince se sentira d'autant plus obligé de se tenir sur ses gardes et de s'arrêter, plutôt que de suivre l'impétuosité de ces instigateurs qui souvent sont poussés de passions aussi déréglées que la véhémence de leur zèle est éclatante. Tout homme exempt de préjugé comprendra facilement la raison que j'ai d'inculquer ceci et de craindre que ceux qui osent être si iniques envers moi et me calomnier, parce que je leur ai rappelé les paroles de Jésus-Christ, ne soient pas plus équitables envers les pauvres femmes sans soutien qui leur tomberont entre les mains. Qui aura tant soit peu de sens pourra facilement juger avec quelle facilité et assurance ils pourront faire profiter leur talent à discrétion étant armés du beau et spécieux prétexte du bien de la justice et de la religion, et à couvert de tous inconvénients par la timidité des princes et l'ignorance des peuples. J'ajoute encore que, puisqu'ils sont si peu avisés de m'objecter ce qui me fournit des raisons et des armes pour les combattre, j'ai toute raison de craindre qu'ils ne soient encore plus imprudents dans les procès de sorcières où les plus entendus et avisés trouvent les plus grandes difficultés.

DOUTE 15

Qui sont le plus souvent ceux qui ont coutume d'inciter les magistrats contre les sorcières?

Je réponds qu'ils sont de quatre sortes que je mettrai par ordre.

En premier lieu, je compte entre les prélats et théologiens ceux qui, se repaissant de spéculations, jouissent d'un entier repos dans leurs cabinets. Qui n'ont appris et vu par expérience ce qui se fait au dehors, quelle est la misère des prisons, le poids des fers et des menottes, quels sont les instruments de torture et les lamentations des pauvres. Qui ont cru déroger à leur dignité de visiter les prisonniers, s'entretenir avec les affligés et incliner l'oreille aux plaintes des pauvres misérables. Or, de grâce, qu'est-ce que ces Messieurs peuvent entendre dans l'affaire dont nous parlons.

Je joins à ceux-là certains religieux pieux, voire saints personnages, mais peu experts dans le monde et ignorant la malice des hommes, qui étant eux-mêmes simples et bons, croient que tous les juges et inquisiteurs sont tels, et croiraient avoir commis un grand crime de tenir les jugements publics pour autres que pour sacrés et exempts de toute erreur.

Si donc ils viennent à lire ou entendre quelque conte des sorcières (qui bien souvent sont aussi peu dignes de foi que des contes de vieilles), s'ils entendent parler de ce que la torture a exprimé de leurs bouches, aussitôt ils reçoivent cela comme des vérités évangéliques et s'enflent plutôt de zèle que de science. Ils crient qu'il ne faut pas souffrir ce crime, que tout est plein de sorciers et sorcières et qu'il faut faire merveille pour s'en défaire, et plusieurs choses semblables. Et comme ils sont d'un jugement innocent, ils n'appréhendent aucun danger. O saintes et bonnes gens! Mais qu'y ferions nous, puisqu'ils sont manifestement bien intentionnés? S'ils savaient combien de malice, d'ignorance, de précipitation se mettent par là-dedans, ils crieraient avec leur bon Maître Jésus-Christ *laissez-les pousser ensemble jusqu'à la moisson*, mais étant si bons et si simples, ils ne sont pas capables de comprendre les vérités que nous prêchons.

Nous logeons en second rang les docteurs en jurisprudence qui, ayant flairé le gain et le profit qu'il y a à manier de tels procès s'y attachent de bon coeur et cependant comme gens de grande piété et d'un ardent zèle. Ils font entendre aux magistrats qu'il y va bien avant de l'honneur de Dieu et du salut des peuples, de procurer l'extirpation de cette maudite race, assurés cependant d'être secondés d'une aveugle populace qui ne peut pas s'apercevoir de l'appât qui les rend si affectionnés à la cause publique.

Le troisième lieu est dû à l'ignorante et, pour la plupart, envieuse et maligne populace qui, rencontrant un champ tout ouvert pour exercer impunément son médisant caquet et venimeux babil, se donne belle carrière contre ceux qui, pour quelque avantage de la fortune ou par quelque autre malheur que ce soit, ont mérité son inimitié. C'est elle qui se baille l'autorité de dispenser la bonne et la mauvaise réputation. Je vous laisse à penser quel fondement l'on y doit prendre si par des peines très rigoureuses l'on n'ôte la liberté de calomnier à ces langues serpentines. Mais j'en dirai deux mots ci-après au Doute 34. Je donne seulement ce mot d'avis que tel est maintenant le naturel du peuple que si d'abord les magistrats ne saisissent, tourmentent et brûlent sur les premières clameurs et que l'on ne seconde son aveugle impétuosité, aussitôt vous entendez murmurer et crier qu'ils ne se sentent pas en sécurité, eux, leurs femmes et enfants, ni leurs amis. Que les juges sont corrompus par les riches qui sont entachés du crime prétendu de sorcellerie. Ils désignent hardiment jusqu'à des personnes particulières desquelles ils inventent des contes qui témoignent assez de l'aveugle précipitation de leur malice. Vous les voyez s'accuser les uns les autres, voire les magistrats mêmes, sur des raisons de néant. Et plût à Dieu qu'il n'y eût aucun ecclésiastique ou religieux qui, au lieu de réprimer cette insolence populaire contre les magistrats et autres indignement diffamés, se soit laissé aveugler au point de soutenir voire de fortifier le parti d'une si licencieuse médisance.

Je mets au quatrième et dernier rang ceux (de la populace la plupart) qui étant eux-mêmes entachés de cet abominable crime, pour éloigner d'eux le soupçon, font rage contre les magistrats, les accusant de lenteur dans la poursuite des sorciers. Il est déjà arrivé en plusieurs lieux que ces braves instigateurs aient été accusés, saisis et ensuite exécutés et brûlés avec les autres, avouant qu'ils croyaient par cet artifice se couvrir et éviter le châtiment dû à leur méchanceté. En sorte qu'un inquisiteur fut entendu dire l'autre jour qu'ayant déjà tant vu d'exemples de cela, il avait peine à ne pas tenir pour suspects ceux qui témoignaient un zèle si extraordinaire. Je n'oserais pas dire ce que disait cet inquisiteur, avec beaucoup d'autres; mais puisque beaucoup de ce genre-là ont confessé et ont été brûlés, ou ils ont été innocents et iniquement condamnés, ou coupables. S'ils ont été innocents, voilà le beau train que tient notre justice de condamner des innocents et à quoi mènent les bons avis de ceux qui approchent les princes. S'ils ont été coupables, vous voyez combien l'on a de raisons de soupçonner ces personnes si fort échauffées de zèle contre les sorcières. Pour moi, je prends de là juste occasion de dire que les inquisiteurs qui, comme je l'ai dit ci-devant, jugeaient le théologien Tanner applicable à la torture, doivent sans doute être sorciers, et du quatrième genre dont nous parlons ici. Les indices ne me manquent pas, et je ne les garde sous silence que de peur de troubler les magistrats et pour ne me pas embarrasser dans des affaires fort éloignées de ma profession. Cependant, que les princes prennent garde à ce qu'ils font et quand ils se voient incités et poussés dans une affaire si difficile *qu'ils examinent si ceux qui les inspirent parlent au nom de Dieu.* Je ne nie pas qu'il ne faille arracher l'ivraie; mais sans mettre en danger le froment. L' Évangile parle; si les conseillers des grands ne le lisent pas, peut-être que la curiosité leur fera lire ceci. Au reste, cette parabole porte un commandement ou un conseil : si c'est un commandement, comme la matière est d'importance, on ne peut y contrevenir sans grand péché; si c'est un conseil, je ne sais comment le prince qui ne voudra pas le recevoir pourra écouter aucun autre conseiller.

Cependant, pour finir, je dirai encore ceci qui mérite d'être bien considéré, pour avis à ceux qui incitent si fort les inquisiteurs à la poursuite des sorciers et sorcières dans leur ville ou village. Ces pauvres misérables ne voient pas (à supposer qu'ils soient innocents) que si l'on commence à donner la torture et à faire dénoncer des complices à force de tourments, la chose allant en avant, on arrivera nécessairement jusqu'à eux, l'arrêt des accusations étant impossible jusqu'à ce que tout soit brûlé comme je l'ai montré ci-devant. Or, quand ils se voient accusés et saisis, alors ils ouvrent les yeux et font de grandes et inutiles lamentations. Cependant on les tient d'autant plus coupables qu'ils ont auparavant plus témoigné d'ardeur pour la destruction des sorcières. Et, étant contraints par les tourments de s'accuser, ils sont réduits en cendres comme les autres, par un juste jugement de Dieu, bien qu'ils soient innocents, pour n'avoir pas assorti leur zèle d'une raisonnable prudence, et souvent pour avoir trop licencieusement déchiré la réputation de leur prochain et en avoir ainsi procuré le dernier malheur. Malheur à ceux qui ne prendront pas garde à ceci!

C'est pourquoi ceux qui sont les plus prudents, même entre les nobles et grands seigneurs, ayant remarqué ceci, se retiennent maintenant de solliciter tels procès auprès des princes.

Certes, les Italiens et Espagnols, plus avisés et réfléchis, ayant remarqué les désordres qui suivent le zèle indiscret des Allemands, ont évité de les imiter et leur ont laissé la charge de se faire brûler, faute d'acquiescer au commandement de notre Législateur Jésus-Christ.

DOUTE 16

Comment pourrait-on éviter que les innocents ne soient mêlés aux procès de sorcières?

Je réponds que, pour se conduire sagement, il faudrait soigneusement observer les précautions suivantes.

1 - Que les princes veillent surtout à ce que ceux que l'on emploie pour l'instruction et la direction de ces procès aient toutes les capacités requises pour bien réussir. Tels sont les hommes doctes, prudents, gens de bien, enclins à la miséricorde et à la douceur, qui ne font rien sans raison, ne sont jamais malins, cruels ni fougueux. La chose est claire et n'a pas besoin d'explication.

Je n'accuse ici personne. Mais je ne puis que m'étonner de l'ignorance de certains qui, ne voyant nullement où aboutissent les choses qu'ils entreprennent, font grand cas d'arguments sans valeur, en font de violents indices et, d'autre part, ne tiennent pas compte de tout ce qui va à la décharge des accusés. D'où il arrive que, quand on les presse doucement et avec toute la discrétion possible pour la décharge de ces pauvres misérables, ou ils demeurent muets, ou ils s'indignent que l'on veuille examiner les choses selon les règles de la raison.

Je n'approuve pas toutefois que le prince voulant joindre aux séculiers quelque théologien et ecclésiastique, choisisse un prélat de marque et d'autorité, surtout s'il est d'un naturel impétueux ou fastueux.

La raison en est : 1° Que de tels juges, pressant les autres par leur autorité, les rangent facilement à leur avis, personne n'osant les contredire avec liberté, de peur de leur emportement ou de leur influence auprès du prince. 2° Souvent la doctrine et capacité de ces Messieurs ne répond pas à la grandeur de leurs titres et dignités. 3° Ils ne peuvent pas si facilement avoir l'expérience nécessaire en tels procès. Ils ne visiteront pas les prisons, n'écouteront pas pater -

-nellement et ne prendront pas la peine de consoler les malheureux gisant dans l'ordure et la misère, et ne s'abaisseront pas à choses semblables. Ils ne voudront entendre les plaintes et lamentations des misérables que par autrui, en sorte qu'ils n'entendront la vérité que parée des couleurs et couverte des habillements dont la passion du rapporteur l'aura revêtue. Et ainsi de tels prélats ne serviront pas plus ou plutôt moins que le prince même. 4° Cela ne fera qu'augmenter la dépense sur quoi il n'y a déjà que trop de plaintes. Les pauvres disant hautement qu'au moins espèrent-ils d'être exempts de la charge des inquisiteurs, quand il ne leur restera plus rien. 5° L'humeur impétueuse et cruelle dans une personne de grande autorité sera trois fois plus dangereuse et de plus grand dommage aux innocents qu'en une personne médiocre.

2 - Il faut prendre garde surtout que les juges et inquisiteurs soient gens à se gouverner non seulement selon les lois, mais encore, en choses non évidentes, selon la raison naturelle, et plutôt en faveur de l'accusé que de l'accusateur.

C'est ici où l'on commet des fautes incroyablement importantes et préjudiciables aux innocents. Et je ne vois pas comment on peut faire état qu'aucune loi de l'équité puisse désormais subsister, dans la rigueur que l'on exerce contre les accusées et la propension que l'on témoigne à les voir convaincues, rejetant en même temps bien loin tout ce que ou elles ou d'autres sauraient alléguer pour leur décharge. Comme s'il était permis et honnête d'accuser qui l'on voudra, et défendu tout ensemble à un chacun de parler de défense. En sorte qu'il semble que l'iniquité de tels officiers vise directement à faire, par tous moyens licites ou illicites, que ceux qu'ils ont fait saisir se trouvent criminels. Quand ils en sont venus à bout, ils triomphent et se réjouissent. Si au contraire l'innocence de quelqu'un vient par grand hasard à se manifester, alors vous les voyez tous indignés, gronder et murmurer, ne pouvant en aucune façon digérer ce morceau qui les tient en angoisse, alors qu'ils devraient en ressentir une véritable joie. Quelle justice est-ce là? Et où sont les yeux des princes pour voir cela? Et s'ils le voient ou le savent, où est leur conscience de laisser le glaive de la justice en telles mains? J'ajoute ce que j'ai appris ces jours passés. J'avais proposé ce point à méditer à un homme de grande autorité et du métier, l'exhortant à apporter une grande circonspection en des affaires si embrouillées, et à prendre garde aux raisons qui sont à décharge aussi bien qu'aux accusations. Il me répondit qu'il était trop pressé par le prince de procéder avec rigueur; qu'il ne cessait de lui en faire des instances et commandements réitérés, à tel point qu'il craignait d'être soupçonné de ce crime s'il n'obéissait diligemment. Que pouvait-il contre cette obligation? Je demeurai tout interdit et me dis en moi-même : Est-il possible que l'intention d'aucun prince d'Allemagne soit telle que pourvu que l'on poursuive à outrance les sorciers et sorcières, il ne se soucie pas si c'est à droit ou à tort qu'on les brûle. Je ne saurais me le persuader. Mais, dis-je, même si telle était leur intention, pourquoi leurs officiers, contre leur conscience, secondent-ils de si damnables desseins, de crainte de leur déplaire? Pour moi, disais-je en moi-même, je ne tiendrais point de tels officiers pour fidèles, qui seraient si peu fidèles à leurs consciences et qui n'oseraient librement déclarer que, malgré les instances des souverains et le danger de leur déplaire, ils ne peuvent devant Dieu et en bonne conscience suivre d'iniques procédures. Quoi qu'il en soit, je serais en grande peine de trouver dans toute l'Allemagne un juge ou un inquisiteur qui prît autant de soin de trouver des innocents que des coupables parmi les accusés et qui protégeât aussi sincèrement l'innocence raisonnablement reconnue qu'il fait valoir la confession, pour extorquée qu'elle soit par la force des tourments, pour la condamnation et punition du crime. Dieu veuille que cela ne se voie plus à l'avenir! Cependant, j'ai cette raison sans réplique qui me persuade entièrement que les magistrats ne pourront jamais vivre en repos de conscience tant qu'ils ne seront au moins autant enclins à favoriser la défense qu'ils le sont à favoriser l'accusation.

3 - Il faut éloigner tout ce qui peut corrompre et dépraver les juges et inquisiteurs de peur que l'occasion ne fasse le larron, comme dit le proverbe. Par exemple, qu'ils aient un gage fixe et certain, et non pas selon le nombre des condamnés.

Car outre que telle sorte de paiement est sordide et plus convenable à un bourreau qu'à un homme d'honneur, et pour cela rejetée avec raison par la *Constitution caroline*, article 205, cela peut fournir l'occasion d'injustices aux cupides qui, pour cela, souhaiteront trouver plutôt des coupables que des innocents, et plutôt plus que moins.

Je ne voudrais pas aussi que les princes confisquassent les biens des condamnés, y ayant encore ici je ne sais quoi de dangereux, quand ce ne serait que pour ne pas donner matière à murmures. Par exemple, c'est un bruit déjà assez commun que l'invention la plus courte et la plus facile pour s'enrichir est de se frotter de graisse des sorcières brûlées, et qu'il serait bien à propos de passer des villages dans les villes et dans les plus riches familles où l'on y trouverait plus de graisse. On dit aussi que les inquisiteurs et autres du métier commencent à bâtir et améliorer leur condition et choses semblables, choses qui, je veux le croire, sont dites la plupart du temps plus effrontément que sérieusement. Toujours est-il qu'il vaudrait mieux ne pas fournir matière et occasion à de tels reproches puisqu'ils vont à l'entière destruction de l'estime que l'on doit à la justice. Certes, on ne peut pas présumer que la justice d'un inquisiteur soit exempte de corruption, si après avoir embrasé les âmes grossières des paysans contre les sorcières, puis ayant été appelé et ayant promis d'aller bientôt extirper une telle peste, il envoie en avant ses émissaires qui vont de porte en porte exigeant de chacun une contribution plus que volontaire, comme pour engagement et invitation à ce galant homme d'exploiter[17] plus courageusement. Puis étant venu, et après quelques légères procédures, ayant fait grande parade de ses exploits et rempli les pesants esprits de ses admirateurs des maléfices et pernicieux desseins qu'avaient avoués celles qu'il a fait brûler, feignant de s'en vouloir aller, il se fait retenir moyennant une nouvelle collecte pour extirper le reste de la zizanie; et ainsi, ayant assez tiré d'un village, passe à l'autre usant toujours de la même charité que je viens de dire. Certes, je tiens ces quêtes pour des tributs publics. Et je m'étonne de voir que les princes les permettent à leurs inquisiteurs ou que notre auguste Empereur les permette à ses princes. Car cela nourrit surtout l'avarice et l'appétit des officiers intéressés et la médisance du peuple contre ceux qui ont plus ou moins contribué à ces quêtes, ceux-là étant soupçonnés de vouloir se couvrir par leur libéralité, ceux-ci pour ne vouloir fournir des armes contre eux-mêmes.

4 - Puisqu'il est bien difficile de trouver des juges et officiers de la trempe que je désirerais, je veux dire sages, bons, savants etc., voire même puisqu'encore que l'on en trouverait de tels, la diversité des jugements et l'inégalité des procès seraient à craindre (à cause de la difficulté de la matière) et ensuite le scandale public; puisqu'aussi on voit naître tous les jours sur ce sujet de nouvelles difficultés qui n'ont pas encore été examinées, en sorte que la Constitution criminelle de Charles Quint ne suffit pas pour les résoudre; pour ces raisons, dis-je, il serait fort à souhaiter que S.M. Impériale fit une nouvelle constitution criminelle qui s'observât par tout l'Empire, et dans laquelle on mît de telles précautions que l'on ne laissât que très peu de choses à la discrétion des juges.

---

[17] *Exploiter* : signifier des actes judiciaires dits *exploits* (Robert).

5 - Puisque Sa Majesté Impériale à peine pourra penser à cela pour les grandes affaires qu'elle a sur les bras, il serait du devoir et science des princes ou de leurs conseillers, quand ils voudront commencer la recherche générale des sorcières et avant d'entreprendre une affaire de si haute importance, d'établir une certaine pratique criminelle qui servît de règle aux juges, et même que l'on fît voir et observer aux confesseurs des sorcières. C'est ce que Del Rio demande fort aux princes *(lib. 5, Inquis. append. 2. q. 41)* ainsi que Tanner *(de Just. disp. 4, q. 5, dub.. 3. n. 81)* et plusieurs autres doctes et pieux personnages de notre temps qui ont considéré de plus près l'affaire des sorcières. Or, cela est d'autant plus nécessaire en ce temps-ci que la commune pratique, la plupart du temps, est inique. S'il se trouve quelque homme docte qui vienne à y trouver à dire et fonde ses objections en droit, en bonne raison ou en tous les deux, et montre clairement l'iniquité de telle pratique, il n'en peut espérer autre chose que cette sotte réponse des juges : "C'est la pratique actuelle". Qu'on en établisse donc une commune qui soit due au sentiment des savants et des hommes de bien, non des gens ignorants et grossiers.

6 - Pour former telle pratique et constitution, il ne faudrait pas seulement appeler des docteurs en droit mais encore des théologiens et des médecins. Il me semble aussi qu'on pourrait tirer de mon commentaire plusieurs remarques qui ne seront pas inutiles. Une fois terminé, il faudrait le faire voir dans les universités et faire qu'on l'examinât et épluchât soigneusement. Puis, après avoir pesé les objections contraires et réformé ce que l'on aurait trouvé de déraisonnable, le corriger et l'envoyer aux juges pour qu'ils s'y conforment, avec ordre de faire entendre dans l'an révolu ce que l'expérience aurait pu encore découvrir d'inconvénients pour y porter encore remède et le rendre plus solide et plus parfait. Ainsi, ayant fait de notre côté tout notre possible, nous aurons raison d'espérer que le bon Dieu pourvoira à ce que le sang des innocents ne soit point répandu sur le tribunal de la justice. Car si l'on ne veut faire autrement que l'on n'a fait jusqu'à maintenant, je ne puis en conscience proposer autre chose aux princes et magistrats que d'arrêter tout court s'ils ont commencé, ou de s'abstenir de telle sorte de justice s'ils n'ont pas encore commencé, à cause du danger évident que les innocents ne subissent la plus grande part du mal. C'est la réponse que je donnai l'autre jour, étant consulté là-dessus. Ceux qui conseillent autrement ou ne savent pas ce qui se pratique, ou, s'ils le savent, sont du nombre de ceux que je reprends ici. Ce n'était donc

pas sans raison que quelqu'un a dit dernièrement qu'il croyait que l'on ne pouvait pas autrement réformer les abus qui se commettent en cette matière qu'en recourant à l'autel de la souveraine Justice du très pieux Ferdinand II[18] afin qu'il lui plût ordonner aux magistrats un sursis de quelque temps, jusqu'à ce qu'il eût appris leur façon de procéder en laissant pour cela entière liberté à chacun d'exprimer ses plaintes et remontrances.

7 - Puisque plusieurs croient que l'impunité corrompt souvent et multiplie les mauvais juges ou au moins leur relâche la conscience, le prince aura soin de les connaître et de les châtier sévèrement et exemplairement. Par exemple, si, sans indices suffisants, ils ont mis les accusés à la torture, il les obligera, selon droit et raison, à satisfaire la personne lésée selon sa condition. Par ce moyen, chacun se tiendra bien mieux sur ses gardes, voyant qu'il ne pourra pas faillir impunément. C'est un remède qui est très à propos et qui satisferait aux plaintes et aux désirs d'une infinité de pauvres misérables. Mais quel prince le mettra à exécution ou qui le lui conseillera? Quelqu'un se moquait de moi là-dessus, il n'y a pas longtemps, comme si j'avais quelque espérance, si éloignée qu'elle fût, qu'aucun prince voulût faire faire enquête sur les abus et les fautes de ses inquisiteurs. Je ne sais s'il avait raison, mais je sais bien que cette négligence des souverains magistrats n'est pas excusable. Il faut que j'ajoute ici ce que deux gentilshommes dirent, il y a quelque temps, à deux différents princes au sujet des inquisiteurs. S'ils avaient, disaient-ils, la permission d'enquêter sur la conduite des inquisiteurs comme ceux-ci avaient coutume d'enquêter contre les sorcières, ils juraient sur leur vie de les convaincre eux-mêmes de sorcellerie par les mêmes indices et tourments qu'ils avaient coutume d'employer sur les sorcières. Pour moi, je m'obligerai facilement à même condition de montrer toutes les procédures qui se font aujourd'hui, pleines de fautes et d'abus, pourvu qu'on me permette de voir et examiner les actes publics. Mais à quoi bon tout cela? Les princes l'ont entendu et se sont tus, leurs confesseurs l'entendent et demeurent muets. Qu'en sera-t-il donc? Peut-être que Dieu ne voit rien de tout cela et qu'il ne se soucie des gémissements des innocents.

[18] - Ferdinand II de Habsbourg, empereur d'Allemagne de 1619 à 1637.

DOUTE 17

Doit-on accorder des avocats et d'autres moyens de défense à ceux qui sont accusés de sorcellerie?

J'ai honte d'une telle question, mais l'iniquité des temps m'exempte de cette honte. Les ignorants (mais plutôt les méchants, car les hommes si ignorants sont rares) tiennent que la sorcellerie étant un crime excepté, il ne faut accorder aux sorciers aucun moyen de défense. A quoi je réponds brièvement avec distinction.[19]

1 - Quand un délit est reconnu crime excepté, on refuse les moyens de défense et même un avocat selon la disposition du droit commun *(juxta cap. finale de haereticis in 6 et legem quisquis §. deniq; C. ad legem Juliam et leg per omnes. C. de defensione civitatum).* Si donc quelqu'un étant saisi avoue le crime, demandant pourtant à se défendre, c'est-à-dire s'excuser, prétendant par exemple qu'il a été circonvenu par les ruses du diable, qu'il a été forcé, etc., on lui peut refuser et défense et avocat.

La raison est que telles excuses sont frivoles et de nulle valeur, c'est pourquoi on les rejette bien loin, même si l'atrocité du crime est suffisamment reconnue et déterminée par les docteurs. Mais il n'est pas question ici de cela.

2 - Quand le crime n'est pas totalement et indiscutablement établi, il faut admettre la défense et accorder un avocat, selon le sentiment commun des docteurs *(vide apud Julium Clarum. § haeresis. num. 16. et Farinacci quaest. 39. num. 109. et 167)* ce qu'il faut aussi observer aux crimes exceptés comme disent fort bien les auteurs cités par Del Rio et après lui par Tanner *(de Justitia disp. 4. q. 5. dub. 3. num. 76)* à savoir les docteurs d'Ingolstadt, de Fribourg, de

---

[19] *Distinction* : terme du vocabulaire de la logique signifiant "acte de séparer, dans une assertion que l'on discute, ce que l'on admet de ce que l'on n'admet pas" (Lalande).

Padoue, de Bologne, les auteurs du *Malleus Maleficarum*, Eymerich, Penna, Humbert Simancha, Bossius, Roland[20] , etc. Mais qu'est-il besoin ici d'autorités, la chose étant claire par la seule lumière naturelle? Et quel homme un tant soit peu raisonnable niera que tu puisses te défendre tant que tu ne seras pas convaincu du crime dont on t'accuse? Il faut donc sans difficulté accorder tous moyens raisonnables de défense à quiconque sera saisi et accusé de quelque crime que vous voudrez, s'il nie être entaché du crime qu'on lui attribue. Et, bien loin de les lui refuser, sous prétexte que le crime est excepté, au contraire il faut les accorder plus volontiers, voire les offrir et en faciliter les moyens; en voici les raisons.

1 - Il est ridicule de crier que le crime de magie est un crime extraordinaire avant qu'il soit établi que celle qui en est accusée en soit coupable. Qu'il soit excepté, funeste, horrible, et tout ce qui vous plaira, en quoi cela concerne-t-il une personne qui nie en être atteinte, jusqu'à ce que vous l'en ayez convaincue? Alors procédez comme en un crime excepté. Hors de là, c'est chose ridicule d'alléguer la grandeur du crime si vous ne montrez quelqu'un qui l'ait commis.

2 - C'est du droit de nature de ne refuser à personne les meilleurs moyens de défense qui lui sont possibles. En sorte que celui qui ne le peut par soi-même, peut se faire défendre par qui bon lui semblera. Or, ce qui est du droit de nature doit avoir force dans les crimes exceptés aussi bien que dans les ordinaires. En vain donc l'on prétexte l'exception du crime puisque la loi naturelle ne souffre point d'exception.

3 - Si c'est du droit de nature de ne refuser à personne les moyens de la juste défense, il les faudra d'autant moins refuser à l'accusé qu'il en aura plus de nécessité et que le mal dont il est menacé sera plus grand. Par exemple, si le droit de nature m'accorde le pouvoir de me défendre d'un coup de couteau, à plus forte raison d'un coup d'arquebuse, il s'en suit que si j'ai le droit de me défendre d'un moindre crime, mon droit s'accroît à proportion de la grandeur du crime que l'on m'attribue.

4 - Outre le droit de nature, la charité chrétienne l'ordonne ainsi, le propre de laquelle étant non seulement de ne pas t'empêcher de te défendre, mais encore de t'en fournir tous les moyens raisonnables. Plus grand sera le mal que tu crains, moins elle

[20] - Nicolau Eymerich , dominicain et inquisiteur catalan, auteur d'un *Directorium inquisitorium* (vers 1376) particulièrement rigoureux à l'égard de la sorcellerie. Sur le *Malleus*, voir p. 10. Les autres auteurs n'ont pu être identifiés.

t'empêchera de te défendre et plus volontiers elle t'aidera à le repousser. Il s'ensuit que la loi naturelle et la charité chrétienne nous obligent (comme je prétendais le prouver) à fournir tous moyens de défense aux accusés et ce d'autant plus volontiers et abondamment que le crime imposé est énorme. Des conseillers de princes seront-ils assez simples pour ignorer ceci et n'en point avertir leurs maîtres? Je sais pourtant que des inquisiteurs de princes très sages non seulement méprisent la Bulle *In coena Domini*[21] et l'excommunication, en s'emparant d'ecclésiastiques sans permission spéciale du Saint-Siège, mais encore l'osent faire sur des indices qu'un petit écolier reconnaîtrait pour ridicules, et par-dessus tout cela veillent qu'ils ne se puissent défendre en aucune façon. Voilà quel est le zèle de la justice et comment nous nous servons de notre autorité pour augmenter notre iniquité. Au lieu de maintenir la liberté ecclésiastique, nous en devenons les destructeurs. Si l'on empêche ainsi les ecclésiastiques d'obtenir de justes moyens de défense, que fera-t-on aux gens du commun? (1632 :Beaucoup s'étonnent que l'Eglise ne se soit pas plainte de cela quand il le fallait.)

5 - Pour montrer plus clairement l'absurdité de l'ignorance ou la malice de ceux qui refusent les moyens de défense en cas de crime excepté, moyens qu'ils accordent dans les autres crimes, prenez garde à leur raisonnement.

On m'accuse de vol : voilà une grande tache à ma réputation; ces bonnes gens donc, m'accordent aussitôt les moyens de me défendre et de laver cette tache.

Un autre m'accuse d'adultère : voilà encore une plus grande tache; ils m'accordent donc encore les moyens de m'en laver.

Le troisième m'accuse de sorcellerie qui est la plus grande de toutes les taches qui puissent infecter ma réputation; et pour cela ils me refusent les moyens de m'en défendre, ajoutant pour raison que cette tache est plus grande et plus horrible qu'aucune autre et ce crime trop abominable.

Qui ne gémirait en entendant un tel raisonnement puisque l'on en devrait tirer une conséquence toute contraire à la leur? J'ai honte pour toute l'Allemagne de ne savoir pas mieux raisonner en affaire de si grande importance. Que diront les autres nations qui ont déjà coutume de se moquer de notre simplicité? Chose indigne véritablement et qui ne mérite pas l'approbation du moindre petit enfant, qu'il faille lier les mains à un homme attaqué d'un venimeux serpent afin qu'il ne se défende, lui laissant les deux mains libres pour

[21] - Voir page 33.

se défendre de la piqûre d'une puce. J'ajouterai ce que l'autre jour me raconta un célèbre personnage qui avait été lui-même juge plusieurs années. Il arriva, il y a quelques années dans l'Etat d'un prince (qu'il n'est pas besoin de nommer) qui avait fait plusieurs exécutions de sorcières, qu'un religieux vint à être accusé de ce crime. Son ordre s'en émut et demanda les moyens ordinaires de défense. Le prince ne voulait rien entendre. Toutefois, il demanda son avis au juge qui me l'a raconté, lequel assura et soutint qu'il ne les fallait pas refuser. Le prince, non content de cela, proposa le cas à une certaine université d'Allemagne qui fit la même réponse. Alors, le prince, comme indigné : "S'il en est ainsi, dit-il, il fallait accorder la même chose à tous les autres. Combien faut-il donc que j'en aie fait mourir d'innocents!"

Mais combien en ont fait aussi mourir les autres et en font encore périr tous les jours de la même façon? Dieu certes en marque le nombre et le produira en son temps. Que les magistrats prennent donc garde que, pensant être échauffés d'un zèle de justice, ils ne se procurent un feu éternel en l'autre monde. C'est ce que devraient remontrer aux souverains les sages et savants. *Et ils ne doivent pas être troublés puisque c'est la vérité.* Malgré tout cela, le prince dont nous avons parlé voulait procéder comme d'habitude, "parce que, disait-il, autrement, je condamnerais d'injustice toutes mes précédentes procédures". Quelqu'un pourtant apaisa son esprit ému, en lui remontrant qu'il ne fallait pas poursuivre dans le péché pour s'y être une fois engagé, et que la première faute ne se pouvait pas amender par une seconde, mais bien augmenter et aggraver.

DOUTE 18

Quelles conséquences peut-on tirer de ce qui précède?

Je réponds qu'on en peut tirer les conséquences suivantes qui, rien qu'en lisant, se présenteront assez à l'esprit du lecteur. J'ai pourtant jugé à propos de les ajouter ici par ordre afin qu'il se les imprime plus profondément.

1- C'est une manifeste iniquité de refuser un avocat à une personne accusée qui nie d'être sorcière.

2 - Au contraire, on lui en doit accorder un, tel qu'elle voudra, et des plus habiles.

3 - Si elle n'y songe pas ou ne s'en avise pas, il l'en faut avertir et sincèrement l'instruire du droit qu'elle a de se défendre.

4 - Il la faut plutôt aider et lui en faciliter les moyens que de l'en empêcher.

5 - Il faut plutôt se réjouir s'il arrive quelque chose qui prouve son innocence, que d'en être mal satisfait et en rechigner.

6 - Plus le crime est grand, plus grand est le péché de refuser les moyens de défense à qui en est accusé. Il y a donc plus grand péché à les refuser au cas de magie ou sorcellerie qu'en tout autre.

7 - Il faut accorder quelques jours aux accusés détenus pour retrouver leurs esprits et penser aux raisonnables moyens de se défendre. La consternation risque de leur ôter le libre usage de la raison dès qu'ils sont emprisonnés. Or, ils ont besoin d'une entière présence d'esprit pour penser aux moyens de se bien défendre que le droit de nature et la droite raison leur accordent.

8 Et pour ce, il leur faut donner copie des indices que l'on a produits contre eux et de leurs circonstances puisque sur de tels points on peut fonder les meilleurs et plus solides moyens de défense. Sur ce point, voyez Tanner *(De justitia, disp. 4. q. 5 dub. 3. n. 73).* D'où il appert que Del Rio a tort d'approuver la contraire pratique de certains lieux. Il faut toutefois remarquer *(Malleus* de

Sprenger, *part. 3)*, qu'au cas où les accusés fussent des personnes puissantes, il ne faut pas leur donner, ni à leurs avocats, les noms des témoins qui les chargent, de peur que ces témoins n'encourent quelque danger. Mais quand il n'y a pas de danger, la règle doit être suivie en tout autre cas.

9 - Il ne faut point refuser l'entrée dans la prison à ceux dont les criminels désirent se servir pour leur défense. Ce qui est aussi stipulé dans la *Constitution caroline, art. 4*. Et pour cette raison, j'ai toujours jugé très iniques ceux qui prennent soin d'empêcher que quelque personne d'intelligence et de bon sens que désirerait le criminel ne puisse le rencontrer, craignant qu'elle ne lui suggère les meilleurs moyens de se défendre, alors qu'il est plus souhaitable que l'accusé prouve son innocence que sa culpabilité. Récemment, un bon prêtre ayant fait voir discrètement aux juges, par les actes du procès, que leur procédure contre certaines accusées n'était pas régulière, ils se contentèrent de répondre à cet avertissement, après avoir condamné les malheureuses, en veillant à ce que ce même prêtre ne fût plus admis dans les prisons. Et j'entends dire que c'est arrivé à beaucoup d'autres.

10 - C'est au juge même de pourvoir que les déférées ne manquent point d'avocats.

11 - Les avocats qui refusent de servir en cette sorte de crime et dissuadent les autres de s'y employer doivent être tenus pour sots. Mais je me reprends car ils encourraient le soupçon d'en être entachés. O misérable temps où le premier qui s'avise peut impunément se donner la liberté d'accuser ceux qui secourent des misérables, en les appelant avocats du diable et protecteurs des sorcières! Moi-même, pour cette raison, je n'ai pas encore voulu publier ces avertissements bien qu'il y ait longtemps que je les ai couchés par écrit, me contentant de les faire voir manuscrits à mes amis et en supprimant mon nom. Je suis effrayé par l'exemple de Tanner qui, par son commentaire très prudent, juste et très religieux a mobilisé beaucoup de gens contre lui.

12 - Le criminel peut faire appel de sa condamnation à la torture. *(Quod et probat textus in l. 2. C. de Appell. recip.)* et selon les docteurs Bartol, Baldus, Marsil, Cotta , Foller, Gomez, Prosper Caravita, Brung. et autres cités par Farinacci, *(quaest. 38. num. 10).*

13 - Si le juge, malgré cet appel, procède quand même à la torture et par ce moyen extorque au criminel la confession du crime, cette confession est entièrement nulle et sans aucune force pour la condamnation, selon le sentiment des mêmes, dans Farinacci au

même lieu *n. 17. et 22.*

14 - Encore que le criminel soit condamnable à la torture pour indices suffisants, il n'y doit pas pourtant être mis s'il y a d'autres indices à décharge, de même force que ceux qui le chargent. *Car une seule présomption l'emporte à bon droit sur une autre,* selon Menoch *(de praesumpt. lib. 1. q. 29 & 30,* et Mascard *de prob lib.3. conclus. 1224. n. 4 et seqq.)* Et quand il y a deux indices qui concourent l'un pour le crime, l'autre pour l'innocence, il faut préférer celui qui exclut le délit, dit Farinacci *(q. 38. n. 112)* ce qu'il dit être conforme au sentiment commun des docteurs qu'il cite, même quand les indices à décharge seraient d'un peu moindre poids que les contraires. Mais qui observe cela, je vous prie, et qui y prend garde pour le faire observer? Certes, je me demande quelle conscience ont ceux qui sont censés gouverner la conscience des princes mais qui demeurent muets.

15 - Ceux-là sont très iniques qui, faisant mine d'accorder les moyens de défense aux criminels ne font rien moins que cela. Afin donc que les princes sachent ce que signifient les façons de parler de certains inquisiteurs qui disent qu'ils accordent au criminel droit à la défense, que les défenses de telle ou telle ont été entendues mais qu'elles n'ont aucune substance, afin qu'ils sachent aussi sur quoi l'on met les accusés à la torture, je leur dirai comment on se conduit en certains lieux.

L'inquisiteur fait venir la déférée, lui disant qu'elle sait bien pourquoi elle a été saisie, qu'il y a tels et tels indices contre elle, qu'elle réponde donc, et qu'elle se justifie. Après qu'elle a répondu, bien que (comme j'ai souvent vu par expérience) elle ait suffisamment détruit tous les points de son accusation, et que l'on voie à l'oeil le peu d'apparence et de substance qui reste aux indices que l'on apporte contre elle, sans autre examen de ses réponses, et sans autre droit à la parole, comme si en se défendant elle eût parlé aux vents ou à des rochers, on lui dit de retourner en prison et de faire plus mûre délibération si elle veut persister dans la négative. Cependant l'on écrit que telle criminelle interrogée a persisté dans la négative, et, pour ce, on la condamne à la torture. Quand ensuite on la rappelle, elle entend ces paroles : "Nous t'avons déjà interrogée et tu as nié; nous t'avons accordé du temps pour mieux penser à ta conscience et revenir de ton obstination. Que dis-tu donc maintenant? Demeureras-tu encore obstinée?" Si elle demeure ferme, on lui parle ainsi : "Voilà les actes; on t'a condamnée à la torture". Après quoi, si elle nie encore, on l'applique à la torture. Et on ne fait pas la moindre mention de ce qu'elle a allégué pour sa défense, comme si c'était tout un que la misérable eût baillé ou parlé.

A quoi bon l'interroger donc et lui dire de se justifier si vous n'avez aucun égard à ses réponses et qu'elle ne se puisse justifier. Or, j'affirme devant Dieu que j'ai quelquefois entendu de si exactes réponses et une entière dissolution de tous les points de l'accusation que moi qui ne suis point tout à fait ignorant des disputes scolastiques, ne trouvais pas qu'il y restât aucune difficulté à résoudre. J'en connais d'autres (gens de savoir) qui feront le même serment. Il n'y a que les princes qui, par quelque punition divine, ignorent ceci. Les indices qu'ont les inquisiteurs contre les criminelles sont scrupuleusement couchés dans les actes, mais on ne fait aucune mention des réponses et solutions que la criminelle a données. Si bien qu'au vu de ce que j'ai dit ci-devant et de ce que je dirai ci-après, je crains vivement que les magistrats qui procèdent ainsi contre les sorcières, usant de moyens si iniques pour les convaincre, ne soient convaincus eux-mêmes au jour du jugement sans qu'il leur reste aucun moyen de défense.

16 - Il est impossible, jugeant de ce que nous venons de dire, que les inquisiteurs ne commettent des fautes horribles bien qu'ils procèdent *secundum allegata et probata*[22], comme ils disent. Les princes et docteurs qu'ils consultent doivent prendre garde pour ne pas se laisser tromper par leur façon de parler. Nombre de juges procèdent sur des indices très mal prouvés, ce qui ne les empêche pas de dire qu'ils procèdent *secundum allegata et probata*. Il faut donc ou qu'ils mentent ou que l'on puisse procéder iniquement en procédant *secundum allegata et probata*, parce qu'autant vaut à dire *allegata et non probata sed refutata*[23], que *allegata et probata*. Voilà ce que veut dire leur jargon. Mais afin de montrer que je ne parle pas par animosité, je m'offre à la preuve sous peine, ordonnée par le droit contre les calomniateurs. Mes amis qui voient ceci s'étonnent, me demandent si ce que je dis est véritable et ont peine à me croire. J'ai coutume de leur répondre qu'ils ignorent donc les premiers principes en cette matière, et même qu'il me déplaît d'en avoir tant à dire. Qu'ils prient Dieu de bien vouloir inciter les princes à rechercher la vérité et entendre le langage des inquisiteurs. Ils trouveront des gens qui le leur expliqueront pourvu que cela leur soit permis.

17 - Les procès dans lesquels les moyens raisonnables de défense ont été refusés sont nuls et doivent être sans aucun effet; et

---

22 - "Selon des faits allégués et prouvés".

23 - "Selon des faits allégués et non prouvés mais réfutés" (par l'accusée).

le prince et le juge sont tenus à restitution. Si les conseillers et les confesseurs des princes n'en disent mot, ils en seront eux-mêmes grièvement coupables et en doivent attendre du Souverain juge une très sévère punition.

18 - S'il arrivait que quelque prêtre vînt aussi à être arrêté sur quelques indices, pour le respect que l'on doit au sacerdoce et à toute l'Eglise catholique, on doit lui accorder les moyens d'écrire dans sa prison soit une brève défense, soit une supplication à son prince ou à notre auguste Empereur. Que peut-on prétendre de plus juste? Pour moi, je crois que même parmi des barbares et gentils on ne refuserait pas cette grâce au moindre valet de leur sacrificateur sur le point d'aller à la mort.

19 - Ce n'est pas non plus, à mon avis, une demande déraisonnable qu'il leur soit permis, sur le point de mourir, de se confesser à un confesseur qu'ils choisiront, et non à celui que les juges auraient destiné à cet office. Certes, je considère comme une grande indignité le refus que l'on en fit l'autre jour à un ecclésiastique auquel on ne voulut pas accorder cette liberté de se confesser. (1632 : Cela est-il connu des prélats de l'Eglise catholique?)

20 - Il me semble aussi très raisonnable qu'il soit permis à un prêtre, homme de bien et de bonne vie, qui serait méchamment accusé et circonvenu par malveillance, et miraculeusement délivré, de mettre au jour dans l'Empire sa défense et de la faire imprimer pour faire voir au monde comment il a été traité, à charge pour lui de se présenter en personne devant sa Majesté Impériale s'il ne pouvait prouver par de bons témoins la vérité de ce qu'il aurait avancé.

DOUTE 19

Faut-il présumer que ceux ou celles que l'on saisit pour sorcellerie sont nécessairement coupables?

Cela semble une sotte question, et ce le serait véritablement si la simplicité ou, si vous préférez, le zèle (pour moi je l'appelle ignorance et faute de bon sens) de certaines bonnes gens ne m'imposaient la nécessité de la poser. Car j'apprends que la plupart de ceux qui vont voir ces misérables prisonniers les entreprennent de telle sorte, les pressent et les tourmentent si fort pour les obliger à confesser le crime dont on les accuse, que l'on n'en peut juger autre chose sinon que de telles gens sont parfaitement persuadées que l'on n'en saisit jamais d'innocentes.

Cependant, quoique puissent dire ces pauvres misérables, quoiqu'elles se plaignent tâchant de faire entendre les véritables causes de leur diffamation et de leur arrestation, quoiqu'elles demandent, supplient et témoignent de désirer quelque personne discrète comme un confesseur à qui découvrir avec confiance le secret de leur âme ou qui puisse et veuille les assister et leur donner quelque consolation dans leur affliction, et pareilles choses que les personnes réduites à ce déplorable point de misère ont coutume de désirer, elles ne rencontrent que des statues sourdes et insensibles qui, pour toute consolation, ne font que les injurier et leur reprocher leur crime prétendu, les appeler obstinées, infâmes, endiablées, comme s'il y avait indulgence plénière à qui en dirait le plus et que l'on fît un grand sacrifice à Dieu en les bafouant et en les maltraitant.

Ajoutez à cela qu'il s'y rencontre aussi des prêtres si zélés qu'ils ne cessent, parlant aux juges, geôliers et autres ministres de la justice, de leur inculquer et inspirer la même chaleur qu'ils témoignent à les persécuter et torturer, disant que telle est singulièrement obstinée, qu'il est certain que le diable parle par sa bouche, que telle autre a une apparence affreuse et un aspect diabolique, qu'il parierait bien sa vie qu'elle est des plus méchantes sorcières, et autres paroles semblables lâchées à la volée et sans jugement, si bien qu'il s'est trouvé et se trouve tous les jours des prisonnières qui disent tout haut qu'elles aimeraient bien mieux voir le bourreau auprès d'elles que de tels prêtres et qu'elles souffrent plus des importunités de telles gens que des tourments que le bourreau leur fait ressentir. Les officiers de la justice ne sont pas peu satisfaits de rencontrer parfois de tels pères spirituels qui, au lieu de trouver mauvaise l'ardeur de leur procédure, se font ouvertement les instigateurs de leur zèle. J'ai vu quelquefois de tels prêtres et les ai entendus de mes propres oreilles. S'ils sont nombreux, c'est, d'après ce que j'ai entendu des inquisiteurs, que ceux-ci, lorsqu'ils en rencontrent de plus modestes et circonspects, disent aussitôt qu'ils ne sont pas propres au métier et, par toutes sortes de moyens, en font employer d'autres de l'humeur des premiers, c'est-à-dire impétueux et ignorants.

Sur quoi, pour découvrir plus clairement ma pensée, je réponds que c'est chose intolérable à qui veut user de la raison de présumer ainsi dès qu'une personne est accusée et saisie qu'elle est certainement coupable du crime dont on l'accuse. Voici mes raisons.

1 - J'ai montré ci-devant que de fait des innocentes étaient souvent mêlées à des coupables; donc toutes celles que l'on saisit ne sont pas coupables; il ne faut donc pas se laisser ainsi préoccuper l'esprit, les tourmenter comme si elles l'étaient et leur refuser écoute et compassion. Laissez-les dire ce qu'il leur plaira. C'est au père spirituel d'écouter et d'instruire, et qu'elles soient coupables ou innocentes, de ne refuser à personne la consolation et l'assistance que l'on doit attendre d'une personne de sa profession.

2 - Les juges mêmes présupposent (ou au moins doivent présupposer) qu'il n'est pas certain que quiconque vient à être saisi soit pour cela certainement coupable, puisque l'on procède ensuite aux interrogatoires et questions, la vérité n'étant pas encore établie, surtout en cette sorte de crime qui est plus caché que tous les autres. D'autant que si la vérité était connue il ne serait pas permis de mettre le criminel à la torture, comme je le montrerai au doute 39.

3 - Tous les théologiens et jurisconsultes enseignent que tant que le crime n'est pas établi, il faut toujours présumer en faveur de l'accusé, conformément aux lois de la charité auxquelles le droit se conforme comme ils le montrent longuement. C'est pourquoi Honorius et Théodose[24] ont prudemment réglé ce point en disant :

---

[24] - Auteurs du Code dit théodosien (438 ap. J.-C.).

"Nous ordonnons que quiconque est impliqué dans un crime capital ne soit pas immédiatement considéré comme coupable pour ne pas risquer de punir un innocent." Lege 17. C. de accusationibus. La simplicité de certains ignorants est telle qu'ils tiennent tous les actes et jugements publics si sacrés et religieux qu'ils pensent que l'on n'y peut commettre aucune faute ni abus. Les paroles d'un certain commentateur de l'Evangile me reviennent fort qui, sur la prison de saint Jean-Baptiste, a dit : "Ce n'est pas parce qu'un homme est emprisonné qu'il est nécessairement mauvais, puisque de très honnêtes gens se sont trouvés en prison à cause de fausses accusations, etc. Les magistrats et les princes de ce monde abusent souvent de leur pouvoir."

4 - La mansuétude et douceur chrétienne est bien plus séante, notamment aux prêtres que toutes ces autres façons d'agir que nous avons reprises ci-dessus, qui sont si opposées à ces vertus et que nous ne voulons pas exagérer, étant bien plus à souhaiter qu'elles ne parussent pas aux yeux du peuple, et que ces zélateurs ne fissent pas à découvert ce que j'aurais envie de couvrir si je pouvais.

5 - Même si ces accusées et prisonnières sont véritablement coupables, cela n'est pas établi pour ceux qui les tourmentent ainsi. Et même si c'était établi, c'est une façon peu chrétienne de procéder et fort malséante en particulier à un prêtre . Et quel fruit peuvent-ils attendre de telles vexations si ce n'est de les rendre plus obstinées, alors que la douceur et mansuétude ecclésiastiques pourraient les porter plutôt à découvrir et confesser la vérité. Même si par cette voie vous ne pouvez les induire à se reconnaître coupables, qu'importe? il faut être patient quand on a fait son devoir. La faute est aux obstinées, à Dieu le soin de châtier les coupables et de découvrir quand il lui plaira la vérité. Je ne nie pas qu'après avoir éprouvé en vain les voies de la douceur, il ne soit bon quelquefois de passer à la pratique de sévères blâmes et menaces, mais en sorte toutefois que l'on soit toujours prêt à revenir à la miséricorde paternelle, montrant que tout ce qui se fait n'a d'autre fin que le salut de leur âme, ni d'autre motif que la charité, et bien loin de leur faire croire que, soit à droit soit à tort, nous voulions qu'elles soient coupables.

6 - S'il y en a d'innocentes (comme en effet il peut y en avoir beaucoup) auxquelles nos zélateurs impertinents viennent à s'adresser avec sévérité et reproches importuns, que pourra-t-on attendre d'un tel procédé sinon de les faire tomber dans une mortelle tristesse ou dans un véritable désespoir, voyant qu'abandonnées de

tout le monde, elles ont encore perdu l'espérance de recevoir au moins quelque consolation de leur père spirituel. Certes, je ne mentirai nullement si je dis que j'ai une particulière connaissance des soupirs et gémissements que cette procédure a valu à plusieurs. Dieu le voit et s'en fera rendre compte non seulement à ceux qui commettent de tels excès, mais encore à ceux qui les y poussent et les mettent dans ce danger. Ce que je remarque ici plus particulièrement d'autant que l'on a observé en quelques lieux que parmi les religieux d'un certain ordre, on avait choisi pour cet office ceux qui, par leur manque de jugement avec leur constante importunité, ou leur présomption jointe à une grande ignorance, ou pour toutes ces mauvaises qualités à la fois, l'emportaient sur tous les autres dans le couvent. En sorte que pour les plaintes publiques, on aurait été contraint d'en choisir de plus discrets.

7 - Il est à craindre que, procédant ainsi imprudemment avec les criminels, l'on ne commette beaucoup de confessions sacrilèges et qu'on ne pousse ainsi les âmes vers leur damnation.

Sur quoi, je veux raconter ce qui m'est bien connu d'un certain prêtre qui en avait accompagné près de deux cents jusqu'au bûcher. Celui-ci, les allant voir en prison pour les confesser, leur demandait d'abord si elles ne voulaient pas aussi lui avouer leur crime comme elles avaient fait à la torture en présence du juge, et leur disait nettement qu'il ne les entendrait point si elles ne voulaient avouer d'être coupables. De sorte que celles qui, avant de se confesser, ne promettaient pas d'abord, mais s'obstinaient, affirmant seulement qu'elles diraient la vérité, il les renvoyait ajoutant qu'elles mourussent donc comme des chiennes sans sacrements de pénitence et de la Sainte Eucharistie. Ainsi, toutes étaient contraintes, soit coupables soit innocentes, à avouer le crime et à se faire ainsi brûler, pour ne pas être mises à la torture et ne pas mourir en chiennes comme elles en étaient menacées. L'autre jour, un célèbre jurisconsulte racontait cela publiquement à table à la louange de ce brave prêtre auteur de cet insigne stratagème pour découvrir la vérité. Pour moi, tout confus et étonné, je fis un grand signe de croix en gémissant dans mon coeur; d'autant plus que ce docteur était commis à l'inquisition des sorciers et avait ce même prêtre pour adjoint et confesseur des criminelles. *Dignum patella operculum.*[25] C'est ce qui me donna la curiosité de voir les prisons pour apprendre si véritablement la chose allait ainsi. Mais il n'est pas besoin de dire ce que j'y vis.

Je me souviens de la sentence de l'Ecclésiaste, 4, 1, que

[25] - "Digne couvercle d'une telle marmite!"

cite Tanner : *"Mais je me retournai, moi, et je vis toutes les oppressions qui se font sous le soleil, et les larmes des innocents privés de consolation; la force est aux mains de leurs oppresseurs et eux se trouvent sans aide; et j'ai loué les morts plutôt que les vivants; et, plus heureux que les deux, celui qui n'est pas encore né et qui n'a pas encore vu le mal qui se fait sous le soleil."* Cependant certains religieux ont osé se servir il n'y a pas longtemps du même stratagème. De sorte que je ne sais ce que l'on doit penser des supérieurs de ces religieux, et en quelle conscience ils souffrent tout cela.

8 - Je trouve trop inconsidérées et peu séantes à un prêtre, les paroles dont je parlais tantôt : "Que telle semblait plus obstinée que toutes, que sans doute le démon la tenait à la gorge, qu'elle avait un aspect diabolique et qu'il jurerait sur sa vie qu'elle était véritablement sorcière." Certes, si quelque passant malotru proférait ces paroles il serait digne de blâme. A combien plus forte raison un prêtre qui doit craindre, par de tels propos, d'augmenter les tourments de ces malheureuses, peut-être de causer leur mort, et d'encourir ainsi la censure de l'irrégularité. Mais de telles gens ne savent guère ce que c'est qu'irrégularité et comment on peut l'encourir. On me contait l'autre jour qu'un certain prêtre, qui se croyait des plus savants, avait coutume d'inciter les juges à faire saisir et torturer telle et telle en particulier, les avertissait de ne point pardonner à l'âge de certains enfants, qu'il lui semblait que tel ou tel autre était dans l'âge de mériter le supplice, qu'ils les y condamnassent sans scrupule, n'y ayant pas espoir d'amendement. Il aidait courageusement à découvrir les complices qu'il marquait lui-même sur ses tablettes, assistait aux tortures, inventait et suggérait les arguments pour les convaincre, et autres choses semblables qui m'ont échappé de la mémoire. Comment voulez-vous que ce brave prêtre sache ce que c'est qu'irrégularité? Il ne faut donc pas s'étonner si les inquisiteurs, apparemment aussi ignorants que lui, faisaient grand cas d'un tel second, comme s'il leur fût tombé du ciel, parfaitement informé de la véritable pratique, à la honte même des théologiens les plus experts. Quelle misère et ignorance de notre siècle! Et que sert-il d'avoir étudié si l'ignorance l'emporte? Que les confesseurs lisent aussi ce que je dis encore ci-après au Doute 30 pour leur instruction.

DOUTE 20

Que doit on penser de la torture? Ne met-elle pas souvent les innocents en danger?

Je réponds que telle est la condition de la torture qu'après avoir bien examiné et discuté pour et contre ce que j'ai vu et entendu sur ce sujet, je ne puis dire autre chose sinon que c'est un moyen de mettre souvent les innocents en grand danger et de remplir notre Allemagne de sorciers et de sorcières prétendus et d'autres crimes inouïs. Et non seulement l'Allemagne mais encore toute autre nation qui en voudra faire l'expérience. En voici les raisons.

1 - Les tortures utilisées habituellement sont très violentes et causent de terribles douleurs. Or, le propre des grandes douleurs est que, pour s'en délivrer, on ne craint pas de se sauver dans la mort. Il y a donc grand danger que celles que l'on met à la torture ne confessent le crime qu'elles n'ont pas commis et n'avouent tout ce que leur suggèrent les inquisiteurs, même ce qu'elles auront prémédité de déclarer comme vrai, pour se délivrer d'un tel tourment.

2 - C'est tellement vrai que j'ai vu des hommes très robustes qui avaient été mis à la torture pour de grands crimes dont ils étaient accusés, et qui m'assuraient sérieusement qu'il n'y a si grand crime dont ils ne se fussent très promptement chargés si, par la confession, ils eussent pu tant soit peu se délivrer d'une si violente douleur. Et même qu'ils se précipiteraient plutôt dix fois dans la mort infaillible que de se laisser remettre à une pareille épreuve. S'il s'en trouve d'autres qui aiment mieux se laisser mettre en pièces que de rompre leur silence, comme le raconte Aelianus des Égyptiens *(Historia varia, lib. 7, cap. 8)* vraiment ils sont bien rares maintenant et souvent sont munis de douteux artifices contre la violence des tourments. C'est pourquoi la loi *1 ss De quaestionibus* considère avec raison la torture comme un procédé délicat et très dangereux, parlant ainsi : *"Qu'il soit proclamé légalement qu'il ne faut pas toujours, ni même jamais se fier*

à la question. C'est en effet chose fragile et dangereuse qui peut trahir la vérité. Certains, en effet, supportent les tortures avec fermeté et il n'y a aucun moyen de leur arracher la vérité. D'autres sont si incapables d'y résister qu'ils peuvent avouer n'importe quoi plutôt que d'avoir à la subir. Il arrive ainsi qu'ils fassent des aveux contradictoires et qu'ils fassent peser des menaces aussi bien sur eux que sur d'autres." De là vient aussi que Cicéron dit dans les Partitions[26] : *"Pour échapper à la souffrance, beaucoup en arrivent à mentir sous la torture et préfèrent mourir en avouant des fautes imaginaires que de les nier dans la douleur."* Et le même pour Sylla avec autant de vérité que d'éloquence: *"La torture que nous infligeons aux esclaves nous menace bien que nous en ignorions le danger, car, dans ces tortures, la douleur, la nature physique et morale de chaque supplicié, le comportement de l'enquêteur, ses caprices, l'espoir, la peur et les angoisses ne laissent aucune place à la révélation de la vérité."*

3 - Afin que l'on connaisse plus évidemment et la grandeur des tourments et l'impatience de certains, j'apporterai cet exemple. Les confesseurs qui ont quelque expérience en cette matière savent qu'il se trouve des pénitents qui, après avoir accusé faussement quelqu'un, à cause de la violence des tourments, ayant appris dans le sacrement de pénitence qu'ils ne peuvent pas être absous s'ils ne disculpent ceux qu'ils ont mis en danger de mort par leurs fausses accusations, s'excusent pour l'ordinaire de ne pas pouvoir le faire par crainte d'être soumis à la torture s'ils venaient à se rétracter. Si le confesseur insiste et les avertit qu'ils ne peuvent, par leur faute, laisser soupçonner un innocent sous peine de damnation éternelle, sans chercher quelque moyen de le délivrer, ils répondent souvent qu'ils sont prêts, par tous autres moyens possibles à décharger des innocents mais que, s'ils doivent pour cela être remis à la torture, ils ne le peuvent ni ne le veulent, même pour leur salut éternel. J'en conclus que, si à certains la torture est si insupportable qu'ils lui préfèrent la damnation éternelle, on ne peut nier qu'il y a de bonnes raisons de croire ce que nous avons dit, à savoir que ces tourments sont cause d'un grand danger, et que, si l'on n'y met de l'ordre, les innocents augmenteront sans cesse le nombre des coupables.

4 - J'avoue quant à moi que je serais si peu capable de supporter de telles peines que si on me condamnait à la torture, je ne ferais point de difficulté de me charger d'abord de tous les crimes que l'on voudrait, et choisirais plutôt la mort que de souffrir de si grands

---

[26] -*Partitiones oratoriae : Divisions de l'art oratoire,* ouvrage de Cicéron.

tourments. D'ailleurs, selon la plus commune opinion des théologiens, l'innocent qui se dit coupable à cause de la violence de la torture ne pêche pas mortellement. Nombre d'hommes pieux et renommés pour leur constance et leur grand courage, étaient de même sentiment que moi et, connaissant l'ordinaire fragilité de l'homme et la violence des tourments, n'osaient rien promettre de plus que moi. Aussi, on ne peut m'accuser d'imprudence si je dis que je crains fort que, si l'on soumet de faibles femmes à la torture, la force des tourments n'en exprime de très fausses confessions, et qu'ainsi des innocents ne courent le risque d'être accusés comme coupables. Ajoutez à ceci ce que nous avons dit au dernier doute dans l'addition.

5 - Cette raison se tire du danger que la condition du sexe semble rendre plus grand en ce cas de sorcellerie. Qui ne sait la faiblesse d'une femme, combien elle est peu capable de souffrir des tourments, et combien prompte est sa langue. S'il se trouve des hommes, même religieux, qui n'auraient pas le courage de souffrir de si grands tourments pour éviter la mort, que doit-on présumer d'un sexe si fragile?

6 - Je trouve le danger d'autant plus grand que l'on condamne à la torture sur de très faibles indices, indignes à mon avis, d'un homme de bon sens, comme la seule réputation ou les accusations des complices, ou les deux puisque ni l'un ni l'autre de ces chefs d'accusation ne doit être raisonnablement estimé suffisant pour en venir à cette extrémité comme je le dirai en son lieu, à savoir aux doutes 34, 44 et suivants.

7 - En ce crime de sorcellerie, les tourments étant plus grands qu'en tous autres cas, le danger pour les innocents en est augmenté d'autant. Et de plus, en certains endroits, comme je l'entends dire, on les trouve encore trop doux et, pour cela, on en invente de nouveaux. Ce qui pourtant ne doit pas se faire, même dans les crimes les plus abominables, comme l'enseigne Farinacci *(lib. I, tit. 5, q. 38, n. 57)* suivant la commune opinion, la chose convenant mieux à un Phalaris[27] ou à un Perillus qu'à un chrétien, comme le remarquent fort bien Petrus Gregorius Tolosan *(Synt.lib. 48, cap. 12, n. 25)* et Julius Clarus *(lib. 5, Brunus)* et autres. Si ceux qui sont en usage sont si dangereux, que sera-ce si on les augmente par de nouvelles inventions? Pourtant aujourd'hui les magistrats, même ecclésiastiques, permettent cela à leurs officiers, prenant ainsi pour

[27] - Phalaris : Tyran d'Agrigente (v. 570-554 av. J.-C.), célèbre par sa cruauté.

règle de justice l'aveugle désir de satisfaire leur brutale passion.

8 - La gravité du danger vient non seulement de la violence des tourments, mais aussi de ce qu'on croit qu'ils ne peuvent être excessifs dans ce genre de procès, soit par leur durée, soit par leur façon, en sorte que l'on n'a aucun scrupule à les pousser à l'extrême. Personne ne s'accuse (même en confession) de tels excès, et aucun confesseur n'interroge ses pénitents là-dessus, bien que l'obligation de restitution et satisfaction y soit attachée. Et ainsi il y en a (je le sais fort bien) qui sont morts à cause de l'énormité des tortures. D'autres ont été rendus impotents pour le reste de leurs jours, d'autres tellement martyrisés que, comme on devait les exécuter, le bourreau n'osa pas leur découvrir les épaules de peur que le peuple ne fût ému de la cruauté de ce spectacle. D'autres enfin qu'il a fallu expédier en toute hâte vers le lieu du supplice de peur qu'ils ne mourussent en chemin. Personne toutefois ne se sent travaillé d'aucun remords de conscience et obligé à aucune satisfaction.

En ce qui concerne la durée des tourments, certes la douleur en est très atroce et très difficile à supporter un seul demi-quart d'heure. Que sera-ce donc si elle dure encore une fois autant? Ou si elle dure une demi-heure? Ou même une heure entière?. Paul III, à ce propos, dans une Bulle qui se trouve *in Bullario, I part. fol. 471,* a défendu de tenir les criminels un long temps, comme une heure, à la torture. Et cependant les juges les plus doux (sans parler des plus sévères) craignent si peu de pécher dans l'excès qu'ils ne font aucune difficulté à ordonner l'heure entière, ou deux demi-heures de torture comme par ordinaire; en sorte que l'on considère la question imparfaite et insuffisante quand elle n'a pas duré ce temps-là, comme je le dirai ci-après au Doute 23.

Qui pourra donc subsister dans cette épreuve et n'aimera pas beaucoup mieux mourir et s'en exempter par mille mensonges que de supporter de si cruels tourments? S'il s'en trouve encore qui, tout ce temps-là, demeurent muettes, sans inventer aucun mensonge pour s'en délivrer, peu de personnes imaginent la vraie raison de ce silence, qui est pourtant considérable, très véritable, et que l'expérience m'a fait connaître. La plupart ont cette opinion bien avant dans l'esprit que quand elles viennent (étant innocentes) à s'accuser d'un crime aussi grand que la sorcellerie, elles pèchent mortellement et ne peuvent être aucunement sauvées, de sorte que pour ne pas mettre leurs âmes au péril de la damnation éternelle, elles combattent avec les tourments jusqu'à n'en plus pouvoir. Alors, si après avoir consommé les derniers efforts de leur patience vaincue, elles viennent à succomber et avouer, considérant ensuite la faute qu'elles croient avoir faite, et l'inévitable damnation de leur âme qui la doit suivre, il n'est pas à croire quelle profonde tristesse les saisit, qui souvent les accable et les met au désespoir, si elles ne trouvent par hasard quelqu'un qui les remette par une bonne instruction. Au reste, celles qui croient que la force et la violence des tourments les excuse suffisamment de ce péché de s'être chargées du crime qu'elles n'ont pas commis, aiment mieux avouer tout ce que l'on demande d'elles que de souffrir des tourments si violents. Je sais ce que je dis et prie tous les confesseurs, par les entrailles de la miséricorde de notre Sauveur, de se montrer en telles occasions, comme bons pères spirituels, humbles, simples, doux et prudents, et tels que les demande notre bon Législateur Jésus-Christ. Ils apprendront alors beaucoup de choses qu'ils ne savent pas et, comme je le vois déjà arriver de jour en jour, ils réprimeront peu à peu leur impétuosité et considéreront d'un oeil plus modéré et circonspect ma crainte qu'en Allemagne nombre d' innocents ne paient de leur sang les abus que je remarque ici.

9 - J'ajoute que, bien que les tourments soient énormes, les juges mêmes non plus que les autres ne s'en peuvent persuader. Ils en témoignent assez quand ils disent de certaines criminelles, comme cela leur est assez habituel, qu'elles ont confessé "sans tourment", ce que j'ai entendu de mes propres oreilles plus d'une fois dans la bouche de juges et même de prêtres, qui, pour ce, concluaient qu'elles étaient sans aucun doute coupables. C'est chose étrange de voir jusqu'où la licence de parler est arrivée, puisque, ayant eu la curiosité de m'informer s'il en était ainsi, j'appris qu'en réalité, elles avaient été mises à la torture, mais seulement dans un large pressoir de fer dont la platine de devant est armée de dentelures très aiguës, dans lequel on presse les jambes des criminels. En sorte que, tant à cause de la sensibilité extrême du devant des jambes qu'à cause de la violence que l'on exerce en les pressant, par laquelle les jambes, aplaties comme une gaufre entre les fers, ruissellent le sang de tous côtés, avec une douleur que les plus robustes disent être intolérable, l'on peut juger quels sentiments ont ces Messieurs de la torture puisqu'ils n'appellent pas cela tourment et disent qu'elles ont confessé "sans torture". Ils le font ainsi entendre au peuple, écrivent aux princes qu'ils ne doivent aucunement douter qu'elles ne soient coupables puisqu'elles-mêmes avouent "sans être mises à la torture". Que peuvent résoudre les jurisconsultes sur ces cas, quand on les consulte, s'ils ne sont

informés de la façon de parler des inquisiteurs. A quoi pensent donc les criminalistes, si cela n'est pas torture pour eux? Les jurisconsultes enseignent que la seule crainte des tourments tient lieu de la torture même, et que l'on ne doit donc pas menacer les accusés de la question sans grands et violents indices. Si aujourd'hui la torture même n'est pas torture, que sera la crainte seule des tourments?

10 - Ce qui augmente encore le danger est que l'on condamne maintenant à la torture tous ceux qui se présentent sans discernement. En quoi je crains fort que nous ne donnions des leçons de cruauté aux païens mêmes qui pourtant, autrefois, par leurs continuelles et cruelles guerres et par les spectacles inhumains des gladiateurs, semblaient chercher à dessein à se rendre plus farouches. Car, parmi eux, l'on ne mettait à la question que les esclaves. Et qui étaient les esclaves? Lisez les auteurs comiques, Térence, Plaute et d'autres poètes. Vous y verrez que c'étaient les plus méchants bélîtres de la terre, la lie de toutes les fourberies, perfidies, trahisons et autres méchancetés imaginables, les architectes de toutes sortes de fraudes, mensonges, parjures, et, au reste, façonnés aux bastonnades, fouets, coups de nerfs de boeuf, et à endurer toutes sortes de tourments dès leur enfance. C'est cette sorte de gens qu'ils appliquaient à la torture, comme déjà connus pour leur ordinaire méchanceté. Et il n'y avait pas d'ailleurs grand dommage si l'on venait à excéder le juste point de la raison aux dépens de leur peau, puisque la plupart avaient déjà mérité la mort. Et ils ne l'appliquaient pas à d'autres dont la méchanceté était encore inconnue, craignant que ceux-là ne fussent pas capables de supporter de si grands tourments, et qu'ainsi, pour s'en délivrer, ils n'avouassent des crimes dont ils auraient été innocents. Mais nous qui après la Loi du Christ sommes devenus plus débonnaires, nous en usons indifféremment envers tous, même envers ceux qui ne sont aucunement habitués à la souffrance, ni connus pour leur malhonnêteté.

11- La malice des bourreaux et la liberté qu'on leur laisse augmente aussi le danger de la torture. Je croyais auparavant que telle était la sainteté et le caractère sacré des procédures de justice que l'on ne permettait pas aux exécuteurs de souffler seulement ou de se mêler de dire le moindre mot en faisant le devoir de leur charge. Mais je vois qu'au contraire, en certains lieux, de telles gens tiennent le haut bout et s'attribuent l'autorité de régler la façon et la mesure des tourments. Ils pressent, insistent, interrogent eux-mêmes; ils piquent de paroles et menacent d'une voix terrible ceux qui sont actuellement dans la torture, augmentent à discrétion les tourments, en sorte que c'est une chose intolérable. De là viennent les louanges et prérogatives que l'on donne à certains bourreaux, comme ayant fait parler tous ceux qui sont tombés entre leurs mains. Ce sont ceux que l'on appelle quand les autres ne peuvent rien faire; ceux-là emportent facilement le prix; ceux-là, dis-je, qui, quand leur naturelle barbarie ou l'avidité du gain ne les pousserait pas à excéder les règles de leur devoir, devraient être privés de toute liberté d'agir et de parler pour l'infamie dont ils sont entachés.

12 - Le danger est encore augmenté par l'intolérable malice et le peu de conscience de certains juges ou officiers présidant à la torture. Le droit défend expressément d'interroger ceux à qui l'on donne la question sur leurs complices en les désignant de leur nom *(Lege 1 ss. De Quaest.)* *"Le juge qui soumet quelqu'un à la torture ne doit pas lui demander spécialement si Lucius Titius a commis un homicide, mais, plus généralement, qui l'a commis car, sinon, on suggère plus qu'on ne questionne. C'est ce que le divin Trajan a recommandé."* La même chose est ordonnée dans la *Constitution caroline*, art. 13, et il n'y a personne, un tant soit peu versée dans le droit, à qui la raison naturelle ne l'enseigne ainsi; c'est pourquoi il n'y a point de crime excepté à cet égard. Il s'en trouve pourtant aujourd'hui qui ne font aucune difficulté de pratiquer cette supercherie et semblent mettre en bouche de ceux qu'ils interrogent les noms de celles qu'ils doivent accuser. Il y a quelques années, en certain lieu d'Allemagne où l'on avait fait plusieurs et sévères exécutions de sorcières, il m'arriva de discuter avec un vénérable vieillard, tenu parmi les siens pour homme d'honneur. Comme nous parlions des supplices et du grand nombre de sorcières et que je lui en témoignais quelque étonnement, lui en gémissant : "Dieu sait, me dit-il, si toutes celles que l'on brûle sont véritablement telles qu'on les juge. J'ai aussi été du nombre de ceux qui en ont jugé, mais ma conscience ne m'a pas permis de m'en mêler plus longtemps, ne pouvant supporter ni empêcher la rigueur des jugements. -Et quelle rigueur? lui dis-je. -Celle, dit-il, que l'on exerçait dans la torture envers ceux mêmes qui avaient confessé d'être criminels, car on continuait à torturer ceux qui niaient connaître d'autres complices : "Quoi, leur disait-on, n'avez-vous donc point vu une telle (qu'on lui nommait) faire telle chose au sabbat? N'est-elle pas de votre cabale?" S'ils répondaient que non, qu'ils n'en savaient rien, aussitôt le bourreau avait charge d'aggraver les tourments pour les obliger à confesser. Si la douleur obligeait quelqu'une à crier qu'on la quittât et qu'elle avouait connaître telle

qu'on lui avait nommée, et qu'elle était aussi sorcière, alors on couchait la déposition dans les actes et on passait à nommer un autre qu'il fallait aussi accuser comme la première pour ne pas retomber dans la même peine que devant; et ainsi de suite jusqu'à trois ou quatre ou autant que le commis voulait qu'elle en accusât." Je ne sais qu'en dire, si ce n'est que ce bon vieillard m'assurait que tout cela était très véritable. Que le lecteur juge donc maintenant d'où nous peut venir en Allemagne une telle quantité de sorcières, qu'il juge si j'ai tort de craindre que, moralement parlant, les innocents ne courent souvent grand danger par une telle façon de donner la question. Malheur donc encore une fois aux princes et magistrats qui sont si ardents à la recherche des sorciers et n'ont pas plus de soin de pourvoir au règlement des procédures! A peine avais-je écrit ceci quand un mien ami arrivant et ayant vu ce que je venais d'écrire, me dit en souriant que je n'avais pas besoin de coucher ici l'exemple dont je viens de parler, que les exemples étaient superflus dans une affaire de commune et ordinaire pratique. "Ce n'est pas, dit-il, un seul juge qui fait cela; c'est une procédure toute commune. Je m'y suis trouvé, je les ai vus et entendus plusieurs fois. En sorte que les jurisconsultes, il n'y a pas longtemps, ayant contraint l'inquisiteur qui faisait rage en ces lieux-là, à ne plus nommer ni les personnes, ni les lieux ou les quartiers en donnant la question pour savoir les complices, firent grande fête croyant avoir rendu un signalé service à leurs compatriotes, alors que, dans les lieux où il n'avait pas de contradicteurs, il continuait à en user comme nous avons dit ci-dessus.

Que faut-il dire? Encore une fois, malheur aux princes et magistrats! Est-il possible que celui à qui il revient de connaître ces abus les ignore sans une grande faute de sa part, puisque moi qui le pouvais ignorer sans péché, suis venu à le savoir? Mais quoi? les conseillers et les confesseurs ne disent mot, ignorants eux-mêmes de tout ceci. C'est pourquoi ils ne sentent aucunement leurs consciences émues et n'émeuvent non plus celle d'autrui.

C'est donc la commune pratique de beaucoup de juges criminels, comme j'ai depuis commencé à remarquer, de nommer ou tout au moins insinuer les noms des complices, les lieux où s'est commis le crime, le moment, le genre et autres circonstances du crime en question, comme s'ils voulaient suggérer à ceux qu'ils mettent à la torture ce qu'ils ont à répondre. Après avoir suggéré à plusieurs la même chose, ils font valoir auprès des souverains la convergence et l'uniformité des dépositions touchant les mêmes circonstances. Quel aveuglement! Mais croyez-vous, Messieurs les magistrats, pouvoir dissimuler ces abus des juges criminels sans commettre un grand péché puisque cela va au grand dommage d'une infinité d'innocents? Et pourtant, l'autre jour, un certain prélat approuvait une telle façon de donner la question, quand il témoignait d'agréer qu'un inquisiteur demandât à ces pauvres femmes si elles n'avaient point aussi vu de curés ou autres ecclésiastiques dans leurs sabbats. Beau procédé, vraiment! Comme si l'on ne pouvait pas par ce moyen mettre en danger évident n'importe quel ordre ou condition de personne! Certain grand personnage, ayant entendu ceci, répartit fort à propos qu'il fallait dire à ce prélat de demander à ces pauvres femmes si elles n'y avaient point aussi vu de prélats de l'Eglise et, si elles le niaient, qu'il les fallait tourmenter jusqu'à ce qu'elles avouassent, étant certain que pourvu que l'on n'épargnât pas les tourments, qu'elles en nommeraient aussitôt un d'entre eux, en le leur suggérant ainsi, plutôt qu'aucun autre de moindre considération. Faut-il que les princes consultent de tels docteurs et que la république souffre une telle stupidité et ignorance! Il y a peu, un certain prince se gouverna bien plus sagement que cela, écrivant à un de ses inquisiteurs expressément de ne questionner les criminels touchant les ecclésiastiques ni en gros ni en détail. Mais je regrette pourtant de voir qu'il ignore que cet inquisiteur même, depuis, ne se conforme aucunement à son intention. Et ainsi, je crois que le prince ne satisfait pas à son devoir et à sa conscience d'ordonner ce qui est de raison dans une matière si importante s'il ne prend aussi le soin de faire exécuter ce qu'il a commandé. Auquel cas, si un bon prince vient à donner pour adjoint de son inquisiteur quelque ecclésiastique avec autorité de pourvoir à ce que rien ne se fasse mal à propos et à la volée, il doit aussi bien prendre garde que cet ecclésiastique n'ait aucune affinité de moeurs ou de parenté avec le juge criminel, car j'ai déjà entendu des plaintes à ce sujet. Pareillement, qu'il ne soit ni superbe, ni avare, ni ignorant. Il serait peut-être bien plus à propos de les faire observer par quelque secret espion comme j'ai dit ci-devant au Doute 9, raison 8. Cependant, comment ne pas admirer l'ingénieuse invention d'un inquisiteur dont j'entendis parler l'autre jour, lequel ayant commencé en un certain lieu à saisir des sorcières et à les faire torturer, leur demanda d'abord si elles n'avaient vu aucun des magistrats dans les sabbats : excellent moyen d'exercer son empire avec toute liberté sur le reste du troupeau, quand il aurait expédié les principaux du lieu.

13 - Le danger est aussi augmenté de ce que non seulement

les juges criminels mais aussi leurs bourreaux et autres officiers de justice sont très experts en l'art de suggérer, et avec d'autant plus de succès que les inquisiteurs l'ignorent, si toutefois ils l'ignorent. Car il y a des bourreaux qui, en préparant les accusées les plus simples à la torture, leur suggèrent qui elles peuvent hardiment accuser. Ils leur disent que telle et telle ont été déjà accusées par trois ou quatre autres, qu'elles prennent garde de ne point reculer et se défendre d'avouer la vérité sur leurs complices qui sont déjà connues et qui, de toute façon, s'avoueront coupables. Qu'elles suivent leur conseil et ils les traiteront doucement. Voilà ce qu'ils leur disent. Mais ces méchants bélîtres leur font aussi entendre ce que les autres ont déposé contre elles, afin qu'elles sachent ce qu'elles doivent confesser si elles succombent à la violence des tourments. Donc, comme leurs confessions sont conformes à toutes les particularités et circonstances des dépositions des autres, les criminalistes triomphent, ne manquent pas de le mettre en relief dans les actes du procès et de le faire sonner bien haut à l'oreille des princes, comme s'ils touchaient la vérité du doigt, tant de gens séparément entendus ne pouvant faire des témoignages concordants s'ils ne disaient la vérité. Et ces gens si intelligents ne prennent pas garde à la fraude des bourreaux, laquelle j'ai pourtant découverte sans grand effort. Ainsi ceux qui se vantent de mettre au jour le plus occulte de tous les crimes, qu'est pour eux la sorcellerie, ne voient pas la grossière méchanceté de leurs officiers. Que les princes apprennent de là à comprendre la façon de parler de leurs inquisiteurs quand ils assurent qu'une telle, dans ses confessions, s'est conformée en tous les points à ce que les autres avaient déposé contre elle.

14 - Si une seule innocente, vaincue par la force des tourments, vient à s'accuser comme coupable, elle entraîne nécessairement une infinité d'autres aussi innocentes dans le même malheur. Ce que je montre ainsi. Gaïa, innocente mais ayant avoué le crime qu'on lui attribue, sera aussitôt questionnée sur ses complices. Si elle n'en veut point accuser, on la tourmentera si bien que, sans force pour soutenir la torture pour sa propre défense, elle n'en aura pas davantage pour défendre l'innocence des autres. "*Celui qui désespère de son propre salut met facilement en danger celui des autres*" dit le jurisconsulte Paulus. Elle accusera donc les premières qui lui viendront à l'esprit, principalement celles qu'elle aura appris avoir déjà été diffamées. Si celles-ci, pour cette seule accusation conjointe à une mauvaise réputation (comme je l'ai vu arriver plus d'une fois), viennent à être saisies et mises à la torture, et ensuite,

chacune par les mêmes moyens, poussée à accuser quelques complices de même nature, qui ne voit en combien peu de temps l'on peut mettre en peine une infinité d'innocentes. Particulièrement si le juge est un peu sévère et s'il se fie à l'opinion des auteurs qui tiennent qu'une ou plusieurs accusations des complices, sans autre indice, suffisent pour condamner les accusées à la torture, voire même à la mort, dans le cas des crimes exceptés. Quand je considère ce point avec un peu d'attention, je tremble à la pensée de l'aveuglement des Allemands. Que le lecteur considère cela et je suis sûr qu'il ne saura plus que croire du nombre des sorcières dont il a ouï parler, ou même s'il en doit croire quelque chose. Combien la force des tortures fait inventer de mensonges, tant sur soi que sur autrui! Tout ce qui plaît à ceux qui administrent les tortures est véritable. Elles avouent tout, vaincues par la douleur, et n'osent pas ensuite se dédire de peur de retomber dans la même peine qu'elles ont évitée. En confessant, elles signent par leur mort et de leur propre sang leur fausse déposition . Je sais ce que je dis et j'appelle de ce qui se fait au souverain jugement attendu des vivants et des morts où se découvriront de secrets étonnants qui, maintenant, sont encore cachés dans l'obscurité de l'ignorance. Je le dis du profond de mon coeur. Je ne sais quelle foi je dois ajouter à ces auteurs : Remy, Binsfeld et Del Rio que j'ai feuilletés avec curiosité, voyant que quasi toute leur doctrine touchant les sorcières n'est établie sur d'autre fondement que quelques contes et confessions extorquées sous la torture. Dieu sait combien de soupirs sont sortis du plus secret de mon coeur, quand je repensais en moi-même, souvent de nuit, au lieu de dormir, à tous ces abus, ne voyant pas comment je pourrais arrêter le torrent des opinions populaires et faire ouvrir les yeux à la plupart des hommes qui, prévenus de telles opinions, laissent agir leurs passions dépravées.

15 - Si l'accusée a cédé à la violence des tourments en confessant une fois sa culpabilité, elle s'est retranché tous les moyens de ressource et de salut. Il n'y a plus d'espérance de pouvoir se dépêtrer du crime qu'on a une fois avoué. Situation redoutable!

Car si après la torture elle se reprend et dit que c'est la violence des tourments qui l'a fait parler, on la remettra à la torture dans laquelle si la première fois elle n'a pu tenir ferme pour la négative, à peine aura-t-elle plus de courage la seconde fois, la douleur s'aigrissant par la répétition des tourments. Si elle se rétracte encore après la seconde torture, sans doute on la remettra pour la troisième fois à la même épreuve. De bons auteurs pourtant (comme

Petrus Gregorius Tolosan, Lessius[28] , Del Rio, Gomez et plusieurs autres cités sur ce sujet, *lib. 5, sect. 9)* nient que l'on doive y procéder, et il semble ensuite que l'absolution doive avoir lieu en vertu de cette troisième rétractation. Tout cela pourtant n'aidera pas beaucoup puisque, d'abord, beaucoup préféreront mourir que de subir une troisième question. Et puis les auteurs plus impitoyables ne manquent pas qui sont d'avis d'aller encore outre la troisième torture, dans les crimes atroces comme celui-ci, et les juges plus sévères suivront leur opinion. Si les condamnées conduites enfin jusqu'au lieu du supplice et n'ayant plus aucune peur de la torture, prêtes à entrer dans les flammes, se rétractent hardiment et déclarent que le diable ou la force des tourments les a poussées à accuser des innocentes, tout cela ne servira encore à rien, puisque cette rétractation est méprisée par les juges qui s'en tiennent ordinairement à la confession judiciaire faite dans les tourments, et cette rétractation faite au moment de la mort est tenue pour nulle. Ce que j'ai dit est donc bien vrai : tout espoir est perdu quand la force des tourments a une fois fait confesser une innocente.

16 - Si la douleur n'a pas pu faire avouer celle qui aura eu le courage de soutenir la torture avec constance, persévérant dans la négative, cela ne suffira pas encore pour la sauver car elle y sera tant de fois remise qu'enfin elle succombera. Il y aurait un espoir si, après avoir essuyé une fois la torture, on était lavé du crime dont on est accusé; mais cette répétition sans limite retranche toute espérance d'en pouvoir échapper. Pour cette raison, je suis peut-être hors de mon bon sens, comme beaucoup de gens de bien, mais je ne vois pas comment on a suffisamment pourvu au cas des innocents, et comment on peut raisonnablement croire qu'une grande multitude n'en ait déjà perdu la vie et n'en doive encore souffrir à l'avenir.

L'autre jour, un religieux, homme d'esprit et clairvoyant, discourant sur ce sujet avec des criminalistes, dit, à mon avis avec fort bonne raison, qu'il désirerait fort savoir comment un véritable innocent qui aurait été accusé et saisi, pourrait enfin sortir de cet embarras. Sur quoi, comme ils répondaient mal et qu'il ne cessait d'insister, ils furent enfin réduits à dire qu'ils y penseraient cette nuit-là. Voilà mes grands criminalistes qui, après avoir fait allumer tant de brasiers, avaient si bien procédé jusqu'alors qu'ils étaient incapables d'exposer les moyens par lesquels une personne véritablement innocente pourrait s'arracher à leurs mains. Pour moi, je propose la

[28] - Lessius, théologien jésuite flamand (1554-1623) auteur des *Thèses théologiques* (1586) et de *De iure et iustitia* (1605).

même question à tous les magistrats d'Allemagne. Si quelqu'un croit avoir la réponse, il montre par là qu'il ne sait pas ce qui se pratique, et par conséquent qu'il est en danger de son salut puisqu'il ne devrait pas l'ignorer. Qu'il lise donc ce que nous avons encore à dire, bien que la condition des temps ne nous permette pas encore de tout dire. Qu'avons-nous à nous étonner de la multitude des sorcières? Admirons l'aveuglement de l'Allemagne et la léthargie des plus habiles. Mais pourquoi s'en étonner puisqu'étant accoutumés à toutes délicatesses et opulence, ils écrivent et spéculent à leur aise dans leur poële sans plus d' idée de la douleur et des tourments que souffrent les pauvres infortunés qu'un aveugle des couleurs. C'est pourquoi ils sont si libres à juger des choses qui leur sont inconnues. L'on peut véritablement dire d'eux ce que dit l'Ecriture *(Amos, 6) : Ils boivent le vin à même les coupes, s'enduisent des huiles les plus exquises, mais de la tristesse de Joseph ils ne souffrent pas.* S'ils étaient mis une fois pour un seul quart d'heure à la torture, je suis sûr qu'aussitôt toute leur sagesse et leur magnifique philosophie s'en irait par terre, car ils ont coutume de raisonner en enfants des choses qu'ils ne connaissent en rien. C'est pourquoi je conclus disant avec un très honnête homme de mes amis, non moins véritablement que facétieusement : "Qu'est-il besoin, dit-il, de nous mettre tant en peine de trouver des sorciers et sorcières? Sus, Messieurs les juges, en voulez-vous trouver? Faites seulement saisir des capucins, jésuites et autres religieux; mettez-les à la torture, ils confesseront. Sinon, remettez-les-y une fois, deux fois, trois fois, ils viendront au point. S'ils sont encore obstinés, exorcisez-les, rasez-les : peut-être ont-ils quelque charme sur eux et le diable les endurcit. Poursuivez seulement, vous les y ferez venir. Si vous en voulez davantage, faites saisir les prélats de l'Eglise, les chanoines, les docteurs; ils confesseront! Comment résisteraient-ils, les pauvres gens, nourris dans la délicatesse, dans toutes sortes d'aises? En voulez-vous davantage, laissez-moi faire. Je vous ferai bien chanter à la torture, et vous, et moi par après; et ainsi nous serons tous sorciers. Ou bien croiriez-vous être assez constants pour ne point céder à la violence des tourments si souvent répétés? O les braves gens!"

Mais vous me direz que ce que l'on dit de la répétition des tourments est faux, puisque les lois ne permettent pas de les réitérer sans nouveaux indices et causes très urgentes.

Je réponds que je parle non de ce qu'ordonnent les lois et la raison, mais de ce que font et pratiquent communément les juges. Autre chose est la vérité en théorie et autre chose la vérité en fait.

C'est ce que je pourrai mieux faire entendre en poursuivant l'éclaircissement de cette matière sous une nouvelle question. On demande donc...

DOUTE 21

L'accusée de sorcellerie peut-elle être mise plus d'une fois à la torture?

Il faut diviser cette question en deux.

D'abord, peut-on torturer de nouveau celle qui, ayant confessé à la torture, vient à révoquer sa confession.

Ensuite, peut-on remettre à la torture celle qui y a été déjà mise une fois, sans avoir confessé. Je parlerai des deux.

1 - Je réponds que l'opinion et la pratique commune portent que l'on peut remettre à la torture celle qui ayant une fois confessé vient à se dédire, bien qu'il n'y ait point de nouveaux indices. C'est de cette répétition que parle la loi *(16 et ss De Quaest.)* : *"Les divins frères*[29] *ont indiqué que la question pouvait être répétée."* Et la raison est principalement que la confession faite dans les tourments tient lieu de demi-preuve et fournit un suffisant indice, comme dit ci-dessus M. Wesembecius[30] . De plus, les indices ne sont nullement affaiblis par cette révocation. Enfin, s'il n'était permis de la recommencer, tout ce remède, dit Lessius, n'aurait aucun effet, puisque personne ne ratifierait la confession s'il savait que l'on ne pût le remettre à la question, et ainsi (comme dit Marsilius dont la façon de parler me plaît) la potence demeurerait en viduité et les crimes demeureraient impunis.

Il faut prendre garde toutefois que l'on ne peut pas passer outre la troisième torture, comme j'ai indiqué ci-devant, selon la commune opinion des docteurs, comme vous verrez dans Del Rio*(lib. 15, sect. 9)* et dans Farinacci *(Quaest. 38, nu. 96)* où il appelle bourreaux les juges qui passent à la quatrième fois. Pour moi, je tiens que qui, ayant même confessé à la seconde torture, vient à se

---

[29] - Honorius et Théodose, vraisemblablement, auteurs du *Code theodosien.*

[30] - Matthaeus Wesenbecius, *Pandectas juris civilis commentarii.* Bâle, 1575.

rétracter ne doit point être remis à la troisième, mais doit être relâché. A Dieu ne plaise que moi qui sais quelle et combien grande est la douleur de la torture, je sois d'un autre avis. Certes, je crains que ceux-là n'éprouvent un jugement sans miséricorde après la mort qui sont si sévères et impitoyables à donner des tourments. S'ils en avaient bien pris conscience, même par la seule imagination, ils ne pourraient pas les faire sentir à des bêtes sans être émus de compassion. Il n'y a gentilhomme allemand qui pût souffrir que l'on tourmentât son chien de la sorte. Qui pourra donc être d'avis que l'on martyrisât tant de fois des créatures raisonnables?

2 - Pour celle qui, ayant été mise à la torture, n'a rien confessé, elle n'y peut pas être remise une seconde fois si l'on ne retrouve d'autres nouveaux et pressants indices. C'est ce qu'affirment Clarus, Menoch, Gregorius Tolosan, Farinacci, Dinus, Albericus, Villabodius, Sylvester, Azor , Lessius et autres jurisconsultes et théologiens. On trouve cela dans Ex *leg. uni. 18 ss. De Quaest.* où il est dit : *"Un accusé accablé de preuves plus évidentes (evidentioribus argumentis) peut être soumis de nouveau à la torture, surtout s'il a endurci dans la torture son corps et son âme".* Remarquez les mots *Argumentis evidentioribus* pour faire entendre qu'il faut avoir des indices plus grands que ceux qui suffisaient pour la première torture. Pourtant, Del Rio dit fort bien, *(lib. 5, sect. 9) : "Il ne faut jamais répéter la torture à moins que ne se présentent des indices nouveaux, différents de genre et d'une évidence plus grande, et seulement si l'accusé est assez fort et robuste pour avoir enduré longtemps, moralement et physiquement, la première torture."* Ce qui est tout à fait conforme à l'intention de la loi, et la raison en est manifeste parce que les premiers indices, pour violents qu'ils aient été, ont été entièrement purgés et détruits par la première torture, et pour ce l'accusée doit être renvoyée et entièrement absoute. Voire même, la plus véritable et commune opinion est que même les preuves entières sont détruites et annulées par une torture suffisante, comme le montre fort bien Prosper Farinacci *(Praxis criminalis, lib. 1, tit. 5, q. 40)* suivi par Del Rio *(lib.5, sect. 2)* Tanner et d'autres. De sorte que l'accusée ne pourra être remise à la torture si l'on n'apporte de nouveaux indices par lesquels on établisse un nouveau sujet de lui imposer le crime. Ou bien il faudra dire que l'on pourrait mettre une personne à la torture sans aucune cause, ce qui est inouï et contre la lumière naturelle. Or, que les indices requis par la loi pour une seconde torture doivent être plus forts et évidents que les premiers, est entièrement conforme à la raison. Car la seconde

torture est toujours plus douloureuse et plus difficile à supporter que la première à cause de l'affaiblissement du corps et du courage causé par les premiers tourments. Certes, la droite raison montre assez que l'on ne doit donner une plus grande peine que pour une plus grande raison. Si donc la loi ordonne qu'on puisse remettre l'accusé une seconde fois à la torture, que ce soit pour des raisons plus pressantes que la première fois. Mais ajoutons avec Farinacci *(lib. 5, quaest. 38, n. 77)* (qui suit Paris de Puteo, Angelam, Marsilius, Aymon et Blancus , Carrerius , Guydon de Suzzania, Bossius, Clarus, Menochius, Francisco Personal, Bertazzius et autres) que ces indices ne doivent pas seulement être plus forts que les premiers, mais encore d'un autre genre, c'est-à-dire différer d'espèce et de substance. *"Par exemple, dans le cas où les premiers indices concernaient la mauvaise réputation ou l' inimitié de l'accusé à l'égard de la victime, et où, pour cette raison, l'accusé a été torturé et n'a rien avoué, si survient un nouveau témoin qui dépose avoir vu le même accusé frapper la victime ou l'épée hors du fourreau, voilà ce que l'on appelle de nouveaux indices, différents des premiers à tous points de vue. Mais si l'accusé a eu à sa charge des indices concernant sa mauvaise réputation et s'il a été torturé pour cette raison, il ne peut pas l'être si de nouveaux témoins confirment la même réputation, car ces témoins n'apportent pas de nouveaux indices, mais seulement une nouvelle preuve d'indices anciens."* Bien que cela soit conforme au droit et même aux maximes de la raison naturelle, et donc recevable même dans les crimes exceptés, néanmoins, il y a de larges et impitoyables consciences qui, sans avoir égard au futur jugement de l'autre vie, ne laissent pas de pratiquer le contraire, comme l'ont reconnu le même Farinacci *(ibid n. 76)* et avant lui Clarus *(lib. 5, quaest. 64)* et de même Brunus qu'il cite et qui avoue franchement que non seulement il l'a vu pratiquer mais l'a pratiqué lui-même contre droit et raison. Nous en chercherons les causes au doute suivant. Cependant, je veux ici avertir les juges qui liront ces lignes qu'ils ne peuvent pas procéder ainsi sans grand péché. La raison est que c'est faire un grand tort et un grand mal à son prochain sans juste raison. Si c'est péché mortel de couper les deux mains à un homme sans raison, ce sera encore un plus grand péché de le mettre à la torture sans raison, la commune opinion des Docteurs étant, comme l'assure Farinacci *(Quaest.42, n. 14)* que l'on fait plus de mal à un homme en lui donnant la torture que si on lui coupait les deux mains. Je m'étonne donc que des gens prennent tant de plaisir à tourmenter les autres qu'ils en méprisent les vrais intérêts de leur conscience. Certes, s'il me fallait pécher, et que je fusse résolu de perdre mon âme (ce qu'à Dieu ne plaise) je ne voudrais pas aller à ma damnation éternelle par un chemin si désagréable.

Vous m'objecterez que, s'il était si facile de sortir d'embarras, et qu'en essuyant une fois la torture l'on pût se justifier et du crime et de l'infamie, on brûlerait peu de sorcières et l'on ne pourrait procéder.

Je réponds à cela qu'effectivement j'entends souvent de telles objections et que toutes les fois que, modestement, j'avertis ceux qui doivent apporter grand soin et circonspection dans les procès de sorcellerie, ils ne trouvent pas de meilleure raison pour se défendre et m'imposer silence que de dire que s'ils ne faisaient pas comme ils font, ils ne pourraient pas procéder. Vraiment, je suis bien aise qu'ils forment des raisonnements tels que je n'y saurais trouver à redire. Et en effet, je n'ai rien à dire à cela, moi. Mon lecteur, s'il te plaît, et que tu aies assez d'esprit, c'est à toi de lui répondre. Cependant, il me semble qu'ils disent à peu près ceci : "Si nous ne nous comportons d'une façon toute opposée aux lois, à la justice et à la raison naturelle, c'est-à-dire si nous ne péchons grièvement, si nous ne baillons la torture sans raison, etc., nous ne trouverons point de sorcière, nous n'aurons que faire d'allumer les brasiers pour les brûler, et toutefois, il nous importe de ne pas chômer et quitter une si bonne besogne. Pourquoi ne travaillerons-nous donc pas, malgré toutes les lois et la raison même?" Beau raisonnement, certes, qui produit assez évidemment ce grand nombre de sorcières, et dont pourtant, avec beaucoup de gens de bien, j'ose à peine m'étonner et dire mes sentiments. O Allemagne, mère de tant de sorcières, quelle merveille si, pour ne pas voir, tu noies tes yeux dans les larmes! O aveuglement des Allemands mes compatriotes! Voilà les juges mêmes qui disent clairement qu'en suivant la raison et en gardant la justice, ils ne brûleront point de sorcières. Pour moi, je n'ai rien à dire contre cela, j'accorde tout et n'ai rien à y répondre que pour le reconnaître. Je ne m'étonne donc plus que le très considéré Tanner en son traité des Sorcières *(dub. 50)* ayant ramassé les moyens de les extirper efficacement, ait encore entre autres très prudemment remarqué celui-ci *(nu. 131)* que les procès ne se prolongent pas trop, mais, gardant la forme de droit, qu'on les expédie promptement, ou en condamnant les coupables qui auront confessé ou en renvoyant ceux qui se seront purgés par la torture. Mais qu'est-il besoin de mettre de tels avertissements dans les livres puisque les juges continueront à poursuivre comme ils ont commencé parce qu'ils ont leurs raisons que je vais vous dire au doute suivant?

DOUTE 22

Pourquoi les juges de ce temps absolvent-ils difficilement les accusées, même celles qui se seraient purgées par la torture?

Je réponds que je n'ai pas vu souvent, alors que j'aurais dû l'avoir vu plusieurs fois, renvoyer celles qui étaient purgées par la première torture. Certes, celles qui sont une fois saisies ont très grande peine à se justifier et en échapper. Il semble d'abord que cela ne provient que d'un zèle de justice et d'une particulière ardeur pour la vertu de ceux qui prennent plus à coeur les intérêts, tant de l'honneur de Dieu que du salut de la république. Cela est beau, mais la vertu ne me semble point si commune que cette ardeur que l'on témoigne contre les sorcières. Peu de gens suivent le sentier étroit de la vertu. Et je vois presque tout le monde, et surtout les plus brutaux et impétueux, animés de ce prétendu zèle de justice. Et puis la vertu n'a rien d'immodéré et d'excessif. Elle se contient dans les bornes que les lois et la judicieuse raison lui prescrivent. Voici des raisons qui me semblent plus vraisemblables.

1 - Comme je l'ai dit au précédent doute, ils veulent trouver par tous les moyens de quoi brûler. Ils sont portés par je ne sais quelle aveugle impétuosité et eux-mêmes ou les magistrats sont fautifs.

2 - Il arrive aussi que les criminalistes s'imaginent déshonorés s'ils libèrent ceux qui s'avèrent innocents, comme s'ils avaient agi précipitamment en les arrêtant et en les torturant. Il y a deux ans, en un certain lieu où l'on commençait l'inquisition des sorcières, je remarquai ce qui suit. Une certaine Gaïa, de mauvaise réputation dans son village, fut arrêtée sans autre indice. Soumise à une torture violente elle dénonça comme complice Titia qui fut à son tour soumise à la torture. Elle demeura pourtant constante et ne céda point aux tourments, persistant dans la négative. Cependant, Gaïa est conduite au bûcher où, témoignant une vraie pénitence et

componction, selon ce qu'assure son confesseur, elle révoque l'accusation de Titia, extorquée par la violence de la torture, se repent d'avoir accusé une innocente, se réjouit de témoigner par sa mort, de l'innocence de Titia et, sur ces paroles, entre dans le feu. Il ne restait aucune raison de ne pas relâcher Titia qui n'aurait même pas dû être arrêtée. Pourtant, on ne la relâcha point, pour les raisons que j'ai dites; les criminalistes s'allaient chuchotant l'un à l'autre que, si on la relâchait, il y allait manifestement de leur honneur. Où es-tu, chrétienne équité? O indignité insupportable!

3 - Les bourreaux aussi se croient déshonorés si, par leur art de la torture, ils ne sont pas venus à bout de la constance d'une faible femme.

4 - L'avidité du gain se mêle à cette affaire. Si l'on a réglé le gain des ouvriers à tant par tête de condamné, ils n'apprécient guère de se voir déchus de leur prétendu profit. Et en effet, nous ne sommes pas tous si saints et si continents que quelquefois l'éclat de l'or et de l'argent ne nous éblouisse et ne nous surprenne. Ils cherchent donc (comme je l'ai souvent vu et entendu) tous les moyens possibles de venir à bout de leur ouvrage et de faire en sorte que celle qui est entre leurs mains soit telle qu'ils la désirent, c'est-à-dire coupable. Ils la resserrent dans une prison plus obscure, ils lui mettent les fers aux pieds et aux mains, ils lui font souffrir le froid, la chaleur, la faim, la soif. Ils lui envoient des gens à leur convenance qui les tourmentent, comme j'ai dit ci-devant, la plupart brutaux et ignorants, mercenaires et serviles, et qui concourent au dessein de ceux qui les emploient. En un mot, ils les pressent et les accablent de tant de maux, de tourments et de misères qu'ils les font venir à leur point. Les inventions promptes et belles pour réitérer les tortures ne leur manquent point, et pour apaiser quelque temps les remords de conscience qui les en pourraient empêcher, comme je dirai tantôt, car je suis bien aise de me rendre un peu de leur parti et leur enseigner comment faire pour rendre licite tout ce qu'on veut , afin qu'ils ne me fassent point reproche de légèreté et d'ignorance des affaires criminelles.

DOUTE 23

A quel prétexte semble-t-il permis de remettre les accusés à la torture sans nouveaux indices?

Je réponds qu'il y a plus d'une sorte de prétexte dont les juges de plus large conscience se peuvent servir et se servent bravement aujourd'hui. Pour venir à ce point de leur intention, voyons les principaux.

1. Le jurisconsulte Bartolus *(in lege unius ss. de quaestion.)* veut qu'il dépende de la discrétion du juge de remettre à la torture celui qui n'a pas confessé à la première. C'est aussi le sentiment de Baldus *(in leg. 2, n. 10 ad fin. C. quod metus causa)* et également de Paris de Puteo, Marsilius, Cataldus, Menoch et autres rapportés par Clarus et Farinacci *(quaest. 38. n. 87)* : tout cela fort à propos pour les juges qui diront qu'ils suivent le sentiment de Bartolus, Baldus et autres quand il leur plaira de faire remettre à la torture. Si vous dites que la discrétion du juge doit se conformer au droit, comme le remarquent fort bien les docteurs, ils vous répondront qu'aux crimes exceptés il est permis d'excéder les règles de droit. Ainsi, leur discrétion sera toujours très libre et ainsi ils ne pourront être repris pour quelque excès qu'ils aient commis.

2. D'autres enseignent qu'on peut recommencer la torture quand la première n'a pas été suffisante, ainsi Clarus *(lib. 5, quaest. 64).* Quant à juger si la torture est suffisante, cela dépend de la discrétion du juge, disent Del Rio *(c. 5, sect. 9)* Damhauderus[31] *(praxis crimin. cap. 38)* et d'autres. Voici les paroles de Iul. Clarus : "*Et dans ce cas, les juges ont l'habitude, quand ils ordonnent de déposer l'accusé après la première torture, de faire écrire qu'ils donnent cet ordre avec l'intention de recommencer.*" Voilà qui va aussi à merveille à nos larges consciences. Car ainsi quand il leur plaira, et que la première torture n'aura pas été suffisante, ils

[31] - Jodocus Damhauder, *Praxis rerum criminalium*. Antwerpen, 1616.

appelleront “insuffisante” celle qui n’aura pas fait avouer le crime, et ce sera là un bon lieu commun pour favoriser l’accusation. Que l’on mette donc l’accusé à la torture. S’il confesse, voilà qui est bien! S’il ne confesse pas, la torture n’a pas été suffisante, qu’on la recommence demain! S’il ne confesse pas encore, elle est encore insuffisante, passons outre!

3. Bartole suggère encore un semblable prétexte pour recommencer la torture *(in leg. unius ss. de quaest & l. repeti ss. eodem tit)* en disant que la loi se doit entendre et se pratique ainsi : on ne peut remettre à la torture si les indices sont plus faibles; on le peut s’ils sont forts et pressants, et c’est de cette interprétation de Bartole que parle Farinacci *(q. 38, n. 79)* disant qu’il a parlé magistralement. Bartole est suivi de Paris de Puteo, Marsilius, Bossius et autres cités par Farinacci contre Boerius et (comme il dit que veut Carrerius) contre la commune opinion des docteurs. Quoi qu’il en soit, voilà une belle apparence de justice. Ainsi, dorénavant, chacun pourra donner à plaisir du poids aux indices ou leur en ôter. S’il lui plaît de faire recommencer les tourments, il dira que les indices sont violents et forts et qu’ils ne sont pas de petite considération.

4. Voici qui aidera encore. Nos bons juges croient qu’il leur est permis d’étendre le temps de la torture jusques à une heure ou cinq quarts d’heure en ce crime, parce qu’il est le plus atroce de tous; parce que Farinacci *(q. 38, n. 54)* l’enseigne ainsi contre la défense générale de Paul III, et, à mon avis, contre la raison naturelle, ou au moins contre la bienveillance chrétienne, comme j’ai dit ci-devant, Doute 20, raison 12. Pourtant, ces débonnaires personnages le croient ainsi. Donc, pour mieux profiter de ce temps, ils le divisent en deux ou trois parties et donnent autant de jours la torture. Leur raisonnement est le suivant : il leur est permis de torturer une heure durant; donc ils peuvent diviser cette heure en autant de parties qu’il leur plaît. Beau prétexte! Même si je leur accordais l’antécédent : torturer une heure durant (ce que je ne ferais jamais), je ne pourrais sans cruauté leur accorder la conséquence puisque la torture ainsi divisée tourmente incroyablement plus que continuée. Il n’y a pas de doute que le corps et l’esprit étant refroidis et abattus par l’interruption, et épouvantés par l’horreur de la nuit et l’attente de nouveaux tourments, la peine en est incroyablement augmentée. Cet excès si grand ne peut aussi être ordonné sans un très grand péché, pour la raison alléguée ci-devant au Doute 21, réponse 2.

5. L’autorité de Sprenger et d’Henry Institor, auteurs du *Malleus Maleficarum*, ne fortifiera pas peu le prétexte susdit. Ces

Messieurs avaient autrefois été envoyés en Allemagne de la part du Saint-Siège comme inquisiteurs de l'hérésie. Ils disent donc que l'on peut mettre plusieurs fois à la torture ceux qui ne confessent pas, non pas par forme de répétition, mais de continuation. Voici leurs paroles *(part. 3, q. 14, pag. 513)* : "*Si l'accusé ne peut être amené ni à la terreur, ni à l'aveu de la vérité, alors il sera soumis à la question un deuxième et même un troisième jour, pour continuer la torture et non pour la répéter (parce qu'ils ne doivent pas la répéter en l'absence de nouveaux indices). On présentera alors à l'accusé une sentence rédigée ainsi : "Nous juges attitrés, t'assignons, toi Untel, tel jour, pour continuer la question, afin d'entendre la vérité de ta bouche.*" Ne disent-ils pas merveille? Quel méchant juge n'aura maintenant la porte ouverte pour faire ce qu'il lui plaira? "Nous ne répétons pas la torture, diront-ils, Dieu nous en garde, puisque nous ne le pouvons pas sans de nouveaux et violents indices, nous la continuons seulement afin de découvrir la vérité. Nous ne sommes pas si cruels que de la recommencer, mais nous savons que nous la pouvons continuer suivant l'opinion des personnages versés en cette affaire qui ont été inquisiteurs en Allemagne, grands théologiens et bons religieux". Je ne sais que dire à cela, mais faut-il que des prêtres et religieux jouent ainsi avec les mots en une matière si importante et à une fin si cruelle! Certes, je commence à craindre, ou plutôt j'ai soupçonné déjà plusieurs fois ces Messieurs les inquisiteurs d'avoir introduit dans l'Allemagne cette grande multitude de sorciers et sorcières par leurs tortures indiscrètes, ou plutôt discrètes et divisées.

6. Il y en a qui enseignent que si un accusé avait tant commis de crimes que l'on ne pût achever son examen en un jour, l'on pourrait le remettre jusques à trois fois à la torture. Comme si quelqu'un était accusé de cinq crimes différents avec de violents indices contre lui, et que l'on eût déjà fait trois examens et donné trois diverses fois la torture pour trois de ces crimes-là, l'on pourrait encore faire deux examens et le remettre deux fois à la torture pour les deux crimes restants. De même, l'accusé suffisamment tourmenté (c'est-à-dire deux ou trois fois) et ayant avoué son crime, peut être de nouveau remis à la torture, jusqu'à la quatrième ou cinquième fois pour lui faire découvrir ses complices, parce qu'il n'a pas encore été tourmenté au sujet de ses compagnons. Ainsi l'enseigne Del Rio *(lib. 5, append. 2, q. 34)* au dire de Tanner. Je n'ai pas cet ouvrage de Del Rio pour le vérifier. S'il est ainsi, que faudra-t-il faire, je vous prie, en matière de sorcellerie où il y a tant de crimes accumulés? Le beau

chemin ouvert aux juges pour multiplier les tortures! Dieu nous garde de voir de si énormes cruautés. Enfin, il est clair, par ce que nous venons de dire, que le prétexte de justice donne un tel pouvoir aux inquisiteurs de recommencer les tourments, qu'il n'y a homme de quelque condition qu'il soit qui, étant une fois condamné à la torture, puisse s'exempter d'être convaincu de la plus damnable sorcellerie de la terre.

DOUTE 24

Comment un juge scrupuleux qui n'oserait réitérer la torture sans de nouveaux indices peut-il facilement en trouver?

Je réponds qu'au doute précédent j'ai suggéré beaucoup de bons prétextes de recommencer les tourments sans aucun nouvel indice. Maintenant, puisqu'il y en a des scrupuleux qui, avec tout cela ne pourraient pas suffisamment apaiser les remords de leur conscience et craindraient de faillir en réitérant les tortures sans nouveaux indices, jusqu' à trois, quatre ou cinq fois, je veux aussi les aider et leur fournir trois belles et gaillardes inventions pour se rendre la conscience si paisible qu'ils n'en ressentiront plus aucun mouvement. L'esprit des hommes ingénieux est venu jusqu'au point de découvrir trois beaux moyens, trois riches lieux communs propres à fournir autant de nouveaux indices qu'il en faut pour remettre les accusés à la torture autant de fois que l'on voudra. Les voici tous les trois.

1 - Si quelqu'un, à la première, seconde ou troisième, voire même à la quatrième torture est demeuré ferme dans la négative, ramène-le en prison, augmente le poids de ses fers, fais-lui souffrir le froid ou le chaud de la saison, l'humidité et la puanteur d'un fond de fosse, laisse-le recuire dans une solitude éloignée de toute consolation, dans la tristesse et la douleur que lui a pu causer la torture, si bien que son corps en demeure accablé. Cependant, poursuis d'autres accusés saisis et donne-leur la torture, interroge ceux ou celles qui succomberont à la violence des tourments sur le fait de celui contre qui tu cherches de nouveaux indices et que tu retiens en prison : tu ne manqueras pas de dépositions contre lui qui seront fortifiées de circonstances telles que toi ou d'autres lui aurez suggérées, comme il a été dit ci-devant au Doute 20, raisons 11 et 12. Avec de telles dépositions, tu as ce que je voulais t'enseigner, à savoir un indice nouveau. Objecte-lui donc ces nouvelles

dépositions, presse-le là-dessus, insiste, menace, en un mot pousse-le par toutes les voies possibles, par toi-même, par son confesseur ou autre, à se reconnaître enfin coupable. S'il n'acquiesce pas, remets-le hardiment à la torture. Si la conscience te remord, apaise-la en lui disant que c'est là la pratique commune. Si tu n'oses pas encore, attends une autre meilleure occasion et tu ne manqueras pas (continuant à saisir et tourmenter les unes et les autres) d'en rencontrer quelqu'une qui, étant contrainte de déclarer ses complices, viendra à nommer entre autres celui ou celle que tu demandes puisque son nom sera plus facile à rencontrer à cause de l'infamie que lui aura causé sa saisie et la torture. Ainsi, tu auras encore un meilleur indice pour le remettre à la question, et ce moyen servira aussi à faire remettre en prison celles qui auraient été renvoyées sous caution, car c'est encore la pratique d'aujourd'hui et une invention merveilleuse afin que personne désormais ne soit renvoyé pour néant.

2 - Si tu ne profites pas du premier moyen, fais confronter une de celles qui auront accusé celle que tu veux convaincre avec celle-là même et, au moment où l'on conduira celle qui accuse à la confrontation, fais-lui ou fais-lui faire les plus fortes menaces que tu pourras pour l'obliger à persister dans son accusation. Fais-lui appréhender tous les mauvais traitements qui se pratiquent en tel cas et les plus rigoureuses tortures au cas où elle se rétracterait. Quand elles sont face à face, reprends aigrement l'accusée de son obstination et fais-lui entendre que tu as enfin trouvé quelqu'un qui la convaincra en face et ôtera tout sujet de douter; et, te retournant vers celle qui l'a accusée, demande-lui si elle ne persiste pas dans ses dépositions, si elle ne l'a pas vue au sabbat, en tel lieu, etc. Sans doute, craignant les maux dont elle est menacée si elle ne persiste, elle ne manquera pas de tenir bon dans ses premières dépositions. Si tu constates qu'elle baisse les yeux et qu'elle soupire de feindre de redoubler ses accusations, ou enfin qu'elle le fait avec contrainte et à demi, d'une voix basse et timide, et si l'accusée commence à vouloir se défendre, prétendre des exceptions contre elle, l'interroger pour montrer l'impossibilité de ses dépositions, alors, dissimulant tout cela et rompant toute audience et examen, fais-la conduire encore en prison et fais proclamer bien haut, avec tes seconds, que l'accusée est enfin manifestement convaincue, et pour cette raison que non seulement on la peut remettre à la torture, mais même, si elle y résiste encore, la condamner comme obstinée. Car c'est ainsi qu'ils parlent et c'est ce que veut dire "*être confrontée et*

convaincue en face". Ceci étant divulgué parmi la populace et écrit aux princes, les théologiens consultés là-dessus applaudissent avec raison à de très iniques procédures parce qu'ils ne comprennent pas l'importance de ces façons de parler. O Allemagne, que fais-tu? Et pourquoi n'est-il pas permis de révéler tous ces mystères et d'en avertir les magistrats? Mes amis, voyant ceci, s'arrêtent encore un coup, tout étonnés et surpris : "Est-il possible, disent-ils, que les choses aillent ainsi? Est-ce la pratique?" Pour moi, j'ai des témoins oculaires et de bonne mémoire qui le confirmeront par serment, car il ne faut pas attendre que les juges le fassent ainsi coucher dans les actes. Et que diront les princes si je leur fais voir avec bonnes attestations que telles ont été condamnées comme obstinées qui, après de semblables confrontations, demeuraient fermes dans la négative et ont été ensuite brûlées toutes vives? Que dira notre auguste César s'il vient à savoir que même des ecclésiastiques ont été condamnés de la sorte dans son Empire? Mais de cela, nous en parlerons une autre fois.

3 - Montre, par un indice nouveau et particulièrement probant la capacité de l'accusée à résister aux tourments, et dis hardiment qu'une faible femme ne le peut qu'avec l'aide du démon, et par conséquent, qu'un tel maléfice est un indice nouveau du crime. En suite de cette opinion, fais exorciser l'accusée et, selon l'avis de certains, fais-lui changer de place et de prison; puis, ayant chassé le diable par l'exorcisme, expérimente de nouveau si la torture n'aura point plus d'effet. Sur quoi, afin de faire connaître la façon de procéder de certains juges, nous discourrons plus amplement au doute suivant.

DOUTE 25

Le maléfice prétendu de taciturnité est-il un indice nouveau?

On appelle maléfice de taciturnité quand, par un art diabolique, l'on est endurci contre la violence des tourments, comme on peut le voir dans le *Malleus* de Sprenger et dans Del Rio *(lib. 5, sect. 9)*.

Si donc une accusée, après avoir été mise deux ou trois fois à la torture, ne confesse pas, on doit aussitôt penser qu'elle use de maléfice, que le diable l'empêche de parler afin qu'elle n'avoue pas, que l'on connaît assez par là qu'elle est véritablement coupable, et par conséquent qu'on la doit exorciser et qu'on la peut après remettre à la torture. Certes, disent-ils, si elle n'était pas sorcière, elle ne pourrait pas soutenir deux ou trois fois la torture, et si violente, cela ne se pouvant sans aide de Dieu ou du diable. J'ai entendu il n'y a guère ces mêmes paroles d'un jeune religieux ignorant et plusieurs autres fois de la bouche des juges. Il faut donc voir si ce raisonnement est bon.

Je réponds que ce ne sont point là des raisons.

1 - Je nie que Titia n'ait pu soutenir deux ou trois fois la torture avec les forces de la nature. Il y a beaucoup de choses étranges que les hommes supportent naturellement. Qui sait donc si ces tourments ne sont point compris dans le nombre de ces choses; si donc Titia les souffre constamment, il ne faut pas dire aussitôt qu'elle use de maléfice.

2 - Pour ne pas être si exact, j'accorde que Titia n'ait pas pu endurer de si grands tourments avec ses forces naturelles. Cela va encore dans mon sens, car je raisonne ainsi : elle n'a pas pu soutenir les tourments sans aide surnaturelle; ils ont donc été plus grands qu'il ne fallait pour les pouvoir souffrir naturellement. Si cela est, les juges ont été très iniques de les ordonner, les tourments étaient aussi injustes, et donc nuls et invalides, et par là ils ne pouvaient lui porter

tort en aucune façon, et on ne pouvait en tirer aucun argument contre elle, ni pour cela la remettre de nouveau à la torture, ni ensuite la condamner et, comme obstinée, la brûler vive en cas qu'elle ne confessât point. Et si elle avait avoué, ses aveux auraient été nuls. Ainsi l'enseignent communément les jurisconsultes, comme tu peux voir dans Farinacci *(q. 38, n. 78)* citant Gomez, Gigante, Carrerio, Bursato, Francisco Personali, et autres. O grand César! combien y en a-t-il pourtant dans ton Allemagne qui ont passé le pas et qui périssent tous les jours de cette façon! Tu ne prends point pourtant de part à la faute, mais tu attends les plaintes de tes sujets suppliants pour tendre ta main secourable à chacun dans l'oppression et la nécessité.

3 - Je formule d'une autre façon le même argument. Les juges disent qu'on peut remettre Titia à la torture parce qu'ils ont trouvé un indice nouveau contre elle. Mais quel est cet indice? C'est qu'elle a usé de maléfice (disent-ils) pour surmonter les tourments. Et comment le prouvent-ils? C'est que les tourments étaient tels qu'elle ne les eût pas pu supporter autrement. Et c'est de là que j'infère que les juges ont été très iniques d'ordonner qu'on la mît à une torture telle qu'on ne pût la surmonter naturellement. Donc, que les juges ont trouvé un nouvel indice grâce à leur iniquité. Le crime de l'accusée ne subsiste donc qu'à cause de l'iniquité des juges. Ôtez cette iniquité des juges et l'accusée demeurera sans crime; ou même, supposez-la, et elle n'en demeurera pas moins innocente puisque le crime d'autrui ne peut pas faire qu'elle soit coupable. Pour montrer avec quelle inconsidération et ignorance ils parlent contre eux-mêmes...

4 - Admettons qu'elle n'ait pas pu, sans aide surnaturelle, surmonter de si grands tourments. Pourquoi faut-il que ce soit par l'aide du démon plutôt que de Dieu? Certes, puisqu'elle a été si énormément tourmentée, il faut qu'elle ait été coupable du crime dont on l'accusait, ou innocente. Si vous choisissez le premier, c'est le démon plutôt que Dieu qui l'a aidée. Je ne vois pas pourtant comment vous pouvez vous en prévaloir et alléguer pour preuve ce qui est toujours en question à savoir sa culpabilité. Vous ne pouvez pas tirer un nouvel indice de ce qui vous est encore inconnu.

5 - Si vous tirez un nouvel indice de ce qu'elle a supporté constamment de si grands tourments, vous lui avez donc décerné ces grands tourments en vain et sans sujet. Direz-vous que c'était pour savoir si elle était coupable? Mais vous pouviez, si vous vouliez, aussi bien savoir qu'elle l'était en argumentant avant la torture, comme

vous faites après. Ou elle confessera (pouviez-vous dire) ou non. Or, quoi qu'il arrive, elle est coupable; si elle ne confesse pas, elle sera aussi coupable puisqu'elle aura pu résister à de si grands tourments et que sans doute le diable y aura mis la main. De quelque côté qu'elle se tourne, elle ne peut éviter d'être coupable. Donc, puisqu'avant de lui faire souffrir tant de tourments, vous saviez aussi bien si vous vouliez qu'elle devait être coupable, pourquoi lui faites-vous souffrir tant de maux pour ne rien apprendre de nouveau? En vain, donc, et pour néant, vous l'avez fait souffrir et lui voulez encore faire endurer tant de tourments, si vous ne voulez dire que vous l'avez fait et le voulez encore faire pour satisfaire les mouvements de votre cruauté, la repaissant du barbare plaisir d'un si sanglant spectacle. Ceci ne se pouvant sans grand crime, quel appétit désordonné vous pousse à vous faire les objets de la colère de Dieu? Où sont maintenant les hommes doctes et spirituels, qui enseignent aux juges non pas à raisonner sottement sur le maléfice de taciturnité comme j'ai entendu le faire, l'autre jour, quelqu'un qui se prétendait philosophe, mais qui les instruisent solidement et chrétiennement de prendre garde que l'ignorance ou les appétits désordonnés ne les fassent pécher dans une affaire dont dépend leur salut.

6 - Les jurisconsultes disent que l'on donne la torture pour découvrir la vérité. Je demande donc, comment il est possible que la vérité se découvre par la pratique dont je viens de parler. Que le lecteur y pense un peu et supplée à mon défaut, car pour moi j'avoue que je ne le sais pas et ne puis le concevoir. Peut-être ces Messieurs criminalistes veulent-ils dire qu'il n'y a d'autre vérité à espérer que l'aveu du crime. Si cela est, j'avoue que l'on peut exprimer cette sorte de vérité par la force des tourments, Quelle que soit l'attitude de l'accusée, comme je l'ai dit ci-devant. Si d'autre part la vérité se manifeste à travers un constant désaveu du crime, je ne puis en aucune façon découvrir par quelle voie (suivant leur pratique) l'on pourra découvrir cette vérité. Il ne faut donc pas dire que qui aura résisté trois et quatre fois à la torture sans confesser ait pour cela usé de maléfice, et fournir un nouveau et suffisant indice pour la remettre à une nouvelle torture. Il valait bien mieux dès le commencement demeurer en suspens et en doute du crime, ou au moins craindre le maléfice et le précautionner par l'exorcisme, que d'argumenter si inconsidérément et cruellement. Les prêtres qui font et ordonnent ces exorcismes à la suite d'un tel raisonnement devraient avoir honte d'être ainsi les instruments et fournir les préparatifs à une injuste torture, et souvent à une sanglante exécution des innocents, à la

mort desquels ils viennent ainsi à concourir.

Vous me direz : "Mais si l'accusée ne sent rien dans les tourments, si elle rit, si elle dort et ne dit mot, si étant fouettée elle ne jette point de sang, ne sont-ce pas là des signes manifestes de maléfice, et pour cela n'en peut-on pas tirer de nouveaux indices?" Je réponds que non, et pour le prouver nous en ferons un nouveau doute.

DOUTE 26

Quels signes du maléfice de taciturnité ont coutume d'apporter les malicieux et ignorants?

Je réponds qu'outre la taciturnité l'on apporte d'autres signes à la fin du précédent doute, en partie faux, en partie vains, qui pour être légèrement reçus pour véritables par les magistrats, sans réel examen, sont cause d'une faute qui n'est pas pardonnable à des personnes de ce rang. Nous les énumérerons donc ici, afin que les conseillers et confesseurs des princes remarquent ce qu'il en faut croire et en instruisent ceux qui les conseillent.

1 - Ils disent qu'il y en a qui ne sentent rien dans les tourments, mais au contraire n'en font que rire. Voilà ce que l'on dit, mais que je soutiens être faux jusqu'à ce qu'on me l'ait bien prouvé, c'est-à-dire par des témoignages confirmés par serments. J'ai peine à comprendre quelle est cette démangeaison de mentir, voyant quasi chacun se plaire ainsi à assurer de purs mensonges. Je dis "quasi" afin que l'on sache que j'excepte ceux qui, y ayant pris garde de près et avec curiosité, me diront qu'ils l'ont ainsi observé et me jureront qu'ils disent la vérité, mais je n'ai encore point pu trouver de tels témoins. Si donc il se trouve quelque accusé qui, faisant tous les efforts pour affermir son corps et son âme contre la violence des tourments, comme l'on peut croire qu'il arrive à ceux qui sont mis à la torture (et pour ce serrant les dents et étendant les lèvres et retenant la voix et respiration) soutiennent constamment la question, mes gens adroitement cruels haussent aussitôt la voix et publient par la voix du bourreau qu'il ne se soucie des tourments, qu'il ne sent rien et n'en fait que rire et s'en jouer. Jugez comme l'on doit interpréter leur façon de parler. Quelle cruauté! Voilà pourtant ce qu'ils débitent parmi la populace, comme chose très véritable, et ils le font ainsi entendre même aux magistrats, aussi crédules que les autres. Je sais ce que je dis et en ai de bons témoignages. Si les magistrats suivaient

mon avis, ils puniraient sévèrement de tels calomniateurs. Et même, il est à craindre qu'eux-mêmes ne soient un jour punis d'avoir ignoré ces choses.

2 - Ils disent qu'il y en a qui s'endorment dans les tourments et ne disent mot. Avec autant de sincérité que de vérité, je veux bien croire qu'ils ne disent mot, qu'ils sont comme stupides et accablés par la violence de la douleur. Mais qu'ils dorment, je ne le croirai pas que de bons témoins et désintéressés ne me le jurent sérieusement. Tout ce qu'ils en disent n'est que pur mensonge. Je me suis appliqué curieusement pour en savoir la vérité. Pourquoi les conseillers des princes à qui cela touche de plus près n'ont-ils pas la même curiosité, alors que ce grand zèle qui détruit plus d'innocents que de coupables devient la plupart du temps criminel par l'ignorance de ces choses? De sorte que je ne crains point de dire, comme j'ai déjà dit ci-devant, qu'il est fort à craindre que les princes et magistrats qui sont aujourd'hui si échauffés à la poursuite des sorcières, ne mettent en très grand danger leur salut s'ils ne se conduisent avec plus de circonspection. Et que leur servira de purger le monde de zizanie comme ils croient le faire , s'ils viennent à perdre leurs propres âmes? Mais revenons à notre propos.

Je sais qu'il y en a qui, dans les tourments sont tombés en défaillance de coeur, c'est ce que les méchants et ignorants prévenus appellent dormir.

Je sais qu'il y en a d'autres qui, s'étant obstinés à tenir fermes dans la négative, et pour ce ramassant toutes leurs forces et serrant les yeux après avoir quelque temps combattu la violence des tourments, enfin vaincus par la douleur, sont demeurés comme insensibles et accablés, la tête inclinée et sans mouvement. C'est cela ce que vous appelez dormir.

Outre tout cela, les médecins nous assurent qu'il peut arriver naturellement qu'un homme, par la force d'une grande douleur, devienne tellement stupide et insensible qu'il paraisse saisi d'un profond sommeil ou tout à fait privé de vie. Ce que les doctes ont voulu représenter en imaginant à propos de Niobé que, de douleur, son corps s'était durci en pierre[32]. Voilà ce que nos juges appellent dormir et ne rien sentir! Il y a quelque temps, un bon chapelain s'étant trouvé présent à la torture d'une pauvre misérable qui pendait ainsi, les yeux fermés, ne pouvant ou ne voulant plus répondre aux questions qu'on lui posait, voulut faire apparaître qu'elle s'était véritablement endormie par l'artifice du diable et suggéra aux

---

[32] - Ovide, *Métamorphoses, VI, 146-312.*

inquisiteurs de cesser l'interrogatoire et de traiter entre eux d'affaires bien éloignées et de toute différente matière. Ce qu'ayant fait, comme l'accusée entendait qu'on ne s'adressait plus à elle et que la tempête des questions cessait, elle commença à ouvrir les yeux pour voir ce que voulait dire ce changement de scène et si elle ne verrait point un sujet d'espérer qu'on la mît hors de peine. Aussitôt, le bon prêtre, très content de lui, commença à s'écrier : "Voilà qu'elle s'éveille quand nous parlons d'autres choses; quand on l'interrogeait touchant son crime, elle demeurait endormie. Que reste-t-il à douter du maléfice? La méchante ne pouvait supporter les tourments si le démon ne lui eût assoupi les sens. Il la faut donc exorciser, et puis nous essaierons encore de voir si elle tiendra ferme." O le beau coup et vraiment digne d'un habile prêtre qui, sauf le respect que l'on devait à son caractère, méritait lui-même d'être aussitôt saisi et doublement fustigé par la main du bourreau par forme d'exorcisme pour chasser le double esprit malin qui l'obsédait, je veux dire l'esprit d'ignorance et de cruauté.

Comme j'écrivais ceci, il arriva en un certain lieu que l'on permit au bourreau de chasser le maléfice de taciturnité par le moyen d'un breuvage dont j'ignorais la composition. Mais je sais que celles qui en prirent se plaignirent après d'avoir été si troublées et agitées qu'il leur semblait être parmi une grande troupe d'esprits ou de fantômes, et que jamais elles n'avaient été si sorcières et n'avaient eu tant de commerce avec les esprits qu'après avoir avalé cette potion.

3 - Ils disent que certains, fouettés à la torture, ne saignent pas. Je l'ai entendu dire l'autre jour d'un accusé. Mais cela n'est pas plus vrai que le reste et je le nierai tant qu'on ne me l'aura pas fait voir ou que des témoins sans reproche ne me l'auront vraiment assuré. Comme je pressais ceux qui m'assuraient cela, je tirai enfin d'eux qu'au moins il en avait "fort peu donné". De sorte que "peu" leur était "rien" : je crois qu'ils attendaient de voir des ruisseaux de sang. Mais quand je leur accorderais qu'il n'en serait pas sorti une goutte, que faudrait-il inférer de là? Cela ne se peut-il pas naturellement? Les médecins que j'ai consultés là-dessus m'assurent qu'il se peut faire que, dans ces angoisses, le sang abandonnant les parties extérieures se retire tout autour du coeur, de sorte qu'il n'en reste point pour sortir. Et quel homme si peu expérimenté ne sait qu'il arrive souvent que la seule épouvante, ou une cause semblable, est capable de faire tellement glacer le sang comme on dit dans les veines qu'il n'en sorte pas une goutte par la plaie que fait une lancette.

4 - S'il était bien constant et assuré que quelque accusée n'eût rien senti dans les tourments, ne serait-ce pas un grand indice de maléfice? Je réponds d'abord : est-ce bien assuré? Mais admettons qu'il en soit ainsi pour être extraordinairement libéral; admettons que certains accusés n'aient rien senti à la torture et même que ce soit par art magique. Je nie pourtant que l'on puisse tirer de là un grand indice que celui-là soit magicien. Certains auteurs qu'il n'est pas besoin de nommer assurent aujourd'hui qu'il y a des choses dont l'usage dans la torture peut ôter tout sentiment de douleur. Si quelqu'un les connaissant et en ayant appris une partie de Del Rio même (qui en fait mention) s'en sert à l'occasion, que pouvez-vous tirer de là, sinon qu'il s'est servi d'un moyen défendu qui agit en vertu d'un pacte tacite, pour venir à bout de son dessein. Combien y a-t-il de curieux et superstitieux, nobles, grands et petits, qui pratiquent semblables inventions par exemple pour arrêter le sang, pour guérir la fièvre, pour donner de l'amour etc., et qui, pour cela, ne sont pas tenus pour sorciers. La différence est grande entre pratiquer un art défendu et être sorcier. Cessons donc de vouloir soulager nos consciences par des considérations qui ne peuvent trouver de place que dans les consciences trop larges de quelques juges. S'ils continuent dans de si frivoles raisonnements, nous aurons d'autant plus de raisons de craindre que leurs tortures et questions ne mettent en grand danger les innocents.

DOUTE 27

La torture est-elle un bon moyen pour découvrir la vérité?

Il semblera qu'il n'était pas besoin d'ajouter ce doute puisque nous l'avons déjà suffisamment agité et qu'il ne nous reste autre chose à faire que de tirer les conséquences des vérités que nous avons éclaircies ci-devant. Néanmoins, puisqu'en retouchant les mêmes vérités sous la forme de différents raisonnements, elles s'impriment plus avant dans nos esprits, ceux qui, pour être plus exacts, désireraient plus de brièveté, me pardonneront s'il leur plaît si, pour acheminer mon dessein, j'use de quelques répétitions.

Je réponds donc que je n'ai que faire de décider autrement si la torture est un bon ou mauvais moyen pour découvrir la vérité, aimant mieux laisser au jugement du lecteur la liberté de tirer les conséquences qu'il trouvera raisonnables, de ce que nous avons déjà dit et dirons encore ci-après sur ce sujet. Cependant je dirai que je trouve bien dangereux de tenir l'affirmative pour les raisons suivantes.

1 - Il est bien véritable que beaucoup aiment bien mieux dire la vérité que souffrir. Mais aussi, au contraire, beaucoup aiment bien mieux mentir que souffrir.

2 - Il s'en trouve donc des uns et des autres, de ceux de qui on extorque la vérité, comme de ceux de qui on exprime le mensonge par la force des tourments. Or, comment saurez-vous que celui que vous avez tourmenté est plutôt de ceux-là que de ceux-ci.

3 - Certes, le nombre des derniers semble devoir être plus grand que celui des premiers, puisque la mort est bien plus tolérable que tant de tourments, non seulement en effet et réellement, mais encore dans l'imagination des hommes dans laquelle de grands tourments actuellement présents font bien plus d'impression qu'une mort future.

4 - Mais, me direz-vous, qui est innocent ne se rendra pas

facilement coupable, et aimera mieux soutenir constamment la torture en se taisant que de se procurer et la mort et l'infamie pour toute sa race en s'accusant. Fort bien. Mais aussi au contraire, qui sera coupable pouvant se rendre innocent en soutenant constamment les mêmes tourments sans l'avouer, aimera bien mieux les souffrir en niant que de mourir et charger toute sa race d'infamie en l'avouant. La même difficulté se trouve donc dans les deux cas de découvrir la vérité. Ni l'innocent ne s'accusera facilement; ni le coupable ne se perdra que par force. Si l'innocence rend l'innocent constant, le crime rend aussi le coupable obstiné, les mêmes considérations fournissant également des forces à l'un et à l'autre. Mais comme les plus méchants pendards ont coutume d'être plus brutaux et plus forts, les innocents plus faibles succomberont bien plutôt à la violence des tourments.

5 - Il est pourtant plus difficile à croire, me direz-vous, qu'un homme qui se sent innocent vienne à se faire coupable contre sa conscience, qu'un autre qui sait qu'il est coupable. Mais cela n'y fait rien. Cela aurait quelque force s'il ne s'agissait point de grands et violents tourments contre lesquels il faut apporter une haute et non vulgaire vertu pour défendre son innocence, lesquelles vigueur et vertu se rencontrent en peu de personnes. Je pourrais dire ici ce qui étonnerait toute l'Allemagne, mais je ne l'ose pas encore et le veux garder pour une meilleure occasion et peut-être pour un autre traité.

6 - De plus, la torture ne peut pas être un bon moyen pour connaître la vérité, si ce n'est que l'on prenne pour vérité ce que l'accusé dira pressé par les tourments, mais il est bien difficile d'en venir là. Car s'il vient à dire qu'il est innocent, croira-t-on qu'il dit la vérité? Certes, la pratique d'aujourd'hui est bien éloignée de cela, comme je l'ai montré au doute précédent. Quoi qu'il en soit, tout est ici incertain et couvert de ténèbres. Saint Augustin déplore élégamment la misère de ces questions criminelles, aussi pieusement que chrétiennement. C'est au livre 19, chapitre 6 de *la Cité de Dieu*. Je rapporterai ici ses paroles pour être récréatives et remplies de pointes d'esprit : "*Qu'en est-il quand quelqu'un est torturé à propos de sa propre cause? Il est torturé pour savoir s'il est coupable; s'il est innocent, il subit pour un crime incertain des peines très certaines, et cela non pas parce qu'on découvre qu'il l'a commis mais parce qu'on ignore s'il ne l'a pas commis. L'ignorance du juge fait ainsi le malheur de l'innocent. Et ce qui est encore plus intolérable et devrait être arrosé, si c'était possible, de fontaines de larmes, c'est que, quand un juge torture un accusé pour ne pas tuer par ignorance*

un innocent, il arrive que, à cause de cette malheureuse ignorance, il tue le supplicié innocent qu'il a supplicié pour ne pas tuer un innocent. Si, en effet, selon leurs croyances philosophiques [33] *l'accusé choisit de quitter la vie plutôt que de supporter plus longtemps de pareils tourments, il avoue avoir commis ce qu'il n'a pas commis. Il est alors condamné et mis à mort alors que le juge ignore encore s'il a tué un coupable ou un innocent, celui, précisément qu'il a torturé pour ne pas mettre à mort un innocent par ignorance. Ainsi, il a torturé un innocent pour savoir et il l'a tué sans rien savoir."* Voilà ce qu'il dit, et plût à Dieu que les religieux et ecclésiastiques qui ont à traiter avec ces misérables pesassent sérieusement ces paroles.

[33] - Celles des païens.

DOUTE 28

Quelles sont les raisons de ceux qui tiennent aussitôt pour véritables la confession des accusés à la torture?

Je réponds qu'habituellement on croit si vrai tout ce que les accusés déposent à la torture contre eux-mêmes et contre les autres, qu'il semble impossible de déraciner cette opinion de la tête de l'ignorante populace. Ce qui ne me cause pas tant d'étonnement que de voir que de très doctes écrivains aient établi et fondé toute leur doctrine en matière de sorcellerie sur ce seul et si trompeur fondement. Voyons donc quelles sont leurs raisons et tâchons de leur répondre.

1 - C'est un très grand péché de mentir contre soi ou contre son prochain au moment de la mort. Il n'est donc pas croyable que les accusés le veuillent faire.

Je réponds que cet argument m'a toujours paru très faible. Car, d'abord, les meilleurs théologiens exemptent de péché mortel ceux qui, pour éviter de grandes tortures, s'imposent un faux crime pour lequel ils doivent être condamnés à mort. La raison est qu'ils sont maîtres de leur réputation et ne mentent pas pernicieusement, n'étant pas obligés de conserver leur vie pour subir des tourments qui leur sont pires que la mort. En sorte qu'ils ne sont point obligés de se rétracter, ne faisant tort à personne. Voyez Lessius et ceux qu'il cite *(lib. 2 de Just. et Jure C.11, dub. 7, n. 41)*.

De plus, il est aussi probable, comme le disent Pierre Navarra[34] *(lib. 2 cap. 3, n. 251)* et Sylvestre *(in summa, Verbo, Detractio, q. 3)* que celui qui, pressé de tourments atroces, impute faussement un crime à son prochain ne pèche pas mortellement, au moins quand il peut espérer se rétracter. La raison est que l'on ne doit point procéder en suite et en vertu de cette seule déposition; et pour

[34] - Pierre Navarra, auteur de *De ablatorum restitutione in foro conscientiae*. Lyon, 1593.

cette raison elle ne peut pas de soi, selon le droit, nuire au dénoncé, pourvu toutefois qu'elle ne soit ratifiée, mais plutôt, comme il est de besoin, révoquée et rétractée. Sur quoi nous parlerons ci-après au doute 30, n° 17. Enfin, que ce soit un péché mortel de mentir contre soi et son prochain, et que celui qui est à la torture sache assurément que s'il accuse tel ou tel autre, il sera ensuite condamné à mort, et que lui ne pourra plus se rétracter validement et efficacement, que pouvez-vous inférer de là? Est-ce que, pour grands que soient les tourments, il ne mentira point? Je crois bien véritablement qu'il y en aura qui s'opposeront de toutes leurs forces aux premières attaques de la torture pour ne pas commettre un si grand péché en accusant des innocents, mais la plupart enfin céderont à la violence des tourments, et alors, pressés de nommer d'abord celles qui ont déjà été brûlées pour ne pas tant nuire, puis d'autres déjà diffamées et saisies, que si vous les poussez à l'extrêmité, ils nommeront celles qui se présenteront le plus tôt à leur imagination, aimant mieux grièvement pécher que de souffrir. Est-ce que les hommes craignent si fort de pécher qu'il n'y ait tourment pour grands qu'il soit qui les y puisse faire consentir? Je ne puis qu'être stupéfait quand j'entends ces raisons, principalement de la bouche de ceux qui, sans y être aucunement contraints, s'abandonnent à toute sorte de péchés. De façon que non seulement nous croyons, mais encore nous voyons manifestement tous les jours commettre de grands crimes comme rapines, larcins, faux témoignages, vols, homicides, adultères, oppression des pauvres, saccages de villes, désolations de provinces et infinis autres, tous commis sans aucune pression extérieure. Et nous ne pouvons croire que l'on puisse faire des dépositions homicides et mortelles quand on y est pressé par des tourments insupportables! Certes, c'est là un bien faible raisonnement. Or, je veux ici remarquer en passant combien ceux qui, par la force des tourments, ont été contraints de dire ce que l'on demandait d'eux, ont de soin de rendre leur déposition vraisemblable et lui donner une belle suite de circonstances, de peur que venant à se couper ils ne soient remis à la torture, dont ils n'eussent pu supporter la violence. Car si on leur demande pourquoi ils n'ont pas avoué plus tôt pour s'exempter des tourments, ils diront qu'ils ne savent pas, mais qu'ils savent seulement qu'ils ne pouvaient pas parler. Si vous leur demandez si le diable ne leur avait point lié la langue, s'ils l'ont point vu et où il était, ils ne manqueront pas d'acquiescer : ils l'ont vu, il était de tel côté, et autres particularités qu'il vous plaira leur demander. Ainsi le monde cherche à être joué et abusé. Cependant, les juges criminels ajoutent pleine et entière foi à ces fadaises et se confirment merveilleusement dans l'opinion d'avoir trouvé la vérité. Pour moi, je ris de leur simplicité. (Ajout 1632 : Je pourrais aussi rapporter ici de merveilleux exemples sur ce sujet, si je m'étais résolu de ne mettre rien ici que de fructueux. J'aime mieux combattre de raison qu'à force d'exemples.)

2 - Si l'on ne tient pour véritables les dépositions que l'on arrache par la torture, dès lors tous les jugements en matière criminelle chancellent.

A cela je réponds que je l'accorde et que mon intention est bien éloignée de combattre cette conséquence, puisque c'est cela même que je crains et pourquoi saint Augustin dit, non sans bonnes considérations, qu'il faudrait s'il était possible faire couler des ruisseaux de larmes de ses yeux. Car il ne s'agit pas ici d'un rien, puisqu'il ne parle pas d'un ruisseau mais de plusieurs ruisseaux de larmes. Que serait-il besoin de tant de larmes si les jugements et les dépositions allaient bien droit et touchaient au but de la vérité. Pour nous, nous ne nous en tourmentons pas tant que lui. Au moins serions-nous excusables si nous allions plus sagement en besogne et ne prenions pas pied sur des considérations de néant, au grand malheur et dommage de ceux qui tombent entre nos mains.

3 - L'expérience montre que les dépositions faites sous la torture sont véritables parce qu'elles correspondent entre elles. Par exemple, Sempronia dit sous la torture qu'elle a fait mourir la vache de Titia il y a trois mois, et l'enfant de Gracchus il y a trois ans, et d'autres choses semblables. Les juges, donc, venant à examiner la vérité de ces dépositions trouvent que véritablement la vache de Titia et l'enfant de Gracchus moururent au moment indiqué par Sempronia. Quelle meilleure preuve que les dépositions étaient véritables? Ainsi raisonnent la populace, voire non seulement les esprits vulgaires, mais encore une bonne partie des juges, habiles gens d'ailleurs, les inquisiteurs, les conseillers des princes, que j'ai souvent entendus avec un étonnement que j'ai peine à quitter, voyant que non par jeu et par forme de dispute, mais sérieusement, ils témoignaient être convaincus, comme par une démonstration sans réplique que les dépositions de Sempronia accompagnées des circonstances susdites ne pouvaient être que très véritables.

Mais je réponds à cela que c'est une étrange inadvertance de se satisfaire de preuves si légères. Car voici comment les choses se passent. Sempronia, sachant ce que tout le monde pouvait savoir, que la vache et l'enfant étaient morts en tel temps, en tel lieu, de telle façon, avec cent autres circonstances que l'on peut ajouter, pressée par la douleur, dit avoir fait ce qu'elle savait avoir été fait, et en apporte les circonstances qu'elle savait. Quelle merveille! La *Constitution caroline* remarque ici fort prudemment, article 60, qu'on peut ajouter foi aux dépositions quand elles contiennent des choses qu'un innocent ne saurait savoir ni dire. Or, je vous prie, Sempronia ne pouvait-elle pas savoir ce que tout le monde pouvait avoir appris? Il faut dire la même chose sur ce que certaines bonnes gens croient aussitôt, que celles qui racontent ce qui se fait dans les sabbats sont véritablement sorcières et y ont été sans aucun doute, puisqu'il n'y a aujourd'hui personne qui n'ait ouï dire cent fois toutes ces belles cérémonies et visions sabbatiques. Ne publie-t-on pas la confession des condamnées hautement, ce qui fait que je suis tout étonné de voir des personnes de justice tirer quelquefois de grandes conséquences de si faibles principes. Et pour ce, je répète mon argument ordinaire et indissoluble. Si les juges de ce temps et les conseillers des princes ont si peu de jugement, qui me délivrera de la juste crainte que les innocents ne courent grand danger venant à tomber entre leurs mains? Et que sera-ce lorsque l'impétuosité et la passion accompagnent leur peu d'intelligence, ce que vous trouverez souvent si vous avez la curiosité de vous en bien informer, et vous le reconnaîtrez facilement au signe suivant. C'est que si vous leur parlez des abus qui se commettent et que vous pensiez réfuter leurs excuses, aussitôt ils hausseront le ton et ne vous prêteront plus aucune audience. Je le sais de ceux qui l'expérimentent tous les jours. Parce qu'ils voient qu'on n'approuve pas leurs procédures et qu'ils ne peuvent soutenir des raisons convenables. Et pourtant, ils ne laissent pas de continuer le même train.

4 - Au moins, si Sempronia accuse Gracchus d'avoir été par exemple en tel sabbat, en tel lieu, tel jour, avec telles personnes et avec tel habit et que Gracchus venant à être saisi confesse de lui-même les mêmes particularités, qui ne tiendra alors pour très véritables ces dépositions.

Je réponds à cela : Très bien. Mais où cela est-il arrivé? Je voudrais bien le savoir. Je cherche tant que je puis et je ne le puis trouver. Certes, les officiers racontent de telles coïncidences à leur souverain, mais elles ne sont vraies que d'après leur façon de parler, pour ne pas dire qu'elles sont tout à fait fausses. Si vous trouvez quelquefois dans les actes une telle conformité de dépositions, sachez qu'elle se produit par les moyens suivants.

1 - Par la suggestion de l'inquisiteur ou de quelqu'un des

siens (de laquelle j'ai parlé ci-devant au doute 20) qui conduit l'accusée comme par la main sur tous les points et circonstances qu'a touchés celle qui l'a accusée, lui montrant comme au doigt en l'interrogeant ce qu'elle doit répondre pour se conformer aux accusations. J'ai découvert ce coup de maître, ou plutôt cette abondante source d'abus, et par moi-même et par d'autres à qui j'en avais donné secrètement la charge.

2 - Si l'inquisiteur n'a fait cela, le bourreau l'aura déjà fait comme je l'ai dit au même doute 20, raison 11, où le lecteur pourra le revoir et s'assurer que j'ai des témoins sans reproches qui attesteront que la chose se passe ainsi. Ce que je dis du bourreau se peut dire du concierge et de ses gens qui ont aussi coutume de raconter au prisonnier ce dont les autres les ont accusés.

3 - Si elles n'en ont eu connaissance par les voies que nous venons de dire, elles l'auront eue par la voie de la renommée fondée sur le rapport de ceux qui sont entremis dans la justice criminelle. Et moi-même, j'entends tous les jours de la bouche de ces gens-là celles qui ont été accusées par telle et telle qui ont été interrogées; et celles même qui sont accusées souvent, viennent à moi me demander avis pour savoir si elles doivent tenir ferme ou s'enfuir. Est-ce donc étonnant si, venant à être prises et interrogées, elles savent les particularités des accusations susdites.

4 - Il arriva l'autre jour une chose plaisante en cette matière. C'est que, comme l'on baillait la question à quelques accusées dans une maisonnette du village, les enfants étaient aux fentes de la porte et des fenêtres écoutant tout ce qui s'y faisait et disait avec les noms des dénoncés et toutes les particularités des accusations. Et je sais que la même chose se pratique en beaucoup d'autres lieux.

5 - Il y a encore d'autres moyens par lesquels il arrive que les accusées viennent à se trouver conformes en leurs confessions avec les accusations en plusieurs points, qu'elles savent par discrétion comme l'on dit. Mais nous ne pouvons pas rapporter tout par le menu. Suffit que ce que nous en avons dit se pratique. Plût à Dieu que les princes prissent le soin de le bien reconnaître! Par ce qui a été dit ci-dessus ils peuvent assez comprendre ce qu'ils doivent penser avoir été fait, quand les inquisiteurs font hautement publier que les dénoncées se sont rencontrées conformes dans leurs confessions à tous les points de leurs accusations. Je veux dire qu'ils ont grande raison d'en douter ou au moins de croire que cela est arrivé par les moyens que nous venons de déduire.

Pour conclusion, j'ajoute ce qui arriva l'autre jour. Une pauvre femme vint à moi en grande hâte de son village pour me demander conseil et faire une confession générale. Elle me dit qu'elle avait été accusée par telles et telles et qu'on l'accusait de tels et tels chefs en particulier. Que néanmoins elle n'avait point la pensée de s'enfuir mais plutôt de retourner : ce que je lui conseillai aussi, croyant qu'on ne la pouvait point saisir là-dessus en bonne justice. Or, ce qui la mettait le plus en peine était la crainte que venant à succomber à la force des tourments si on la prenait, elle ne fût réduite à se charger d'un si grand crime en étant innocente et que pour cela elle ne perdît son âme. Je lui dis là-dessus que qui mentait de la sorte contre soi-même ne péchait point mortellement. Elle retourne donc dans son village le jour suivant, et immédiatement elle est arrêtée. Elle est mise à la torture, elle confesse, vaincue par la douleur et ensuite meurt avec tous les témoignages d'une vraie contrition et résignation à la volonté de Dieu. L'inquisiteur parlant au prêtre qui l'avait accompagnée à la mort, homme docte et bon religieux qui témoignait n'avoir rien reconnu en cette femme que toutes les marques d'une véritable innocence, dit là-dessus que véritablement elle n'aurait pas encore été condamnée si elle n'eût été convaincue de fuite, parlant du voyage de deux ou trois lieues qu'elle avait fait pour venir me trouver, qu'il tenait pour un indice très violent de son crime. Ne pouvait-on pas envoyer quelqu'un jusqu'à moi pour apprendre la vérité? Voilà comment on procède. Voyez ici l'addition touchant la force de la torture qui est à la fin de ce petit ouvrage.

DOUTE 29

La torture étant si dangereuse, ne doit-elle point être abolie et mise hors d'usage?

Je réponds ce que j'ai enseigné ci-devant que voulant extirper l'ivraie du champ de la république, il fallait prendre garde de ne pas se mettre dans le danger de déraciner aussi le bon grain. Ainsi l'entendent notre Législateur Jésus-Christ et tous les légitimes interprètes de sa parole dans l'Eglise catholique. Ainsi l'ordonne la raison naturelle, en sorte que l'on n'en peut pas bonnement douter.

J'ai aussi montré que l'on donnait aujourd'hui la torture et la question de telle manière qu'il est impossible, moralement parlant, que le bon grain ne coure grand risque d'être arraché. Cela est si véritable que je jure être moralement certain que de fait il s'en est arraché une bonne quantité.

Ces deux propositions faisant la majeure et la mineure bien établies d'un syllogisme en bonne forme, j'infère nécessairement la conclusion qu'il faut donc abolir la torture et autres afflictions qui tiennent lieu de torture et corriger tous les abus qui, comme je l'ai remarqué, se pratiquent en cette matière et qui causent le danger que nous craignons, l'une ou l'autre de ces conséquences étant impossible à esquiver.

Et j'avertis les princes que leur conscience et celle de leurs conseillers et confesseurs y sont engagées si, dans l'occasion, ils dissimulent ou demeurent muets, et qu'ils en rendront compte devant le Souverain Juge. Je ne veux pas qu'ils me croient : qu'ils consultent les théologiens et ils leur apprendront qu'ils ne peuvent pas ainsi se jouer du sang humain, et que nos têtes ne sont pas des paumes à ballotter à plaisir, comme il semble que font aujourd'hui les mauvais inquisiteurs, bien que sous de très bons princes, ordonnant des saisies et dangereuses tortures sur des soupçons et indices qui n'ont d'autre fondement que des rumeurs; et mettant quelquefois à la question des personnes dont la bonne vie et les bonnes actions seraient capables de détruire les indices les plus forts.

La loi et plusieurs auteurs sérieux veulent que la crainte de la torture soit ordonnée comme une véritable torture, car ils sont d'avis qu'elle suffit. Pourquoi ne suivons-nous pas cette opinion et voulons-nous toujours nous en tenir à l'extrême rigueur en une affaire si dangereuse? Quoi qu'il en soit, que les princes appliquent donc tous leurs soins et industrie comme aussi celle de leurs conseillers, que les magistrats surveillent leurs officiers, afin que les désordres qui se commettent en cette matière ne mettent plus les innocents en danger, et surtout, que les voies de décharge soient aussi accessibles et faciles que celles de l'accusation. Le syllogisme que j'ai apporté est en bonne forme et de la première figure. La conclusion est pressante et nécessaire : ou il faut abolir la torture, quelle qu'elle soit, ou il en faut retrancher ce qui met les innocents en danger. Qu'ils pensent à ce qu'ils ont à faire. Nous allons tous au Tribunal de l'éternité où nous avons à rendre compte de la moindre parole oiseuse : que sera-ce quand il s'agira du sang humain? La charité me presse et m'oblige à m'entremettre et donner ces avis pour au moins ouvrir les yeux à ceux qui, d'ailleurs, sont bien intentionnés. J'ai une certaine raison dans mon esprit que je tiens encore cachée et que je découvrirai en son temps, par laquelle je demeure entièrement persuadé que sur cinquante que l'on condamne à être brûlées, à peine y en a-t-il cinq, que dis-je? à peine deux, qui soient véritablement coupables.Si quelque magistrat veut particulièrement s'en éclaircir, je le lui ferai quand il sera temps toucher du doigt, car je l'ai promis ci-devant au Doute 11, raison 8, mais en vain.

DOUTE 30

Qu'est-ce que nous jugeons devoir être plus recommandable aux confesseurs des sorciers et sorcières?

Je réponds que, l'autre jour, je fus prié par Sempronius, un prêtre destiné à assister et confesser les accusées, de lui donner une brève instruction de tout ce que je jugerais nécessaire qu'il sût pour s'en bien acquitter. Je lui refusai d'abord et lui en rendis la raison comme je vais dire. "Je sais fort bien, lui dis-je, que l'office d'un bon confesseur qui veut faire son devoir aujourd'hui dans les dangereux procès de sorciers et de sorcières, est de s'interposer non entre les juges et les accusés pour les faire condamner, mais entre Dieu et les accusés pour les faire sauver, quels qu'ils pussent être, innocents ou coupables. Que les juges aient leur tribunal et les confesseurs le leur. Il faut donc que vous fassiez votre devoir ou que vous ne le fassiez pas. Si vous ne le devez pas faire, je n'ai que faire de vous instruire en vain. Si vous le faites, vous n'y demeurerez guère, car les juges vous délivreront bientôt de peine en substituant un autre à votre place. C'est pourquoi aussi, il n'est pas nécessaire que je vous instruise, ni un autre pareillement, parce que, je sais fort bien par expérience, que tout homme qui sera employé à un tel office, ou ne voudra ou ne pourra pas faire son devoir." Il réfuta pourtant ainsi mon raisonnement : "Je ferai, dit-il, ce que je saurai être du devoir d'un bon prêtre. Ils me retiendront donc ou ils me rejetteront. S'ils me retiennent, je jouirai du bien de vos bonnes instructions; s'ils me rejettent, ce ne sera pas encore sans fruit puisqu'ils montreront plus évidemment ce que vous témoigniez tantôt de craindre, qu'il n'y ait beaucoup de juges iniques, y ayant grand sujet de le présumer voyant qu'ils ne veulent employer pour le salut des âmes des accusés que des ignorants, turbulents, enfin gens qui ne savent aucunement leur métier." Je me trouvai donc obligé de lui donner les renseignements suivants, passant sous silence les autres moins considérables pour être assez connus d'un chacun.

1 - Si un religieux est destiné à cet office, il faut que les supérieurs prennent le soin d'y employer et choisir entre autres celui qui sera le plus animé de l'esprit de Jésus-Christ, c'est-à-dire le plus doux, débonnaire, dévot, d'un jugement scrupuleux et doué d'une sainte prudence, qui, par une longue expérience et singulière application, se soit acquis la dextérité de pénétrer dans le secret des coeurs, de gagner les volontés et d'imprimer une véritable componction dans l'esprit des pécheurs. Non pas les impétueux et passionnés, mais ceux qui examinent tout mûrement et à la balance de la doctrine et de la raison. Qu'ils aient aussi le soin d'apprendre par des compagnons qu'ils leur donneront et changeront souvent, si on ne les accuse point d'avoir fait quelque trait d'imprudence ou d'avoir beaucoup de choses à corriger dans leurs actions et manquements.

2 - Les confesseurs qui sont admis à cette oeuvre de charité doivent surtout s'adresser au souverain Père des lumières pour lui demander l'esprit de discernement et de direction et lui recommander des âmes rachetées au prix du sang précieux de notre Sauveur. Enfin, qu'ils traitent avec les accusés, qu'ils les aient confessés ou non, paternellement, débonnairement, pour les amener à une véritable pénitence. Ils ne doivent pas aussi commencer leurs remontrances par l'exhortation ordinaire à s'accuser du crime qu'on leur impose; mais plutôt différer un peu et tâcher d'exciter d'abord dans leur âme les sentiments d'une véritable contrition. Qu'ils leur expliquent affectueusement et animés d'une charité chrétienne quel est ce Dieu très débonnaire, père de miséricorde et de toute consolation, qui n'a pas épargné son propre fils unique pour achever notre rédemption. Il leur faudra rapporter la parabole du père très indulgent qui, au retour du fils prodigue, l'embrasse en pleurant, lui donnant autant de marques de sa miséricorde que son fils avait le coeur chargé de péchés. Que notre Dieu n'est point comme les Dieux des gentils qui ne peuvent apaiser leur colère, qu'ayant une fois été saisi de l'amour du genre humain, il s'était trop avancé pour pouvoir révoquer les pactes de son incomparable bonté. Que ses promesses sont écrites dans le livre de son éternelle sagesse ainsi que le serment par lequel il les a irrévocablement confirmées. Que si nos péchés étaient comme l'écarlate, il est capable de les laver jusqu'à la blancheur de la neige et que, de plus, nous avons son fils unique Jésus-Christ crucifié pour avocat auprès de lui, qui connaît tout le détail de notre cause, en pénètre les plus reculés secrets et veut nous défendre et nous soutenir par son entremise quelle que

soit l'énormité des crimes qui nous accablent.

Par de tels et semblables discours, ils travailleront de tout leur possible à leur faire concevoir une véritable douleur de leurs péchés, et les inviter sérieusement à faire une bonne pénitence. Étant d'ailleurs assurés que Notre Sauveur ne peut pas refuser une véritable componction des plus grands pécheurs à l'entremise de ceux qu'il appelle pêcheurs d'hommes, leur promettant de leur communiquer la vertu de gagner les coeurs. Ce sont paroles et oracles du Fils de Dieu, desquels l'on ne peut douter sans infidélité. Qu'ils usent donc de leur droit fondé sur de si bonnes promesses. Qu'ils pratiquent le ministère de réconciliation qui leur est donné. Qu'ils ramènent au bon chemin par la contrition ceux qui s'étant dévoyés par leurs péchés se sont éloignés de Dieu. Et ainsi, il arrivera qu'étant délivrés des entraves du péché par les colloques des saints, il n'y restera plus rien qui empêche qu'ils ne vomissent tout le venin de leur âme, non seulement au tribunal de la confession secrète et sacramentelle, mais encore à celui de la justice séculière. Telle étant la nature de la vraie contrition ou pénitence que, comme elle est une fois entrée à bon escient dans une âme, elle en chasse toute obstination et taciturnité du crime dont elle est véritablement coupable, (1632 : ce qu'il faut rechercher, et non pas supposer). Que ces prêtres dont je me plaignais tantôt exercent ici mieux leur talent. Et s'ils ont véritablement le zèle de Dieu, qu'ils n'incitent pas les juges à donner ces sévères et souvent trop cruelles tortures avant que d'avoir pratiqué leurs saintes questions et tortures spirituelles, je veux dire, avant d'avoir, par une salutaire componction, déchiré le coeur des accusés. Qu'ils aiguisent ici leurs esprits et déploient toute leur industrie pour tâcher de ramollir les coeurs de rocher de quelques-uns par la douce force de la parole de l'Esprit de Dieu. Et ainsi, les bons et sages prêtres trouveront par expérience combien ils profiteront plus par ces doux moyens qu'en irritant la rigoureuse sévérité des juges par une imprudente instigation. Car attaquer inhumainement des prisonnières misérables, les tourmenter et ne leur accorder aucun repos comme si on était assuré qu'elles sont coupables, les accabler d'injures et en dire tout le mal que l'on peut aux juges, et autres choses semblables dont nous avons parlé au doute 19, il n'y a si sot bavard au marché qui n'en puisse faire autant. Mais vaincre une forte obstination par la force de la parole de Dieu, amollir les coeurs et exciter dans les âmes endurcies une véritable componction, cela n'appartient qu'à ceux qui sont animés de l'Esprit de Dieu.

3 - Je n'approuve donc point les confesseurs qui ne pensent qu'à faire avouer à leurs pénitents le crime dont ils sont accusés et ne prêchent autre chose sinon qu'ils avouent et confessent leur crime. Mais ils ne leur parlent pas de la douleur qu'ils doivent concevoir d'avoir offensé Dieu, de la détestation du péché et d'une sérieuse conversion, toutes choses qui pour ces pécheurs si confits en toute sorte de vices (s'ils sont véritablement coupables) sont très difficiles.

Pourvu qu'ils avouent être sorciers, qu'ils déclarent des complices et racontent par le menu toutes les méchancetés qu'ils ont faites, tout va bien, ils sont assurés de leur salut, ils sont aussitôt enfants de la vie éternelle; alors ils meurent véritablement pénitents, quoi qu'il puisse arriver de la véritable contrition de leurs fautes. Et moi je tiens, si ma théologie ne me trompe, que l'on ne peut pas si facilement se réconcilier avec la divine Majesté, mais qu'il est besoin d'un soin extraordinaire et d'un mûrissement, accompagné de prières, soupirs, gémissements et, en un mot, d'une véritable componction de coeur pour faire une bonne confession.

4 - Au reste, la plupart sont d'avis de ne pas admettre les accusés à la confession sacramentelle avant qu'ils n'aient passé par toutes les procédures de la justice séculière, et de la différer jusqu'à ce que tout soit éclairci au tribunal extérieur. Ainsi l'entend Del Rio *(lib. 6, cap. 1, sect. 3)* suivant la pratique ordinaire.

5 - Il est pourtant préférable de disposer les accusés à la pénitence par les saintes remontrances des pères spirituels, à une bonne contrition et à une sérieuse conversion à Dieu le plus tôt possible, car je sais que cette voie est très avantageuse non seulement pour la confession sacramentelle, mais encore pour la profane que l'on achemine beaucoup mieux par ce moyen que par les tortures. Pour la sacramentelle, la componction est tout à fait nécessaire, ne pouvant pas être sacramentelle et acheminer au salut si elle n'est précédée et causée par une véritable componction. Il faut que celle-là soit fille de celle-ci, ou elle n'a aucun bon effet. D'où je confirme ce que je disais tantôt que le principal soin du confesseur doit s'appliquer à faire que l'accusé soit bien contrit plutôt que de faire qu'il avoue son crime, et de procurer que Dieu soit satisfait le premier plutôt que la justice des hommes, puisque les accusés ne font rien pour leur salut en se confessant s'ils ne sont contrits, alors que, s'ils sont contrits, dès la confession il apparaît si véritablement ils sont coupables.

6 - Bien que nous soyons de l'avis de Del Rio qui tient qu'il est permis au juge dans les interrogatoires d'user d'équivoques et

d'autres semblables artifices pour réduire les accusés au point de révéler la vérité, nous ne permettrions jamais aux prêtres d'user de telles tromperies pour bonnes qu'on puisse les présenter.

La raison est qu'il importe grandement que leur profession et ministère ne soit point noté d'une tache qui n'est pas si remarquable en un juge séculier. Je sais qu'il est arrivé qu'un prêtre ayant promis de façon équivoque à un accusé que, pourvu qu'il confessât, on lui adoucirait la longueur du supplice, comme il se trouva frustré de son espérance, il s'en effaroucha tellement qu'on ne put qu'à grand peine le faire se résoudre à se confesser pour la dernière fois.

Que le confesseur prenne donc garde de se comporter en fidèle imitateur de son maître Jésus-Christ de peur qu'aucun ne vienne à se plaindre d'avoir été trompé par un homme qu'il aura reconnu pour lieutenant de Dieu.

7 - C'est aussi une chose indigne d'un père spirituel de suggérer aux juges (comme j'ai appris que quelques-uns l'ont fait) des façons de donner la torture, si ce n'était pour l'adoucir, cela étant plutôt le rôle des bourreaux que des prêtres.

8 - Il n'est pas aussi de bonne grâce d'être spectateur et d'assister aux tortures à découvert, comme le remarque fort bien Del Rio *(lib. 6, c. 1, sect. 3)* à cause du danger d'irrégularité et du scandale. Cependant, je ne vois pas pourquoi un prêtre ne pourrait pas secrètement regarder et entendre par quelque fente ou fenêtre, sans être vu ni reconnu, puisque, n'étant pas vu, il n'y aura aucun danger d'irrégularité ni de scandale. Et l'on en pourra tirer le profit de reconnaître en personne combien il y a de rigueur et de danger en pareilles tortures. En sorte que je tiens qu'il faut entendre le Concile autisiodorense[35] *(Can. 33)* qui défend aux prêtres et diacres d'être présents aux tortures, comme ne concernant que l'assistance publique et à découvert.

9 - Et même, il me semble que les confesseurs prudents ne doivent pas négliger d'apprendre en gros comment on se gouverne dans les procès criminels, et même d'en remarquer les abus, afin qu'ils se puissent conduire avec plus de prudence et de fruit avec les accusés dans la confession, et même, si c'était à propos, de pouvoir faire souvenir les juges de leur devoir quand ils s'en écartent. C'est ce que recommandait l'autre jour un visiteur d'un ordre religieux à ceux de son ordre qui avaient à faire aux accusés, dans une épître circulaire qui me fut montrée par un religieux du même ordre.

10 - L'autre jour, un confesseur me déplut fort qui, dès qu'il

[35] - Concile d'Auxerre (578 ou 585).

fut entré dans la prison pour confesser une accusée et pour la bien disposer à penser à sa conscience, lui alla dire que c'était fait de sa vie et que les juges avaient résolu de la condamner à mort et qu'elle mît donc ordre à ses affaires. Belle invention pour s'insinuer dans la bienveillance d'une personne! Pour moi, je tiens qu'il est malséant à un prêtre de porter à un accusé la nouvelle de sa condamnation à mort, et que ce n'est pas un bon moyen de le disposer à une bonne et véritable réconciliation avec Dieu, si ce n'est peut-être quelque désespéré et impénitent auprès duquel on ne serait arrivé à rien par les autres voies. Sachant par expérience que la plupart ou au moins plusieurs de ces malheureux qui, par ailleurs, étaient des hommes résolus, ayant entendu la nouvelle de leur prochaine mort, sont tellement demeurés consternés et abattus qu'ils étaient entièrement inhabiles à aucune des belles fonctions de l'âme. Que le père spirituel, donc, laisse porter les mauvaises nouvelles à d'autres. Pour lui, qu'il tâche d'apporter d'autres consolations.

11 - Surtout, qu'il tâche par tous les moyens de gagner les coeurs de ses pénitents par de véritables témoignages d'une charité non feinte, comme en leur faisant entendre qu'il vient à eux non comme juge mais comme père, qu'il vient faire l'office du Paraclet, animé de l'esprit du fils de Dieu. Qu'il leur fasse entendre la différence qu'il y a entre les prêtres et les juges séculiers et combien leurs intentions sont différentes. Que ceux-ci ne pensent qu'à punir quand ils découvrent les coupables, ceux-là qu'à pardonner. Qu'ils n'ont donc rien à craindre qui les puisse empêcher d'ouvrir leur coeur et de leur déclarer tout ce qui tourmente leur conscience avec une confiance toute entière; qu'il n'y a aucune fraude ni finesse cachée qui les doive mettre dans le soupçon; qu'il leur montrera toujours la même cordialité et affection qu'un père saurait faire à l'égard de ses plus chers enfants. Qu'il compatit sensiblement à leurs misères et qu'il est touché d'une aussi véritable douleur que si la chose le concernait lui-même. Que s'il les pouvait aider, il le ferait volontiers de son propre sang, et pour cette raison qu'il lui déplaît extrêmement de ne le pouvoir faire, si ce n'est pour le salut de leur âme; qu'il s'y appliquera de tout son pouvoir, qu'il ne les abandonnera jamais, que, quoi qu'il arrive, il les assistera jusqu'au bout, tâchera de leur donner courage et force et de fortifier leur espérance pour les empêcher de succomber à la tristesse et à l'affliction. Enfin, qu'il se comportera en sorte qu'ils n'auront aucun sujet de se plaindre qu'aucun genre de consolation leur ait manqué. Par de tels et semblables discours qui expriment un esprit apostolique et une sainte fidélité, il gagnera leur

volonté en sorte que, comme je l'ai expérimenté plus d'une fois, ils se laisseront conduire doucement par le filet de la charité comme par de fortes rênes, là où vous les voudrez faire venir.

12 - Mais surtout, vous leur donnerez beaucoup plus d'assurance et de confiance si, en leur donnant la main et en vous engageant même par serment si vous le trouvez à propos, vous leur promettez de tenir secret tout ce qu'ils vous diront, même hors de confession, et de n'en pas lâcher le moindre petit mot qui leur puisse nuire.

13 - Et même, il sera bon de leur faire entendre distinctement que tout ce qu'ils traiteront avec vous ne pourra en aucune façon leur être ni utile ni préjudiciable, si cela venait à se savoir, qu'ils soient innocents ou coupables; que vous n'avez aucun commerce avec les criminalistes et que l'on n'ajoute aucune foi aux prêtres ni à ce qu'ils pourraient dire touchant cette matière. Que vous ne vous mêlez que d'intercéder pour eux entre la justice de Dieu et leurs péchés et que, quoi qu'il arrive du corps, vous n'avez autre pensée que de sauver leur âme et de leur faire avoir part aux récompenses et aux joies du Paradis que Dieu a préparées à ses élus et à tous ceux qui mourront véritablement pénitents et contrits, si grands qu'aient été leurs péchés. Ainsi, quand on les aura bien persuadés que tout ce qu'ils diront ne pourra nuire ou profiter qu'à leur âme, on remédiera ainsi aux tromperies de celles qui, pour être aidées de leur confesseur, se font quelquefois plus innocentes qu'elles ne sont, comme encore de celles qui aiment mieux se confesser coupables que de retomber dans le danger de la torture ou d'autres afflictions dont celles qui n'avouent pas sont accueillies.

14 - Et sur ce point, je fais savoir aux confesseurs pour très certain que plusieurs accusées avouent être coupables, même dans la confession, bien qu'elles soient innocentes (comme d'autres religieux et moi l'avons constaté par expérience sans qu'il nous en restât aucun doute) et ce tant pour se défaire de l'importunité et persécution de certains prêtres (dont nous avons parlé au doute 19) qu'elles ne peuvent autrement éviter, que pour ne retomber, comme je l'ai dit, dans le danger de tourments semblables à ceux qu'on leur avait fait endurer. Les plus simples s'imaginent facilement que les prêtres doivent rapporter aux juges criminels tout ce qu'ils ont appris de leurs affaires dans la confession et que, pour cette raison, on les leur envoie comme espions pour leur tirer les vers du nez et pénétrer ainsi dans le secret de leur coeur. Et il s'en trouve à qui on peut à grand-peine ôter cette opinion-là de l'esprit. Principalement par la

fourbe des bourreaux et autres officiers de justice qui souvent leur insinuent ces sentiments, craignant que la proie ne leur échappe si elles venaient à révoquer quelque déposition au tribunal de la confession. Misère à la vérité très considérable! Et ignorance des jeunes prêtres qui mérite bien des larmes! Pour moi, je n'oserais pas condamner celles qui auraient, pour cette raison, menti en confession. Au contraire, j'ai enseigné ci-devant qu'elles étaient excusables pour leur simplicité, le trouble de leur esprit et autres semblables raisons. Néanmoins, qu'elles ne se rétractent point et ne déchargent point ceux qu'elles ont faussement accusés et que, pressées de remords (qu'elles professent devant Dieu avec des actes de contrition d'autant plus fervents que la cause en est plus cachée), elles en meurent avec d'autant plus de douleur; et que cela soit cause que le monde se confirme dans l'opinion de leur crime et du crime de ceux qu'elles ont accusés, en sorte que l'Allemagne ne doute plus qu'elle ne soit toute pleine de sorciers et de sorcières, c'est ce qui me fait frémir et dresser les cheveux sur la tête, de telle façon que je ne sais ce que je dois le plus plaindre, ou celles qui meurent ainsi, ou le nombre des innocents qui en doivent pâtir. Cependant, comme beaucoup craignent d'être trahies dans le sacrement même de pénitence, il ne faut pas s'étonner s'il y en a encore davantage qui, parlant hors de confession avec des prêtres, craignent de se découvrir. Et je suis bien assuré que l'on a saisi et faussement accusé de sorcellerie des hommes, prudents d'ailleurs et avisés, qui, pour la crainte que je viens de dire et parce qu'ils savaient que c'en était fait de leur vie et n'attendaient aucune consolation de leur confesseur, ont dédaigné pour cela, par désespoir, de dire un seul mot pour se justifier. Parce qu'ils n'avaient pas d'autre moyen d'échapper à l'importunité de certaines personnes, ils n'ont point craint de passer pour coupables auprès de tout le monde et se sont comportés avec leur père spirituel, même hors de confession, comme de véritables coupables. Et comme dans cette supposition on les interrogeait sur certaines particularités, ils avouaient ensuite, feignaient et inventaient des choses qui n'étaient nullement, comme s'ils eussent voulu donner de la vraisemblance à une fable de leur invention. C'est pourquoi quand ces bonnes gens, leurs pères spirituels, venaient à raconter toutes ces particularités, exagérant merveilleusement la contagieuse pestilence de ce crime, que pouvait-il arriver de toute cette histoire qu'un affermissement de tous les esprits dans l'opinion de la grande multitude des sorciers et sorcières, de façon qu'à moins de passer pour extravagant il ne soit plus maintenant permis d'en douter. J'aurais bien à faire si je voulais raconter par le menu les exemples de ces bons prêtres qui, ayant été trompés de la sorte, ont rempli leurs têtes et celles de leurs semblables d'une infinité de niaiseries.

Est-il possible qu'il y ait des hommes de vertu, bons religieux et de vie apostolique, qui ayant longtemps conversé avec les accusés, n'aient pas reconnu cet abus et s'imaginent avoir remporté une grande victoire quand ils ont réduit les accusés à confesser et avouer le crime en confession ou hors de confession, sans beaucoup se soucier si c'est faussement ou véritablement? Où est donc maintenant cette prudence évangélique et serpentine? Où est cette ruse des saints qui leur faisait comme flairer l'innocence de certains bien qu'ils n'en aient eu aucune des marques ordinaires? Où est la vérité de la sentence apostolique I, Cor. 2, 14 : *Car c'est par l'esprit qu'on juge toute chose*? N'y a-t-il plus dans l'Eglise aucune distribution de ces grâces? Malheur aux confesseurs qui osent se mêler d'une affaire si difficile sans appliquer soigneusement leur esprit à tous les endroits d'où ils pourraient flairer la vérité, et prier jour et nuit avec larmes et gémissements la souveraine sagesse pour en obtenir les dons de conseil et de science.

Quoi qu'il en soit, que les confesseurs prennent diligemment garde que s'ils viennent à traiter avec les accusés comme vrais lieutenants de Jésus-Christ et les réduire au point d'avoir en eux une parfaite confiance, ils découvriront peu à peu des choses merveilleuses qu'ils ignoraient auparavant. Plusieurs prêtres me sont venus rendre grâce de ce que je leur avais ouvert le chemin pour dessiller leurs yeux et voir clair en pareilles affaires, avouant d'avoir été auparavant dans des opinions bien contraires à la vérité, pour avoir été surpris et comme entraînés par le torrent des sentiments populaires.

15 - Or, il ne faut pas seulement rendre les accusés certains que vous ne révélerez pas leurs secrets, mais il faut encore garder religieusement les promesses que vous leur en aurez faites, en sorte que ce que vous aurez appris d'eux-mêmes hors la confession ne se sache point au dehors et ne se publie sans grande circonspection, ce que recommande expressément le susnommé visiteur dans son épître et non sans grandes raisons que, à cause de leur importance, j'ajouterai ici.

a - Parce que souvent les imprudents, pensant faire l'avantage des accusés, leur procurent de nouvelles tortures par leurs discours.

b - Ils encourent souvent le danger d'irrégularité par leurs causeries et signes imprudents qui, quelquefois, peuvent efficacement avancer la sentence de mort. Car certains juges, comme je l'ai souvent remarqué ainsi que Del Rio, parviennent à tirer des confesseurs des témoignages ou signes de l'aveu et confession du crime ou de la persistance dans les confessions faites judiciairement par les accusés, ce qu'ayant obtenu comme à la dérobée, alors, sans plus longue hésitation, ils donnent la sentence de mort. Encore qu'il ne soit pas aujourd'hui besoin de tant d'artifice, puisque les niais de prêtres (sauf l'honneur dû à leur caractère) laissent échapper en cent façons ce qu'ils ont de plus secret. L'autre jour, j'entendais un juge qui se glorifiait de la sorte, disant que, de peur de faillir, il ne donnait sentence de mort contre personne qu'il ne sût, par la mine et les paroles de son confesseur, être coupable. Témoignant assez par là combien les prêtres concouraient efficacement à la condamnation des accusés. La façon d'un autre prêtre de mes amis me plaît bien davantage, lequel interrogé par les juges ou autres, si celle-ci ou celle-là demeurait constante dans ses dépositions (ainsi ont-ils coutume de parler) a l'habitude de répondre : "Pour moi, pour ne pas celer la vérité, si elle est constante ou non, coupable ou innocente, si elle confesse ou non, je ne le sais ni ne m'en soucie, puisque cela n'appartient pas à moi mais aux juges. A moi, il revient de faire toute diligence pour sauver son âme, qu'elle soit innocente ou coupable, ce que j'espère faire, moyennant l'aide de Dieu satisfaisant à mon devoir. Du reste, pourquoi mettrais-je ma faux dans la moisson d'autrui?" Voilà comment il parle. Mais si cela ne se dit avec grande douceur et modération, les juges s'offensent bien souvent.

c - Il y a danger de révéler ou de sembler révéler les secrets qui sont sous le sceau du sacrement. Tous les docteurs proclament qu'il est très important de l'empêcher, car le peuple ne distingue pas ce qui est dit dans la confession ou en dehors. Comment ne pas s'étonner de la nouvelle prudence d'un religieux, confesseur ordinaire des sorcières (je ne voulus savoir ni le lieu ni la personne) qui dit en chaire en plein sermon que les magistrats ne devaient pas craindre de poursuivre avec rigueur et sévérité les sorciers et sorcières, étant bien certain que l'on n'en avait jusqu'alors exécuté aucune qui n'eût été coupable. Mais je voudrais bien savoir comment il le pouvait savoir si certainement. Était-ce parce qu'elles avaient été condamnées par un jugement public? Mais tout le monde le savait aussi bien que lui. Voulait-il parler d'une certitude qui lui fût particulière? Mais d'où la pouvait-il tirer sinon de la confession? Est-ce là la façon de garder un secret si saint et sacré? S'il l'avait appris par un autre moyen, pourquoi ne pas dire expressément qu'il ne tirait point cette certitude de la confession, pour éviter de laisser penser qu'un confesseur pouvait révéler publiquement des secrets reçus en confession? C'est ce qui émut fort (à ce que j'apprends) son auditoire qui se scandalisa principalement d'entendre de telles paroles de la bouche d'un confesseur de sorcières. Pour moi, je ne m'étonne pas tant du religieux que des supérieurs qui exposent de tels personnages à des ministères aussi difficiles que le sont la prédication et la confession des sorcières, connaissant ou au moins devant connaître la faiblesse de leur jugement. Et en effet, j'ai appris de ceux qui, ayant entendu cela, s'étaient informés de sa capacité, que ce religieux, à cause de sa stupidité, avait été réputé par ses confrères comme inhabile à poursuivre et réussir dans les études. Que mon lecteur donc juge de là avec quelle prudence il se devait comporter en privé parmi les accusés, lui qui avait eu si peu de soin ou d'adresse d'éviter en public une telle réputation. Si nous ne mettions pas à l'oeuvre de tels ouvriers qui, par leur extraordinaire importunité, contraignent les accusés, vaincus d'ennuis et de chagrin, à se dire coupables pour éviter de plus longues vexations et afflictions semblables à celles imposées par le susnommé prédicateur, on aurait moins de gens, en Allemagne, pour abuser de la crédulité des princes à propos de la prétendue multitude des sorcières. Une femme innocente, qui aurait surmonté constamment toutes les tortures du bourreau, pourrait-elle ne pas succomber à de telles importunités et ne pas s'avouer coupable? Il ne tiendra qu'aux juges d'en faire l'expérience. Cependant les princes écoutent et suivent les sentiments de ces ignorants. Quand pourtant quelqu'un a dit qu'il se faisait fort de montrer qu'il y avait eu (dans le même lieu où le prédicateur assurait qu'il n'y avait aucune innocente) plusieurs innocents exécutés parmi les coupables, on a mis bon ordre pour empêcher que cette affaire ne devienne aussitôt suspecte et ne provoque l'indignation des magistrats. Et c'est là le plus grand et ingénieux secret que le monde ait pu trouver pour couvrir et fomenter les abus en cette matière. Car ainsi on coupe le chemin à tous les esprits trop curieux et incrédules qui veulent apporter de la lumière dans cette obscurité et ne peuvent souffrir que l'on marche si hardiment dans les ténèbres.

16 - On peut ici demander ce qu'un confesseur doit faire si, comme ce n'est pas impossible d'après Tanner, il vient à connaître l'innocence d'un accusé par le moyen de la confession ou autrement.

La fera-t-il connaître? S'il le fait, il peut courir le danger de rompre le sceau du sacrement quand, par exemple, entendant parler d'autres coupables, il se tait sans en dire mot. Car ainsi, en se taisant, il laisserait entendre que ces autres ne sont pas tels que le premier. Si tel danger n'était pas à craindre, si par exemple on ne parlait pas des autres et s'il croyait raisonnablement que le juge y aurait égard et qu'il ne causerait à l'accusé aucune nouvelle torture, enfin, s'il ne craignait aucun scandale ni autre inconvénient, pour moi, je ne vois pas pourquoi il ne le pourrait pas, ni même comment il ne le devrait pas faire pour tâcher de secourir un innocent. Car ainsi l'ordonnent les maximes de la charité et ainsi en témoigne la Sainte Écriture par ces paroles : *Délivre ceux qui sont conduits à la mort; ceux qui sont conduits au supplice, libère-les. Proverbes, 24, 11.* Qu'il prenne garde toutefois que cela ne vienne à être connu des autres accusés : de peur que voyant un confesseur intercéder pour un accusé, ils n'y voient l'occasion de faire des confessions sacrilèges, comme je l'ai remarqué ci-devant. Qu'il veille aussi à ne rien dire, avant ou après la mort des condamnés, qui offense les juges et les diffame, de peur de troubler les jugements publics. S'il a quelque chose à redire, qu'il n'en parle pas ailleurs mais qu'il s'adresse à eux-mêmes et les en avertisse, puisque cela n'est point contre le devoir des prêtres, à ce que dit saint Paul, I Cor. 6, *Ne savez-vous pas que nous jugerons les anges, à plus forte raison les affaires du monde.*

17 - On peut aussi se demander ce que l'on doit faire quand quelque accusé, vaincu par les tortures, a accusé des innocents. Question très difficile! Toutefois, il me semble que l'on peut tenir pour certain (qu'il ait péché mortellement ou véniellement en chargeant un innocent d'un tel crime, pressé par la violence des tourments) qu'il est obligé de se rétracter et de décharger ceux qu'il a faussement accusés le plus efficacement qu'il lui sera possible. Et puis, bien que la plupart des juges ne fassent point état des rétractations qui se font après la sentence prononcée au moins de celles qui vont à décharge; (font-ils bien ou mal? voyez là-dessus le doute 40) et aux approches de la mort, il sera obligé de se rétracter à temps et avant que l'on ait prononcé la sentence, selon la commune opinion, même s'il a sujet de craindre qu'on le remît à la torture. Parce qu'en égalité de danger pour soi et pour son prochain, on doit avoir plus d'égard pour le plus innocent, à qui même on a déjà fait grande injure en l'accusant faussement d'un tel crime.

18 - Si Titius, qui a chargé d'une fausse accusation un innocent à cause de la grande appréhension des tourments, ne peut

être amené à se rétracter, la difficulté est grande. Voici ce qu'on en peut dire.

D'abord, on peut dire pour l'excuser que la rétractation qu'il fera immédiatement avant de mourir, lorsqu'il ne craindra plus de torture, et publiquement devant toute l'assemblée, doit être tenue pour suffisante, pour être de plus grand poids qu'en tout autre temps selon l'estime des plus prudents et pour cette raison efficace de soi. Si, par la faute des juges, elle n'est pas efficace et que ceux qui sont déchargés de la sorte n'en sont pas délivrés pour cela, la faute doit être imputée aux juges et non à celui qui a fait son devoir.

De plus, imaginons que Titius fasse sa rétractation à temps, oralement ou par écrit, devant son confesseur et un autre témoin qui, une fois le danger de la torture passé, ou bien immédiatement avant - ou après - la mort de l'accusé, produisent cette rétractation. Celle-ci doit être tenue pour suffisante et valide. Elle excusera donc Titius devant Dieu mais, en revanche, accusera les juges d'homicide très inique s'ils ne veulent pas en tenir compte et procèdent contre les accusés malgré la rétractation qui les décharge.

L'accusé a fait ainsi tout ce qu'il pouvait faire pour la décharge des innocents. Si cela ne disculpe pas ceux qui ont été faussement accusés, tout ce que vous pourrez demander de plus sera inutile. Car, que voulez-vous qu'il fasse? Qu'il les décharge à temps et judiciairement? Il sera alors remis à la torture qu'il sait ne pouvoir supporter, il les réaccusera de nouveau et se retrouvera dans les mêmes angoisses qu'auparavant, avec plus de désavantage pour les accusés innocents. Donc, si connaissant sa faiblesse, il désespère de pouvoir demeurer constant dans sa rétractation sous la torture, pourquoi ne sera-t-il pas suffisamment déchargé devant Dieu et pourquoi ne lui donnerait-on pas l'absolution en cet état?

Qu'il demande donc pardon à Dieu et qu'il lui recommande les innocents après les avoir déchargés comme nous avons dit; c'est tout ce qu'il peut faire. Si les juges n'en tiennent aucun compte, c'est à eux d'en répondre. Cependant, c'est une misère digne de larmes amères de voir des accusées, ne pas oser révoquer les fausses accusations que les tourments et la misère ont exprimées de leur faiblesse, par crainte de retomber dans les mêmes inconvénients qu'elles n'avaient déjà pu surmonter. Les juges tirent de là des preuves éclatantes du crime des déférés, tenant pour certain qu'ils doivent être coupables, puisque tant d'accusées repentantes et contrites sont mortes constantes dans la dénonciation de ces misérables. Et vraiment, qui d'abord entendant cela ne se sentirait persuadé par un raisonnement si vraisemblable, s'il ne faisait les réflexions que nous venons de faire, jugeant par là que les apparences sont souvent bien trompeuses, comme nous le ferons encore voir ci-après.

19 - Enfin, pour dernier enseignement aux confesseurs des sorciers et sorcières, tant prétendus que véritables, je dirai qu'il leur sera très utile de lire avec attention tout ce que nous avons indiqué dans ce petit ouvrage touchant cette matière, de le ruminer sérieusement et de juger son contenu comme étant écrit devant Dieu. Pour moi, après avoir tout bien considéré et jugé avec prudence, j'affirme sous serment qu'ayant accompagné nombre d'accusées au bûcher, je ne puis affirmer d'aucune qu'elle était coupable. J'ai entendu la même chose de deux savants et circonspects théologiens qui n'avaient pourtant omis aucune sorte de diligence et d'industrie pour parvenir à connaître la vérité, comme je l'ai dit ci-devant au doute 11, raison 3.

J'ajoute encore ce mot que je souhaiterais être bien entendu de quiconque aura des oreilles, mais principalement de notre très auguste Empereur, des autres princes de l'Empire et de leurs conseillers. Que l'on invente quelque crime , mais des plus atroces, énormes et par conséquent excepté et qui entraîne avec soi un intérêt fort considérable et un dommage évident pour le public, notamment pour le peuple. Que l'on sème le bruit de ce désordre et que les inquisiteurs commencent à faire leur devoir et à rechercher ceux qui seront entachés de ce crime par les voies et procédures accoutumées en matière de sorcellerie. J'oserais bien engager ma vie qu'en peu de temps il se trouvera tant de coupables de ce crime en Allemagne qu'on trouvera à grand peine davantage de sorcières. Pour moi, si j'entendais une chose pareille de la moindre personne qui ait l'usage de la raison, pour ignorante qu'elle fût, je penserais au moins qu'elle ne le dirait pas si elle n'avait de grandes raisons de le faire et, réfléchissant là-dessus, si j'étais prévenu de l'opinion contraire, je suspendrais à tout le moins un peu mon esprit et ne trouverais pas indigne d'examiner ce qu'un homme, dans son bon sens, de lui-même et sans aucune contrainte, oserait assurer avec une telle confiance.

DOUTE 31

Est-il convenable de faire raser les sorcières par un officier ou commis de la justice?

Avant de répondre, je demande pardon au lecteur, le priant de me permettre de dire sans choquer sa modestie ce que l'on a coutume de faire aujourd'hui licencieusement et sans aucune honte. Car quand on veut mettre une accusée à la question ou l'exposer à la visite et à la recherche des marque prestigieuses, on la met d'abord entre les mains d'un infâme bourreau qui, la tirant à part, lui rase non seulement la tête et les aisselles mais encore les endroits qui témoignent de son sexe, et ce avec un rasoir ou bien en lui brûlant le poil à la chandelle. La raison de cette pratique est la peur qu'il y ait dans ces endroits-là quelque chose de caché qui contienne un moyen magique qui pourrait les endurcir dans les tourments.

Cette pratique est inacceptable. En voici les raisons.

1 - C'est là une sale et vilaine pratique à quoi la pureté chrétienne et évangélique abhorre de penser.

2 - A cela s'ajoute le danger de pécher pour un homme ignoble et indécent.

3 - C'est fournir l'occasion de sales railleries aux débauchés, et même d'infâmes attouchements aux plus lascifs, et cela parce qu'un certain écrivain a imaginé qu'il pourrait y avoir de ces marques prestigieuses dans les endroits du corps les plus secrets, comme s'il craignait que de tels fripons ne manquassent de prétextes pour exercer leur lascive curiosité.

4 - De plus, cela est insupportable au sexe à qui la pudeur est si naturelle, et certaines aimeraient mieux mourir que d'être ainsi livrées à un infâme pendard.

5 - Et puis tout cela n'a aucun bon effet et se pratique en vain au lieu de chercher des remèdes convenables contre les maléfices. Et l'on ne trouve point ce que ces gens-là cherchent avec toute leur

industrie. Je suis stupéfait que nous n'ayons pas encore remarqué cela et que nous soyons de plus en plus aveugles. Mais ce qui me fait le plus horreur, c'est que des prêtres, même sous des princes ecclésiastiques, s'abaissent jusqu'à y assister.

6 - Dans les autres lieux où cette coutume n'est pas observée, il n'y a pas pour cela moins de feux allumés et la torture n'est pas moins puissante sans ce vilain prélude. De sorte que je me persuade facilement que c'est plutôt une invention des lascifs et paillards fripons que des juges honnêtes et sages. Si par aventure ils avaient cru que telle torture était absolument nécessaire, ils n'eussent pas cherché hors du sexe des personnes propres à ce ministère, de quoi nous avons un exemple dans Damhauderus en la pratique criminelle *(chap. 37)* où, dans le besoin, il veut que l'on emploie des femmes pour raser leurs semblables.

7 - Enfin, un seul argument devrait suffisamment prouver que même de cette façon, la chose ne se doit point faire : c'est que la nation allemande perd ainsi son ancienne réputation d'honnêteté qui avait paru assez forte aux auteurs du *Malleus*, envoyés par le Saint Père comme Inquisiteurs de l'hérésie en Allemagne, pour qu'ils renoncent à cette tonsure, parce qu'ils avaient appris que dans nos régions, ce serait ressenti comme très déshonnête, bien que, de leur propre aveu, ils l'aient préconisée dans les autres pays. Nous autres Allemands, devrions rougir de honte de prostituer ainsi à la lubricité des plus infâmes pendards, cette pudeur autrefois si recommandable à notre nation à laquelle ces Inquisiteurs, d'ailleurs assez sévères, avaient tant porté de respect. Que les juges prennent garde à ceci. Car j'ai entendu dire qu'un méchant paillard est allé jusqu'à violer une accusée qu'il devait raser et ensuite lui brûla tout le poil à la hâte avec une chandelle.

DOUTE 32

Pour quelles raisons est-il permis de procéder à la torture?

Je réponds avant toute chose qu'il faut soigneusement prendre garde, la torture étant si rude et dangereuse, de ne jamais l'ordonner que pour des raisons très graves et sur de très grands indices qui semblent confondre l'accusé. Les jurisconsultes appellent indices toutes les choses dont on peut conclure qu'une personne est coupable. Nous en faisons trois catégories : les grands, les plus grands et les très grands ou très violents. Les premiers suffisent pour la saisie, les seconds pour la torture et les derniers pour la condamnation.

Pour la saisie, il faut de grands indices, parce qu'il répugne à l'équité et à la charité de mettre une personne en un grand inconvénient et désarroi pour des sujets peu considérables. D'où il s'ensuit que selon que la saisie et la captivité aboutissent à plus de dommages pour la personne, eu égard à sa dignité et qualité, etc., il faut de plus grands indices pour la saisir. (1632 :L'on pèche souvent et très gravement en ce point.)

Pour la condamnation, il en faut de très grands ou très violents, c'est-à-dire plus clairs que le soleil de midi, qui constituent une preuve entière, qui satisfasse les plus incrédules, et qui, par une sorte de démonstration, confonde l'accusé. En sorte qu'ayant une telle preuve démonstrative, il ne soit point besoin de torture, et même qu'on ne la puisse ou doive pas ordonner, comme on l'enseigne communément. Voyez Clarus *(lib. 5, q 64, n. 5)* et Farinacci *(q. 37, n. 5).* Et ces indices très grands s'appellent plutôt preuves qu'indices, selon la subtile distinction de Farinacci au lieu susdit, lequel pourtant en ce même endroit, voulant faire distinction entre les indices clairs comme le soleil en son midi, subtilise trop, sans sujet et sans utilité.

Pour la torture, les grands indices ne suffisent pas puisqu'elle est en beaucoup de façons plus grave que la seule captivité, les très violents ne sont pas nécessaires, les plus grands donc suffiront et seront nécessaires, c'est-à-dire qu'ils soient si clairs et si solides que tout homme prudent s'y puisse fier avec raison, comme l'enseignent communément tous les docteurs. On les appelle aujourd'hui des preuves presque entières : *probationes semiplenas.* C'est-à-dire qui prouvent sans convaincre tout à fait, bien qu'elles approchent fort de la preuve accomplie et entière. Comme la Lune , après le premier quartier qui la fait paraître en demi-cercle, s'approcherait de la pleine lune où elle paraît accomplie. En sorte que, comme dit Lessius, la chose en paraisse moralement presque certaine *(cap. 29, dub. 17, n. 151).* Pour lui, les indices doivent être si clairs que rien ne leur manque, pour une entière preuve, que la seule confession de l'accusé. Voici les paroles de la loi : *"Il ne faut soumettre un esclave à la torture que lorsque l'accusé est suspect et que les arguments contre lui sont si près d'être des preuves que seule semble manquer la confession de l'accusé."* Sur quoi, voyez Mynsingerus. Voyez aussi pour notre réponse Prosper Farinacci, q. 57, n. 3. Nous laissons de côté plusieurs autres citations ici et ailleurs pour ne pas ennuyer le lecteur.

Il faut toutefois remarquer ici que les indices requis pour ordonner la torture ne doivent pas seulement être tels que nous avons dit, c'est-à-dire presque totalement convaincants pour un homme de bon sens. Ils doivent aussi être pleinement et de façon concluante en leur genre prouvés par deux témoins sans reproches et légitimes selon la glose singulière et ordinaire *(in l. final. in verbo, vel indicius, C. Familiae erciscundae),* laquelle glose est suivie par Farinacci *(q. 37, n. 18 et seqq.)* à l'imitation de Bartolo, Baldo, Saliceto et d'autres. En sorte que c'est une opinion entièrement reçue et dans les jugements et dans les universités, entièrement canonisée, comme dit Brunor a Sole *(in suo cons. crim. n. 111, ex Alci in consil. 465, c. 1).* Mascard pense qu'elle ne doit être pratiquée que dans les crimes gravissimes *(in tract. de probl. l. 1, conclus. 572, n. 18)* . C'est aussi l'opinion de Farinacci au lieu ci-devant dit. Et le lecteur tirera facilement cette conclusion de ce que nous avons encore à dire ci-après au doute 37.

DOUTE 33

A qui appartient-il de déclarer que les indices sont suffisants et équivalents à des preuves presque entières?

Je réponds que comme il est impossible de donner ici une règle générale qui montre quelle espèce d'indice ouvre le chemin à la torture, et doit être réputée pour preuve presque entière, il y en a qui sont d'opinion de laisser cela à la discrétion du juge. Ainsi Brunus *(in tract de indiciis et tortura p. 2 q. 3)*. Mais il semble trop dangereux à Mynsingerus *(in l. 1, de quaestionibus)* de donner tant de licence aux juges en une affaire si obscure et si difficile et avec juste raison, car nous savons à quels juges souvent nous avons à faire. Voyez Tanner *(Theol.. tom. 2, disp. 4, de Just. q. 5)* qui montre solidement et longuement combien il est dangereux de laisser beaucoup de choses à la discrétion du juge. Pour moi, je serais d'avis que l'on suivît la louable pratique de certains tribunaux qui renvoient l'examen de ces indices à une ou deux universités auxquelles ils se rapportent entièrement, ne mettant personne à la torture que conformément à leur décision. Cela est plus assuré, dans une affaire si dangereuse et difficile, à laquelle on ne saurait apporter trop de circonspection.

Vous me direz que cette pratique demande trop de peine et de façon et une trop grande dépense, et retarde trop le cours de la justice et que l'on ne pourrait pas arracher toute la zizanie si, pour chaque torture, il fallait avoir l'avis de quelque université.

1 - Je réponds à cela qu'il ne faudrait pas des avis différents pour chacune en particulier, puisque plusieurs tortures sont fondées sur des indices semblables, et que l'on peut appliquer un même avis à beaucoup de cas semblables.

2 - Qu'importe un peu de retard pourvu que la procédure en soit plus juridique et assurée? Est-ce que vous aimez mieux éviter la longueur que le danger? Vous avez vu pourtant ci-devant que notre Sauveur était d'avis de plutôt cesser d'arracher l'ivraie que d'encourir

le danger d'arracher le bon grain, à plus forte raison d'un peu retarder l'extirpation. Mais pourquoi faire état d'un peu plus de dépense dans une affaire de telle importance? Peut-on l'employer plus utilement et en plus saine conscience que quand il s'agit de sauver les biens, la vie et l'honneur des innocents? Est-ce que vous ne vous souciez pas que ce soit à droit ou à tort que l'on saisisse, que l'on tourmente et que l'on brûle pourvu que vous ayez de la besogne? Quant à moi, j'ai toujours dans l'opinion que l'esprit du christianisme portait à se réjouir de la rencontre des innocents et que les juges devaient plutôt désirer qu'il se trouve peu de coupables que de faire en sorte, par des tourments atroces et précipités ou par des afflictions et misères ordonnées sans aucun fondement qu'un aveugle préjugé, que peu de gens puissent se démêler des accusations fausses et extorquées. Dieu sait si ce n'est pas là le vrai moyen de se défaire de tous ceux que l'on voudra sous le spécieux prétexte du bien public et de la justice. J'entendais l'autre jour un inquisiteur qui n'était pas pourtant des plus ardents, et était réputé de tous pour modéré, eu égard au siècle où nous sommes, qui toutefois, pour dire la vérité, me déplaisait beaucoup parce que je tirais conjecture de cette modération de ce que l'on pouvait attendre d'autres juges plus échauffés que lui. Il disait donc, parlant familièrement sur ce sujet : "Je l'avoue, on devrait aller plus lentement en cette matière, on devrait bien peser et examiner toutes choses et l'on devrait donner du temps et des moyens suffisants aux accusés pour bien se défendre et choses semblables. Mais ainsi, on ne pourrait pas avancer, on ne pourrait procéder. Il suffit que ce soit la pratique d'aujourd'hui; ce n'est pas nous qui l'avons inventée; nous ne voulons pas là-dessus nous embrouiller la cervelle de scrupules." Voilà ce qu'il disait. En sorte que voici où allait son raisonnement : Si les inquisiteurs faisaient ce qu'ils doivent, ils n'en brûleraient pas tant. Donc, pour ne pas cesser d'en brûler autant qu'ils font, il doivent s'empêcher de faire ce qu'ils devraient faire. Cela revient à dire : "Si les hommes ouvraient les yeux, ils pourraient voir. De peur donc qu'ils ne voient, il faut empêcher qu'ils n'ouvrent les yeux." O le beau raisonnement! Et pourtant, et les inquisiteurs et les magistrats demeurent en pleine et profonde paix de leur conscience, et écoutent, les jambes étendues et tout à leur aise, ces beaux discours de leurs officiers. Et même aux applaudissements de leurs pères spirituels qui, par leur zèle purgent l'Allemagne de cette méchante zizanie! Si quelqu'un déplorant un tel aveuglement demande à être entendu et donne de bonnes raisons pour obliger à vérifier plus exactement et sans préjugé s'il existe vraiment autant de sorcières qu'on s'imagine, d'abord il est rejeté et tenu pour suspect. Bien plus, il mérite lui-même d'être mis à la torture. Le sang me monte au visage quand je me remets en mémoire et entends encore nommer ces très iniques inquisiteurs qui (comme je l'ai dit au doute 9, raison 8) osèrent dire que le très religieux théologien Tanner méritait d'être mis à la torture parce qu'il demandait plus de prudence que l'on n'en met en pratique dans les procès de sorcellerie. Voilà un de leurs indices pour mettre à la torture. Et ils ne pourront être repris, selon leur raisonnement susmentionné : "Nous ne devrions pas véritablement mettre à la torture des personnages de si haute estime, mais si nous ne le faisons pas et que nous voulussions faire examiner la chose dans les universités, on ne pourrait pas expédier les procès, etc." Ainsi, tout peut s'exécuter par ce beau raisonnement. Ainsi, tout ce qui plaira aux inquisiteurs leur sera permis.

Mais si j'étais inquisiteur et que je voulusse procéder contre tous les magistrats d'Allemagne, contre les prélats, chanoines et religieux, si l'on m'accordait un tel principe, qui m'empêcherait de formuler contre eux quelque calomnie? S'ils voulaient se défendre, je les en empêcherais bien. Je ne les écouterais pas, je les mettrais à la torture, je les materais et tourmenterais de telle sorte que je leur ferais bien avouer leur crime. Alors, je m'écrierais : "Voyez comme les méchants voulaient se cacher et pensaient être bien à couvert avec leurs richesses et leur dignité. Voyez comme ce crime est occulte et comme il se trouve partout!" Qui pourra me reprendre sur ma procédure? Si quelqu'un est assez hardi pour le faire, je n'ai qu'à dire que si je ne me fusse comporté de la sorte, je n'en eusse jamais pu venir à bout et avec la promptitude nécessaire. Donc, pour expédier les procès, tout est permis. Quelle époque que la nôtre! Personne ne peut secourir l'Allemagne sinon notre très auguste César. Que ceux donc qui sont opprimés recourent à lui. Il ne rebutera ou repoussera personne qui voudra s'approcher de l'autel de sa justice. Il lira volontiers les mémoires des accusations sur lesquelles les inquisiteurs ont coutume de procéder et qu'il trouvera pour la plupart farcis de niaiseries ou d'autres chefs d'accusation mal prouvés ou suffisamment réfutés. Et je me trompe fort ou il entreprendra de grand coeur de châtier la licence de ces très iniques procédures. Bien que, pour dire ceci en passant, qui pourra savoir ce que les accusés auront répondu sur chaque chef et comment ils les ont réfutés puisque ces choses-là ne s'écrivent pas ou de telle façon qu'ils n'en peuvent tirer aucun avantage, comme je l'ai remarqué au doute 18, corollaire 15. Et c'est pour cela que la plupart des juges fuient et craignent si fort de prendre avis des universités, de peur de se voir obligés d'être plus exacts dans leurs actes et procédures et de crainte que l'on ne juge une bonne partie des accusés suffisamment purgés et déchargés.

DOUTE 34

La seule renommée, sans autres preuves claires et fermes, suffit-elle à faire mettre à la torture?

Je réponds d'abord que non comme Julius Clarus *(sent. Lib 5, q. 21, n. 1)* et tous les autres docteurs qu'il cite en grand nombre, que nous omettons suivant notre coutume. Voici mes raisons.

1 - C'est un axiome entre les jurisconsultes et parmi les théologiens que la renommée en matière criminelle ne prouve pas, mais qu'elle tient lieu d'accusation seulement. Donc, puisqu'on ne peut pas mettre à la torture pour accusation seulement, si l'accusateur n'apporte quelque preuve, de même, etc.

2 - La renommée fournit au juge un autre moyen de connaître la vérité, à savoir les enquêtes, comme le dit Lessius *(de just. 1 Jur. cap. 29, dub. 17, n. 156).*

3 - La réputation est un indice fort éloigné du délit et de plus fort trompeur, comme nous l'expérimentons tous les jours comme le dit Clarus au lieu sus-mentionné et Farinacci (q. 47), avec ceux qu'ils citent : *Les indices pour mettre à la torture,* écrit Farinacci, *doivent être non seulement vraisemblables, graves, urgents et probables mais encore certains, clairs, etc.* Voyez notre doute 32 où nous avons dit qu'ils devaient être tels qu'ils rendent la chose quasi certaine.

Je réponds en second lieu qu'il est tellement vrai que la mauvaise réputation ne suffit pas pour mettre à la torture que même aujourd'hui, en matière de magie ou de sorcellerie, elle ne suffit pas jointe avec d'autres indices, si ces indices ne sont suffisants d'eux-mêmes, puisque la renommée d'aujourd'hui, principalement en cette matière, ne doit ajouter aucun poids aux autres. Je sais que cela est contraire à la commune opinion et pratique de tous les juges et magistrats. Nous tenons cette opinion fermement pour la plus véritable et juridique, ce qui nous confirme davantage dans l'opinion qu'il y a quantité d'innocents mêlés aux coupables. En voici les raisons:

1 - La mauvaise réputation de ce temps n'a d'autre fondement, le plus souvent, que les débats, querelles, affronts, critiques, soupçons, jugements téméraires, réponses de devins, envie, jeux, moqueries d'enfants, etc., joints à un étrange libertinage de caqueter et de nuire que l'on ne s'empresse point de corriger et châtier. C'est pourquoi ce n'est pas merveille si elle s'épand bientôt si au loin et si au large. La droite raison nous dicte donc de n'attribuer aucun poids à une chose si mal fondée. Souvent, je m'étonne de la malignité des temps où je me suis rencontré. Tout est plein de critiques, de calomnies et d'affronts sanglants, en sorte que tout ce qui nous arrive de sinistre est aussitôt attribué à un maléfice. Et nous ne manquons pas de désigner mentalement celle-ci ou celle-là que nous jugeons nous avoir porté tort. On court chez le devin, on charge de soupçons de très honnêtes personnes; on sème à couvert et secrètement le poison du jugement téméraire, d'autant plus malin et nuisible qu'il est plus sourd et caché. Cependant, le magistrat ne dit mot et semble dormir. On souffle ce mauvais vent par les maisons et par la ville. Les uns se joignent aux autres peu à peu jusqu'à ce qu'ayant pris plus de force par la répétition et addition de chaque langue vipérine, il en résulte au jour une réputation bâtarde et une fausse renommée, à l'éclat de laquelle le magistrat ne donne aucun ordre pour enquêter sur l'origine de ce mauvais vent. Mais plutôt il s'excite, au son faux et trompeur de cette trompette bâtarde, contre les uns et les autres, fait saisir celle-ci puis celle-là, les met à la torture; en un mot, il emploie tous les moyens possibles, à tort ou à droit, pour rendre coupables celles que l'iniquité de ces faux bruits a voulu opprimer. Chose indigne! Il valait bien mieux faire enquête contre les langues serpentines qui avaient semé ce venin, les faire couper aux détracteurs et calomniateurs et les faire attacher à une infâme colonne. Et , après en avoir fait châtier, je ne dis pas une centaine, comme il serait peut-être besoin, mais une demi-douzaine, il pourrait tirer quelque conjecture d'une renommée ainsi corrigée et, si on rencontrait d'autres suffisants indices, procéder avec plus de justice qu'auparavant.

2 - Pour faire que la renommée ait force de preuve et que ce soit un indice valide et de quelque efficacité, il faut, selon la commune opinion des docteurs (dont je pourrais citer ici plus de trente et plus de cinquante si je voulais) que telle renommée soit prouvée par deux témoins sans reproche, qui sachent, au moins grossièrement, ce que c'est que renommée, qui affirment sous serment qu'ils l'ont connue

par le rapport des gens du lieu, qu'elle est fondée sur telles et telles bonnes raisons et présomptions autorisées par des gens de bien et de bon sens. De façon qu'il soit clairement établi qu'elle n'a point pris son fondement sur des querelles, soupçons, jugements téméraires, envies, railleries et autres principes évoqués ci-devant. J'omets plusieurs autres conditions que Del Rio a ramassées *(lib. 5, sect. 3)*. Voyez, si vous voulez Julius Clarus et Prosper Farinacci qui traitent amplement de cette matière. Et cette proposition est communément admise et doit être reçue. D'où j'infère, puisqu'aucune mauvaise réputation ne se prouve aujourd'hui de la sorte en matière de sorcellerie ou de magie, que la mauvaise renommée ne doit avoir aucune force ni effet de véritable preuve. Je prouve la mineure par deux arguments qui sont tirés des actes et de la bouche même des juges.

A - Que les princes fassent soigneusement examiner tous les procès-verbaux de leurs inquisiteurs. A peine rencontreront-ils que la réputation d'un seul accusé ait été juridiquement prouvée de la sorte. Del Rio *(lib. 5, sect. 3)* cite des jurisconsultes de grande estime qui assurent la même chose, à savoir que, de leur temps et à leur connaissance, aucune renommée n'a été légitimement prouvée. Voici ce qu'il dit : *"prouver l'exactitude d'une réputation comme cela est nécessaire est si rare dans les jugements que Grammaticus Senator Neapolitanus a écrit qu'il n'a jamais vu de procès dans lequel la réputation d'un accusé soit prouvée légitimement, ce que confirment Julius Clarus, Valpellus et d'autres éminents juges et avocats."*

B - Là-dessus, quand j'objecte ceci à quelque juge, et que je l'avertis qu'il se fonde sur une renommée nullement prouvée comme il convient, ni telle que les docteurs la demandent, à savoir solidement fondée; et même si les accusées ont apporté des objections contre cette bâtarde renommée, par exemple qu'elles ont eu querelle avec ceux ou celles qui les ont diffamées, que le faux soupçon provient de tel accident que l'on interpréta en mauvaise part contre telle, etc.; quand, dis-je, je lui mets cela devant, il n'a autre chose à me répondre que telle est la pratique de ce temps et que si l'on voulait examiner d'aussi près la renommée, on ne pourrait pas procéder. De cet aveu tiré de leur propre bouche, je tire ce raisonnement : "S'il fallait aujourd'hui prouver la mauvaise réputation des accusées, on ne pourrait pas procéder, comme ils l'avouent. Mais les juges ne laissent pas de procéder, donc elle n'est jamais prouvée comme il faut." Voilà comment ils jugent de leur propre aveu. Ils agissent en vertu d'une renommée sans valeur. Ils procèdent sur un indice qui n'est pas prouvé et n'a aucune force (voir sur ce point la fin du doute 32). Quelle est donc la forme de ces procès? Comment peut-on dire que les jugements d'aujourd'hui sont saints et sacrés? Comment les peut-on accorder avec la droite raison puisqu'ils sont fondés sur des indices invalides et sans vertu? Si ce n'est qu'ils veulent dire que puisqu'il faut procéder nécessairement, cette nécessité rend valide et efficace ce qui était sans valeur et qu'elle sert de preuve pour les indices qui manquaient de preuve. Mauvais et ridicule raisonnement! Mais plutôt digne de larmes puisqu'il s'agit ici du sang des innocents. Il valait bien mieux raisonner ainsi : "La renommée qui n'est point prouvée est un indice nul et sans force. C'est pourquoi, encore qu'il serait expédient de procéder, nous ne devons pas pourtant agir en vertu d'une réputation nulle, puisque non prouvée". Et non pas comme ceci : "Nous devons procéder, donc, afin que nous puissions agir, une renommée invalide devient valide; donc il nous sera permis de procéder ainsi". D'où peut venir, je vous prie, cette soudaine valeur? Voyez ce que nous dirons au doute 49, argument 11. C'est pourquoi,

a) S'il est vrai qu'un accusé mis à la torture sur l'indice sans valeur d'une mauvaise renommée non prouvée, bien qu'il vienne à confesser et même à ratifier, cela ne lui peut ou au moins ne lui doit nuire, comme l'enseigne Farinacci *(q. 47, n. 10 et q. 31, n. 119)* après Baldus, Menochius et Marsilius.

b)S'il est aussi véritable qu'un juge qui ordonne la torture sur des indices invalides pèche grièvement, et que, s'il passe ensuite à la condamnation, il est homicide et tenu à restitution comme l'enseigne Lessius *(c. 29, dub. 18).*

c) S'il est aussi véritable que, comme le dit Del Rio *(lib. 5, sect. 3),* on procède le plus souvent contre les sorcières sur l'indice de la mauvaise renommée, que ceux qui administrent la justice aujourd'hui prennent garde, et, si ceux-ci sont ignorants et négligents, comment les princes qui les établissent tels qu'ils sont et les poussent et pressent d'agir, peuvent-ils subsister en bonne et saine conscience? J'ai cru être obligé de les avertir. Suivant les mouvements de la charité et le devoir d'un chrétien, celui-là n'aime pas son prochain, mais plutôt lui veut du mal qui, le voyant dans un éminent danger, ne l'en avertit pas. Je puis me tromper, je suis homme. Toutefois, puisque véritablement j'ai des craintes et ne crois pas me tromper, espérant encore quelque fruit de mes soins, je ne puis me taire.

Vous me direz : Les juges ne procèdent pas en vertu de la

seule renommée mais encore d'autres indices joints à elle.

Je réponds que si les indices conjoints sont suffisants d'eux-mêmes sans l'aide de la mauvaise réputation, cela va bien, comme je l'ai déjà dit. Mais s'ils ne suffisent pas et qu'ils aient besoin de la renommée pour en être fortifiés, ils sont iniques s'ils procèdent en vertu de tels indices, puisque la renommée de ce temps est invalide, comme je l'ai prouvé, et un indice de nulle vertu. Si elle n'est prouvée, elle ne peut donc ajouter aucune force ou vertu aux autres indices.

Vous me direz encore qu'en matière de sorcellerie, il n'est pas besoin de prouver que la renommée ait pour origine des gens de bien et de bon sens, parce que cette condition de la renommée s'entend, comme dit Binsfeld, *(pag. 619) "quand la qualité des personnes, la nature des choses et les circonstances admettent cela et qu'il est entendu qu'il ne s'agit pas de choses honteuses. Mais la réputation ne doit pas être négligée quand elle prend sa source dans des personnes indignes. Par exemple, s'il s'agit d'un délit commis dans un lupanar, on pourra tenir compte de l'opinion de prostituées, d'entremetteurs, et pas seulement de savants et de personnes honnêtes."* Voilà ce qu'il dit et qui est tiré de Julius Clarus, Salicet, Bartole, Amadeus Panormitano, etc.

Mais je réponds que cela est hors de propos et ne touche pas le point sur lequel nous prenons appui, car nous disons que la renommée de ce temps n'est point prouvée quant à son origine. Qu'elle soit donc fondée sur le rapport de bonnes ou de mauvaises gens, de telle ou telle autre façon, cela même devrait être attesté et assuré par deux témoins sans reproche qui devraient aussi déposer sur quelles raisons et conjectures cette opinion commune aurait été fondée. Et il devrait au moins être clair et constant qu'elle n'aurait point tiré son origine de débats, calomnies, querelles, railleries, jugements téméraires, etc., soit d'honnêtes personnes, soit de déshonnêtes et infâmes. Donc, si l'on procède en vertu de la renommée de ce temps, la procédure est invalide et nulle de droit et de raison.

Les juges me diront qu'ils ne s'arrêtent pas à ce que disent les théologiens seulement et ne prennent aucun égard aux controverses scolastiques, mais qu'ils suivent la pratique établie dans les tribunaux, se rapportant pour le reste au sentiment de ceux qui sont versés et experts en semblables matières, comme Del Rio. Car c'est ainsi que j'entends parler la plupart.

Je réponds à cela qu'ils doivent suivre les bonnes raisons et la bonne doctrine fondée en droit des jurisconsultes, et non pas leur pratique. Quant au fait qu'il se vantent tant de suivre Del Rio et le font entendre aux princes qui, pour cela, leur accordent plus de foi, je réponds qu'ils ne font rien moins que ce que Del Rio enseigne expressément touchant la renommée qu'il veut être légitimement prouvée, ce que pourtant ils ne veulent aucunement admettre, et qu'ainsi ils ne se purgent pas assez de l'iniquité, mais qu'ils trompent leurs princes par fausses apparences et, pour cela, méritent d'être sévèrement punis. Et enfin qu'il est encore en débat de savoir si les princes ou les inquisiteurs ou les uns et les autres, sont tenus à restitution pour les procès que j'ai prouvés être iniques, pour ce chef-ci et pour d'autres, comme je pourrais plus amplement le montrer si l'on me communiquait les actes publics. J'entends tous les jours des choses étranges que je n'ai pas encore jugé à propos de publier. Les princes me pourront dire qu'ils ont été trompés, les magistrats de même. Mais je doute fort qu'ils aient pu être trompés sans faute de leur part, eux qui sont les pasteurs des peuples, comme dit Homère, puisque leurs sujets eux-mêmes ont eu connaissance de cette tromperie. D'autant plus grand est le magistrat, d'autant plus de soin doit-il avoir pour ses sujets, d'autant plus pesante est la charge, et le compte qu'il en a à rendre plus onéreux. Ils pourraient aussi dire qu'ils ne suffisent pas à prendre garde à tout, à tout voir et tout entendre, qu'ils ont des officiers et conseillers pour cela, sur qui ils se sont déchargés du soin de ces affaires épineuses. Mais je leur répondrai qu'ils ont des officiers afin d'être mieux instruits des choses qu'ils doivent savoir, et que cela ne diminue pas leur charge mais l'augmente du soin qu'ils doivent prendre de leurs officiers, tant pour le choix des gens capables de ce ministère que pour veiller sur leurs manquements et sur leur administration. La charge n'en est pas moindre en gros mais seulement en détail. Si, avec ces aides de leur prudence et la multiplication des instruments et moyens de bien gouverner, ils ignorent encore ce qu'ils doivent savoir et qu'ils ne tiennent pas compte exact des jugements publics, ils en seront d'autant moins excusables pour avoir eu plus de moyens de bien faire et ne l'avoir pas fait. Ceci s'adresse à ceux qui sont négligents, mais je ne veux pas assurer qu'il y en ait aucun. C'est la charge des ecclésiastiques de réveiller et même donner de la terreur aux princes et aux rois par leur aboiement quand ils sont dans une nuit d'ignorance et d'inadvertance, sans prendre garde au danger qui les environne.

Cependant, les propositions suivantes se peuvent déduire

légitimement de ce que nous avons dit et prouvé ci-devant :

1 - Il faut que la renommée, pour être indice légitime, soit dûment prouvée.

2 - On a coutume en Allemagne, de procéder, en matière de magie ou sorcellerie, en vertu de la mauvaise renommée.

3 - On ne trouve qu'à grand peine dans un seul procès la mauvaise renommée légitimement prouvée.

4 - S'il fallait prouver la mauvaise réputation, les juges ne pourraient pas procéder.

5 - Personne n'ose reprendre les jugements publics, il faut tous les croire justes. Et celle qui aura été condamnée pour sorcière le doit être. Qui osera parler contre, outre qu'il offensera les juges, se rendra suspect.

Que pouvons-nous y faire? (1632 : Quelles conséquences en peut-on tirer? C'est à quoi je prie le lecteur de bien penser.)

DOUTE 35

Les magistrats de ce temps sont-ils obligés de faire une sérieuse enquête sur les faux témoins et calomniateurs et de les punir?

Je réponds que si jamais il fut besoin de réprimer les langues envenimées, les princes et les magistrats de ce temps sont étroitement obligés, même sans en être requis ni sollicités, d'ordonner de sévères peines contre les détracteurs, calomniateurs et faux témoins, et de châtier de façon exemplaire de telles pestes de la république pour corriger cette licence effrénée de charger qui l'on veut du crime ou au moins du soupçon de sorcellerie. Et cela comme par jeu et sur des sujets ridicules, pour ne pas dire malicieusement inventés pour se venger de ses ennemis ou satisfaire une envie enragée qui porte souvent les méchants à perdre par cette voie ceux à qui ils ne peuvent pas nuire autrement. Je dis : sévèrement châtier, et non pas caresser, solliciter et même indirectement contraindre, sous prétexte de faire un grand sacrifice à Dieu et un signalé service au public. En voici les raisons.

1 - Les calomnies et critiques ne sont que trop partout en crédit et la charité chrétienne en est blessée et outrageusement offensée. J'en ai entendu qui disaient, voyant l'effrénée licence des langues de ce temps de toute correction et châtiment, et que l'on procède en vertu d'une renommée si mal fondée, qu'ils passeraient volontiers quelque temps parmi les Turcs, jusqu'à ce qu'il fut permis aux innocents de vivre en sûreté. Ce qui me choqua véritablement et m'obligea à leur remontrer que, par ce discours, ils offensaient indirectement le magistrat. J'ajoute ce qui arriva l'autre jour. Un trésorier, ayant été accusé d'infidélité et poursuivi pour concussion par le sénat, outré de cet affront, s'en va hors de sa maison et, ne pouvant autrement décharger sa rage, diffame ses compatriotes et fait si bien par sa souplesse et ses artifices qu'il est délégué du prince pour enquêter contre les sorciers et sorcières de son lieu. O le bon et

équitable juge! Cependant, il n'y a point aujourd'hui de plus courte voie pour se venger.

2 - Le magistrat, de son mouvement, fait faire enquête contre les sorcières comme pestes de la république. Pour la même raison, il doit enquêter sur les calomniateurs et faux témoins et les punir sévèrement pour corriger l'air pestilent et venimeux qu'ils vont soufflant avec toute licence contre leurs ennemis.

3 - Les magistrats font enquête sur la simple renommée. En vertu de ce seul indice, ils se fraient aussi le chemin à la saisie et à la torture, comme je l'ai souvent remarqué quoique, en paroles, ils prêchent que cela ne se doit pas faire. Ils doivent donc faire en sorte que les langues envenimées qui empestent tout un voisinage de vains mais pourtant pernicieux mensonges, de quoi se forme la renommée, soient exterminées, ou avouer que leurs procès n'ont d'autre fondement qu'un vent venimeux et mensonger.

4 - Les magistrats sont obligés d'éloigner de leurs procédures tout ce qui les rend dangereuses pour les innocents, comme nous avons déjà dit ci-devant. Mais si vous ne purgez pas la réputation publique d'envie, de médisances, de calomnies,etc., le danger sera évident pour les innocents. Les juges sont donc obligés de rechercher et punir les langues serpentines des méchants.

5 - Si les magistrats n'y apportent sérieusement et promptement remède, il n'y aura désormais plus de moyen de nous dégager des désordres et abus en cette matière. La seule voie des prédications semble pouvoir produire quelque fruit en tournant la pointe du glaive de la parole de Dieu contre les calomniateurs et contre les ignorants et les sots qui se laissent emporter par un zèle indiscret et croient bien souvent avoir beaucoup mérité quand ils ont fait brûler, comme ils disent, une sorcière. Mais nous sommes venus en un temps où si l'on voulait exterminer ces pestes, il faudrait que Dieu dise comme autrefois : *Commencez par mon sanctuaire (Ezechiel, 9, 6).* Les ecclésiastiques et les religieux fraient souvent le chemin à la détraction et à la médisance aux bons benêts aussi bien qu'aux malicieux et sont souvent aussi peu pondérés en leurs paroles que ceux qu'ils devraient corriger. Je ressens une sensible douleur dans le coeur quand je suis contraint d'entendre que certaines personnes même religieuses, diffamées partout pour une crédulité aussi légère que leur caquet est dangereux, croient avoir bien fait quand, à tort et à travers, elles peuvent rapporter ce qui se présente à leur jugement obtus à quelque sortilège et voie surnaturelle, leur ignorance leur fournissant assez de raisons

grotesques pour faire croire aux imbéciles qu'ils ont découvert un grand mystère. Ils s'écrient les premiers que cela ne peut venir que de quelque sortilège, que c'est une peste qui s'étend partout, fomentant et les soupçons et les jugements téméraires qu'ils devraient réprimer. Puis, pour montrer qu'ils s'y entendent et peuvent quelque chose, ils font des exorcismes, ils rebénissent les maisons, ils donnent des antidotes spirituels contre les maléfices assortis de superstitions éloignées de l'usage de l'Eglise, comme j'en trouvai l'autre jour. Ils vont par les maisons, exagérant la malignité et contagion des sorcières; ils ne parlent que de ces sortes de choses qui tiennent les niais en crainte et admiration, et par ces deux cordelettes ils les mènent là où ils veulent. Si ce qui était naturel vient à périr naturellement, alors ils triomphent avec leurs exorcismes et leurs amulettes. Cependant, ils ne manquent pas de faire de beaux petits contes, propres à ravir les sots et à faire rire les sages qui ont du mal à supporter cette démangeaison de médire et de caqueter, plus digne de commères que d'ecclésiastiques. Quelle correction pouvons-nous donc attendre de ceux qui en auraient besoin eux-mêmes? Ainsi, on me dit l'autre jour qu'un certain prédicateur, car il s'en trouve d'imprudents, ayant curieusement déduit combien la sorcellerie s'était étendue, combien les méchantes sorcières pratiquaient de moyens et inventions de nuire, etc., avait tellement rempli toute la ville d'imaginations et de pensées de sorcières et sorcellerie que les simples ne parlaient et ne rêvaient plus que de ces choses et ne s'entretenaient que de contes de vieilles dont il leur avait rempli la tête, de telle sorte que tout se trouvait aussitôt suspect de sortilège et maléfice, avec comme conséquence un trouble incroyable et la destruction de la charité chrétienne et de la simple société humaine.

6 - Il y a beaucoup de pauvres femmes viles et abjectes qui, faute de moyens pour fournir aux frais, ou par leur peu de souci de leur réputation ou par pure simplicité et honte, souffrent injustement la calomnie et s'abstiennent de plainte, aimant mieux souffrir une injure que s'embarrasser dans des procès. S'il vient à la fantaisie du premier enfant à qui une de ces pauvres femmes viendra par hasard à déplaire, de l'appeler sorcière et de se moquer d'elle, comment se lavera-t-elle de cette injure? Et quelle réparation demander à un enfant à qui l'âge semble permettre beaucoup d'autres excès qui ne se punissent pas avec rigueur. Il s'y attache pourtant quelque tache à la réputation de cette femme, au moins parmi les enfants et ensuite, par communication et réitération de ce reproche, parmi la populace à

qui maintenant le droit semble appartenir d'établir la commune réputation puisqu'elle fait le plus grand nombre. Il est donc très raisonnable que les magistrats viennent au secours de ces pauvres misérables en cherchant la source de ces mauvais bruits, en établissant des peines très sévères contre ceux qui tiennent ces propos ou par envie, ou par malignité, mettant des espions secrets pour découvrir les méchancetés qui se pratiquent en cette matière et en faisant punition exemplaire.

7 - S'il se trouve de plus honnêtes gens qui aient plus de soin de leur réputation et qui veuillent demander raison d'une injure de cette nature et font un procès à ceux qui les auront injuriés, ils ne se laveront pourtant jamais de cette tache. A supposer même qu'ils gagnent leur procès, cela ne servira qu'à étendre plus loin le bruit de cette injure, au lieu qu'il vaudrait encore mieux qu'il ne s'en fût pas parlé et qu'on eût enseveli l'injure dans le silence. Car, de ce bruit-là, il résultera une autre fois, s'il arrive à la même personne quelque chose que l'on puisse interpréter en mauvaise part, que des jaloux ou ses ennemis ne manqueront pas de réveiller la vieille querelle contre elle et de semer le soupçon du crime dont elle aurait déjà été accusée, comme si cette première accusation était justifiée, et que ses amis, ses parents ou bien l'argent l'avaient tirée de ce mauvais pas. En un mot, le germe de l'infamie demeure toujours. Les méchants le font fructifier en son temps. On est mis ainsi au nombre des gens de mauvais renom par les émissaires que certains inquisiteurs utilisent pour s'informer de la vie et de la renommée de ceux qui ne l'ont pas bonne. Car la populace se ressouvient facilement que tels et tels ont été injuriés et attaqués en leur réputation, mais difficilement qu'ils aient été absous, ou bien elle l'attribue à la faveur et à la corruption des juges. On voit tous les jours de tels exemples. De plus, ceux qui sont arrêtés et mis à la torture, contraints d'accuser quelques complices, accusent plutôt les diffamés dont ils ont entendu dire du mal, de façon qu'il y a misère et angoisse de toutes parts. Si vous gardez le silence face à une calomnie, vous vous rendez coupable puisque votre silence semble la confirmer. Si vous voulez vous défendre, vous faites éclater votre infamie. Ce que je disais ci-devant est donc très nécessaire, à savoir que les magistrats doivent réprimer et punir les calomniateurs, et les prévenir de peur que, si la licence continue comme par le passé, il devienne impossible aux innocents de se protéger.

DOUTE 36

Quand les crimes sont difficiles à prouver, la mauvaise réputation suffit-elle à faire mettre à la torture?

C'est ce que croient plusieurs juges et jurisconsultes. Car Julius Clarus, après avoir dit, suivant l'opinion commune, que la seule mauvaise renommée n'est pas un indice suffisant pour mettre une personne à la torture, ajoute à la fin cette exception : *"Il peut exister des délits si difficiles à prouver que la preuve par la réputation pourrait être suffisante, comme je l'ai vu pratiquer quelquefois"* . Farinacci suit l'opinion de Clarus *(quaest. 47, n. 11)* comme aussi Menoch *(De praesumpt. lib. 1, quaest 89, n. 54)*. Binsfeld lui *(de confess malefic. pag. 288)* dit *"les indices sont plus rapides et plus faciles à trouver dans les crimes occultes lorsque l'on recourt à la torture"* parce que les choses qui se font en cachette sont plus difficiles à prouver, d'où cette sentence de droit : *"Dans les crimes clandestins et occultes, les preuves par conjectures suffisent à cause de la difficulté de la chose, alors qu'elles sont insuffisantes dans les autres affaires."* Et enfin concluant sur la sorcellerie : *"Qui peut douter que, dans les affaires de sorcellerie, qui sont les plus occultes parmi les affaires de ce genre, la torture puisse être appliquée sur de plus légers indices?"* Voilà ce qu'il dit et à quoi semble se rapporter ce que disent Lessius et autres que les témoins infâmes, bien que normalement rejetables dans les autres affaires, doivent être admis en ces cas-ci "*lorsque la vérité ne peut être connue autrement*" dit-il. Au reste, que dans les crimes plus atroces il soit permis de passer à la torture sur de plus légers indices, il semble que ce soit l'opinion de Marsilius *(In leg. 1 ss, de quaest.)*, et Menochius le pense expressément *(De arbit. lib. 1, q. 84, in fine n. 9)* de même que Monticella *(in reg. sua crimin. 10, n. 36)* et Mascard. *(de prob. lib. 3, conclus. 1385, n. 13.)* Et leur raison est *que, dans les crimes les plus atroces, il est permis de transgresser le droit, de ne pas respecter les formalités requises, et que la règle soit de ne pas observer la règle"* Ainsi parlent-ils assez libéralement, mais ceci mérite bien d'être mieux examiné.

C'est pourquoi je réponds que pour grands, atroces, occultes, exceptés et de difficile preuve que soient les crimes, jamais pourtant la seule renommée ou autres indices légers qui ne font pas preuve presque entière ne suffisent pour donner la torture. En sorte que je ne suis en aucune façon de l'avis des docteurs susmentionnés et ne puis admettre cet axiome de droit rapporté par Binsfeld, parce qu'il est contraire à la lumière naturelle de la raison. Et voici sur quoi je me fonde.

1 - Il est dit *(l. 1 ss. de quaest) : "Il ne faut en arriver à torturer un accusé que pour des raisons si proches de la preuve (et de la preuve complète) que seule la confession de l'accusé semble manquer."* Or la loi parle universellement, sans aucune exception. Et où la loi ne met aucune exception, nous n'en devons point mettre si nous n'y sommes contraints par ailleurs. Mais si les indices qui sont contre l'accusé ne font pas au moins une preuve presque entière, on ne pourra pas proprement dire qu'il soit tout près d'être convaincu par une preuve entière et parfaite. On ne peut pas dire que la lune approche de son plein, tant qu'elle n'est pas au moins à moitié pleine.

2 - La même loi veut que l'accusé soit si près d'être convaincu qu'il n'y manque ou ne semble manquer que sa propre confession.. Or, si la preuve qui précède la torture n'est pas presque entière, *semiplena,* il sera tout manifeste qu'il y manquera autre chose que la seule confession de l'accusé, car il y manquera ce qui est nécessaire à faire la preuve presque entière, donc, etc. (1632 : Cette loi est toute claire; que voulez-vous davantage?)

3 - Plusieurs docteurs (que j'omets selon ma coutume pour ne pas remplir le papier de citations inutiles) tiennent la même opinion et se conforment à la loi. Et même Del Rio, que je nomme expressément parce que les juges se vantent de suivre ses sentiments bien qu'à faux, tient fort distinctement des propos semblables (lib. 5, sect.3) : *"Les docteurs qui pensent qu'il n'est pas nécessaire, pour en arriver à torturer des personnes accusées de délits difficiles à prouver,d'autres indices que la mauvaise réputation, sont beaucoup trop cruels et ne se conduisent pas conformément au droit. C'est pourquoi Farinacci les blâme légitimement. C'est pourquoi, même dans les affaires de sorcellerie, je ne trouverais pas excusable cette cruauté."*

4 - La raison naturelle enseigne la même chose, parce que la torture étant une chose très grave et dangereuse, il ne faut pas

recourir à un tel moyen sans grandes raisons et violents indices qui ne soient pas équivalents à une preuve presque entière.

5 - La raison pour laquelle il faut des indices qui fassent une preuve presque entière (à savoir parce que la torture est une chose fort grave et dangereuse) ne cesse pas ou n'est pas diminuée et affaiblie de ce que le crime est atroce, occulte et de difficile preuve, d'autant qu'en tels crimes la torture n'est pas moins grave et dangereuse qu'aux autres. La preuve donc, presque entière n'est pas moins requise pour mettre à la torture une personne accusée de magie ou de sorcellerie qu'en tout autre crime. Car la même cause, selon les philosophes opère le même effet. Si l'on agit autrement, on agira contre la raison. Et ainsi, les auteurs que nous avons cités sont très mal fondés sur le principe qui dit que dans les crimes exceptés, il faut passer par-dessus les lois. Si l'on peut quelquefois passer par-dessus les lois, on ne peut pourtant passer par-dessus la raison sans être déraisonnable.

6 -Tant s'en faut que dans les crimes atroces, occultes et de difficiles preuves, de moindres indices suffisent plutôt qu'aux autres, qu'au contraire il en faut de plus grands selon les lois de la droite raison, comme nous le montrerons amplement au doute suivant, ayant trouvé bon de reprendre le même sujet et, ayant repris un peu d'haleine, de l'éplucher plus exactement dans un doute nouveau.

7 - On ne peut pas dire que la renommée qui n'est pas un indice d'une force presque entière dans les autres crimes, soit un indice plus urgent et violent dans les crimes exceptés et occultes, et qu'elle acquière en ce cas une force qu'autrement il n'aurait pas, parce que la renommée ne tient pas sa force de son objet, mais de sa propre nature, comme les jurisconsultes qui ont autrefois étudié en philosophie le comprendront facilement? Donc, puisque la nature de la renommée ne change pas pour être appliquée aux crimes occultes et exceptés, elle ne fera pas, dans ces crimes, preuve presque entière, si dans les autres elle ne la faisait pas.

8 - Maintenant, si vous demandez pourquoi la seule renommée ne suffit pas dans les autres crimes à faire une preuve presque entière, c'est que, pour Julius Clarus et d'autres, la renommée est un indice fort éloigné et trompeur, comme nous l'avons vu ci-devant. Mais la renommée d'un crime occulte et excepté et de difficile preuve n'est-elle pas, je vous prie, un indice aussi éloigné et trompeur que la renommée d'un autre crime? Elle l'est sans doute, et d'autant plus éloigné et trompeur que le crime est plus occulte et éloigné de la vue et connaissance des hommes. S'il est

trompeur en un crime ordinaire, pourquoi dans un atroce et occulte ne le sera-t-il pas? Car, à ce qu'il me semble, nous sommes certes d'autant plus trompés que le crime est plus difficile à reconnaître, et non pas au contraire, ce qui montre que véritablement, l'opinion de Binsfeld, Clarus et autres n'a aucun raisonnable fondement. Ce que je montrerai encore plus évidemment dans le doute suivant.

DOUTE 37

En général, les preuves qui ne suffiraient pas dans les crimes ordinaires doivent-elles suffire dans les exceptés et de difficile preuve?

Je réponds que non. C'est directement contre l'axiome commun de droit allégué par Binsfeld dont nous avons fait mention au doute précédent, et l'autre, rapporté par Lessius, qui porte qu'un témoin infâme est admis quand la vérité ne se peut savoir autrement. Et de plus, contre l'ordinaire pratique de la plupart des juges d'aujourd'hui qui, dans le crime de sorcellerie, par ce qu'il est occulte et excepté, se contentent de légères preuves comme d'accusations de personnes infâmes, ou de la seule mauvaise renommée, etc. Cependant, notre opinion est plus raisonnable et véritable pour les raisons que voici.

1 - L'opinion contraire n'a aucun fondement raisonnable parce qu'il n'importe que le crime dont il s'agit soit excepté. Nous avons déjà ci-devant démontré que, selon la droite raison, il faut que les indices qui permettent la torture soient urgents et violents. Or, ce qui est conforme à la raison doit avoir égale force dans les crimes exceptés et non exceptés, principalement si le reste demeure égal, comme il arrive en ce cas-ci, puisque la même raison qui demande des indices violents pour donner la torture se trouve aussi bien dans les crimes exceptés que non exceptés. Et, pour cette raison, il faut aussi bien dans les uns et les autres des preuves presque entières pour la torture. Comme le dit fort bien Farinacci *(quaest. 37, num. 88)* avec ceux qu'il a cités *(num. 82)* Gabriele Saray, Carrerio, Monticella, Mascard, Alber. Jodoco., Rolando, Paris de Puteo, etc.

2 - Je reformule ce raisonnement : les légères conjectures et faibles indices ne suffisent pas dans les crimes ordinaires parce que la torture est dangereuse, c'est-à-dire qu'il y va de la vie et qu'il est dangereux que les innocents périssent à la suite d'un aveu extorqué

par la violence des tourments. Or, il est certain que tel danger non seulement est égal dans les crimes exceptés et atroces, mais encore beaucoup plus grand dans le crime de sorcellerie, comme nous l'avons montré ci-devant au doute 2. Non seulement donc, les faibles indices ne suffisent pas dans ce crime, mais encore les violents sont absolument nécessaires. Hippolyte Rimini l'a fort bien remarqué *(Consil. 88, n. 53. vol. 1)* et plus amplement *in consil 361, n. 32, vol. 3* où il dit entièrement selon notre opinion que *plus le crime est grave et atroce, plus les présomptions et indices doivent être sérieux et violents, puisque le danger est plus grave. (Cap. ubi periculum, de elect. in 6).* Ce qui est aussi conforme à l'opinion de Farinacci, au lieu sus-allégué *(n. 88)* bien qu'il ajoute cette vaine exception : si le même crime n'est aussi de difficile preuve et occulte.

3 - Même si j'accorde que le crime soit à la fois occulte et de difficile preuve, cela importe-t-il? S'ensuit-il que ces légers indices et (comme le fait dire Binsfeld à son axiome) les conjectures doivent suffire pour me persuader que Sempronius soit coupable parce que rien ne manque à la perfection de la preuve sinon sa confession? Je nie cette conséquence.

4 - Et même, il s'ensuit tout le contraire. Car si le crime est occulte et si enveloppé dans les ténèbres que l'on ne puisse que très difficilement le prouver, il est donc besoin de plus grande lumière et non de moindre pour l'éclairer et découvrir la vérité. S'il est de difficile preuve, il est donc besoin de plus forts arguments, non de plus faibles, pour le prouver entièrement ou à demi. Je ne puis comprendre comment vous pouvez accorder qu'une chose plus difficile à prouver se doive prouver plus facilement. Si donc, dans un crime ordinaire et de facile preuve, vous rejetez les conjectures, vous les devez à plus forte raison rejeter dans les crimes de difficile preuve.

Mais, me direz-vous, c'est que dans les crimes de facile preuve, nous pouvons avoir de plus fermes preuves. Nous rejetons donc avec raison les plus faibles, que pourtant nous admettons dans les crimes de plus difficile preuve, faute de plus fortes, suivant le sens commun de tous les hommes qui oblige à se contenter du moins quand on ne peut obtenir le plus.

Je réponds à cela qu'effectivement, de peu se contente celui qui ne peut avoir davantage. Mais il y a grande erreur d'attribuer autant de force au faible qu'au fort et de prétendre d'une faible cause le même effet que d'une forte. Car encore que les plus forts indices manquent, les plus faibles ne deviennent pas forts pour autant et ne changent pas de nature. Par exemple, un blessé se retrouvant dans un bois, faute de vin, se contente de l'eau qu'il trouve. Il en boit donc et passe sa soif ainsi. Il serait pourtant dans une grande erreur si, faute de vin, il croyait pouvoir guérir les plaies en les lavant avec de l'eau. De même, si dans un crime occulte vous n'avez que de légères conjectures, vous vous trompez fort si, faute de plus fortes preuves, vous vous en servez pour arriver au même point auquel de plus fortes arriveraient. Usez-en pourtant, soyez-en content et ne les rejetez pas; servez-vous de conjectures, mais comme de conjectures pour chercher plus avant et non pour donner la torture ou condamner. Car une simple conjecture ne peut devenir une assez forte preuve et changer de nature, si excepté et occulte que soit le crime.

5 - La contraire opinion combat manifestement les maximes de la charité chrétienne et de la naturelle équité. Car ses partisans me semblent raisonner ainsi. Ce crime excepté de sorcellerie est très atroce, très pernicieux et le plus horrible de tous les crimes. Il est aussi très occulte et très difficile à faire avouer à quelqu'un. Nous pouvons donc, sur un plus léger fondement, accuser notre prochain et le charger, pour des raisons plus faibles, du crime le plus abominable de tous les crimes, et nous, qui sommes chrétiens, présumer le plus légèrement que notre frère en Jésus-Christ en est atteint; et ensuite, le mettre à l'épreuve d'une douloureuse et dangereuse torture comme si nous avions de fortes preuves à qui la seule confession de l'accusé semblât manquer pour l'en convaincre entièrement. Pour moi, j'aime mieux raisonner selon la dialectique évangélique. Donc nous avons besoin d'un fondement plus ferme et non plus faible.

Vous me direz que ce n'est pas là où gît la force du raisonnement contraire à notre opinion, mais plutôt ici : la sorcellerie est un très grand et abominable crime. Donc, le moindre petit ombrage d'une telle peste doit suffire pour obliger les zélateurs du bien public à l'exterminer par toutes sortes de voies et de moyens.

Je réponds que je ne nie pas absolument la conséquence, mais que je la restreins, avouant que le moindre petit ombrage et soupçon d'une telle peste vous doit obliger à ouvrir les yeux et être soucieux de pénétrer plus avant dans la connaissance des véritables coupables pour empêcher que les innocents n'en soient endommagés et pour purger la république de zizanie. Mais il ne doit pas vous obliger à charger indifféremment sur de légères conjectures ceux que ou leur propre malheur ou l'envie et la malice des méchants vous fait tomber entre les mains. Car ainsi, au lieu d'exterminer les mauvais, vous mettriez les bons en grand danger et ne purgeriez pas mais détruiriez la république. Si vous avez du zèle pour le bien public, voilà qui est bien. Mais montrez-le accompagné de discrétion et de véritable charité envers votre prochain. Ce que vous ferez voir quand vous n'ordonnerez pas sans grandes raisons que votre frère chrétien souffre un mal aussi grand et une épreuve aussi dangereuse que la torture. Et soyez certain qu'en le faisant souffrir mal à propos, vous commettrez un crime d'autant plus grand que vos conjectures seront légères et que vous aurez moins de fondement pour mettre l'accusé à une si dangereuse épreuve.

6 - L'opinion contraire détruit les lois de la dialectique comme je le montre par l'exemple suivant. Le témoignage, disent-ils, d'un témoin infâme ou complice qui est compagnon du crime ne suffit pas à faire mettre à la torture et ne fait pas une preuve presque entière. Si le crime est excepté ou occulte et de difficile preuve, dès lors, il suffit et fait preuve suffisante pour mettre l'accusé à la torture. Cela, dis-je, est tout à fait contraire à toute bonne dialectique, et je le prouve. Parce que ces sortes de témoignages sont des arguments tirés de l'autorité de la nature, desquels les vrais et bons logiciens enseignent et donnent pour doctrine exempte de doute et de controverse que toute la force de tels arguments dépend de l'autorité du témoin. C'est-à-dire de la véracité au moins présomptive de celui qui atteste. En sorte qu'à mesure que le déposant est présumé plus ou moins véridique, à même mesure son témoignage a plus ou moins de force. Et on ne doit pas le tenir pour plus ou moins prouvé parce qu'il s'agit d'un plus grand ou moindre crime, excepté ou non excepté, occulte ou non occulte, mais parce que l'autorité ou véracité du témoin est plus ou moins grande. On dirait, en termes de dialectique, que l'autorité de l'argument dépend du disant et non de la chose dite. Et, pour cette raison, on l'appelle argument tiré de l'autorité. Ceci étant supposé, je ne vois pas comment la force de l'argument peut être plus grande quand l'autorité ou véracité présomptive du témoin est plus faible, au moins en bonne dialectique, ce que soutiennent pourtant nos adversaires, puisqu'ils attribuent plus de force au témoignage d'une sorcière que d'une larronnesse. En voici deux exemples:

1 Un infâme larron accuse Titius d'être larron. Donc Titius est présumé larron, en sorte que la preuve en est presque entière et qu'en conséquence on peut le mettre à la torture.

2 Une infâme sorcière accuse Titia de sorcellerie. Donc Titia est présumée être sorcière en sorte que la preuve en est presque entière et qu'en conséquence on peut la mettre à la torture.

Quant au premier argument, nos adversaires tiennent qu'il est faible à cause de l'infamie du témoin et, par conséquent, que Titius ne doit pas être mis à la torture. Pour le second, ils crient haut qu'il est très bon et prouve efficacement que Titia doit être mise à la torture.

Or, je demande d'où procède la validité du second argument. La dialectique veut que ce soit de l'autorité de la personne qui donne témoignage. Que le prudent lecteur considère donc dans lequel des deux témoignages il y a plus de véracité présomptive : dans celui du larron ou de la sorcière? Et pourquoi plutôt en celle-ci qu'en celui-là? Lequel des deux a plus mangé de sel (si toutefois ils en mangent) avec le père du mensonge? Lequel des deux doit être plus suspect de tromperie? Celui qui a simplement failli, sortant du bon chemin? Ou celle qui a faussé la foi en Dieu et aux hommes, qui, ayant été des années entières au service du démon, auteur de toute fausseté et tromperie et qui, par conséquent, doit être imbue et habituée à se servir de ses maximes, ayant si longtemps été endoctrinée par un si savant professeur? S'il ne reconnaît pas cela, il faut qu'il avoue que l'argument tiré de l'autorité aura plus de force quand le témoignage contiendra moins de vérité ou de véracité. Je dis encore davantage que si même nous ne tirions pas toute la force d'un argument fondé en autorité de la véracité de la personne qui rend témoignage, mais que nous voulussions en tirer une partie de la considération de l'objet, de sorte que nous tenions plus croyable ce qui arrive plus facilement, par exemple que Gaïus a mangé une poule plutôt qu'une brebis toute entière, cette considération, dis-je, fortifierait encore notre parti. Parce que nous sommes naturellement portés à croire de quelqu'un un crime ordinaire plutôt qu'un extraordinaire, énorme, abominable, etc. Il demeure donc clair et manifeste que non seulement de moindres indices sont insuffisants pour procéder dans les crimes exceptés, notamment en matière de sorcellerie, mais encore, de droit et de raison, il en faut d'autant plus forts que le crime est plus grand et plus énorme.

DOUTE 38

L'axiome dont on a coutume de se servir dans les crimes occultes et de difficile preuve, à savoir qu'en tel cas on peut plus facilement donner la torture qu'aux autres, est-il faux en tout sens?

Je réponds que l'axiome est vrai si on l'explique comme il faut. On peut aller, dis-je, plus facilement et promptement, supposé que l'on puisse aller et procéder. C'est-à-dire supposé qu'on ait une preuve presque entière du crime, puisque, sans cela, on ne peut procéder, si ce n'est contre droit et raison, comme nous l'avons montré ci-devant, ce que je veux expliquer plus amplement pour éclaircir davantage cette matière. Je suppose donc que vous avez saisi deux accusés; par exemple, Titius, accusé d'un crime fort occulte de sa nature, et de difficile preuve; et Sempronius, de qui le crime est ordinaire et assez facile à prouver. Je suppose encore que vous ayez des preuves presque entières de l'un et de l'autre crime. Je dis donc qu'en l'un et en l'autre cas, vous pouvez procéder à la torture, avec cette différence pourtant que vous le pouvez plus facilement et promptement contre Titius que contre Sempronius. Ce que je déclare encore ainsi. Les jurisconsultes enseignent d'un commun consentement, comme l'atteste Clarus *(lib. 5, q. 64, n. 5)* qu'il faut que le juge, avant d'ordonner la torture, considère soigneusement s'il ne pourrait pas avoir d'autres meilleures preuves, à savoir entières et parfaites, pour convaincre tout à fait l'accusé. En ce cas, il faudrait s'abstenir de la torture. Car la torture ayant été inventée pour tirer par la force des tourments l'aveu du crime de la bouche de l'accusé, quand on n'a pas pu le convaincre par une pleine et entière preuve, la confession en ce cas supplée à ce défaut de preuve. Mais comme la torture est une chose odieuse et même dangereuse, il s'ensuit que si l'on peut d'une autre manière convaincre l'accusé, on doit utiliser ces moyens d'autant plus volontiers qu'il y a plus de danger à la torture. Il s'ensuit aussi pour la même raison que le juge doit rechercher les preuves entières avec soin et empressement et ne recourir aux tourments qu'en cas d'échec, surtout quand il s'agit d'un crime ordinaire qui peut se prouver facilement. Si le crime est occulte et de difficile preuve, alors vraiment (s'il a des indices suffisants, ce qu'il faut aussi toujours supposer, conformément aux lois de la droite raison) le juge n'a pas de quoi craindre et retarder d'ordonner la torture et plus facilement, dis-je, qu'aux autres crimes, puisqu'il n'a pas tant de raisons d'espérer arriver à une conviction parfaite, par des preuves pleines et entières, qui, plus faciles à trouver dans les crimes ordinaires, permettent de retarder davantage le recours à la torture. La chose étant expliqué ainsi, il est facile de découvrir ce qui a donné l'occasion aux criminalistes d'aller plus légèrement et promptement en besogne dans les crimes exceptés et occultes, principalement en cas de sorcellerie, que dans les crimes ordinaires. Ils ont pris l'axiome sus-mentionné dans un sens plus général qu'il n'était permis et là où nous lisons "plus facilement et promptement", ils ont compris "sur de plus faibles indices". Voilà la source de l'abus : une mauvaise interprétation de l'axiome qui, bien compris, est très juste, et je m'étonne que les savants ne l'aient pas remarqué. En conséquence, en matière de sorcellerie, on s'est laissé aller sur de légers et faibles indices, à mettre les accusés à la torture, les juges faisant sonner bien haut l'axiome sans le comprendre, à savoir qu'en cas de crime occulte, il fallait plus facilement ordonner la torture. Mais il serait bien à souhaiter que ces bonnes gens qui montrent tant de zèle à inciter les magistrats contre le crime de sorcellerie, apportassent autant de soin et de diligence à éviter de telles erreurs et abus qui se glissent dans le cours des procès de cette nature, afin de ne pas charger la conscience de ceux qu'ils sollicitent si fort et de leur éviter les erreurs. Je conseille encore aux magistrats de prendre garde à eux, car ceux qui les conseillent n'ont pas toujours la prudence et l'érudition nécessaires. Et pourtant, dans une affaire aussi grave que celle des sorcières, il n'est pas permis d'user de peu de prudence et de circonspection.

DOUTE 39

Peut-on condamner celui ou celle qui n'aurait pas confessé à la torture?

Je suppose que l'on ne peut condamner personne que l'on ne sache certainement être coupable; d'autant que l'on ne doit condamner aucun innocent; on doit donc toujours présumer innocent celui que l'on ne sait pas être coupable. Or, on a coutume de tenir un fait pour constant et évident en deux façons. D'abord, quand l'accusé, juridiquement et légitimement interrogé, avoue le crime librement. Ou quand, en vertu de preuves pleines et entières, il est convaincu de l'avoir commis. Je dis : preuves entières, c'est-à-dire plus claires que le soleil en son midi. En sorte que si le crime est rendu évident d'une de ces deux façons, l'accusé peut être juridiquement condamné, n'étant pas besoin qu'il soit convaincu et qu'il confesse encore avec, mais seulement que l'un ou l'autre mette son crime en évidence.

Ceci étant supposé, je réponds que l'accusé qui n'aura pas avoué le crime à la torture ne peut être équitablement condamné. C'est pourtant contre la pratique de juges de ce temps, en matière de sorcellerie, comme je l'ai vu en plusieurs lieux, avec un ressentiment qui me faisait saigner le coeur. On conduisait l'autre jour une pauvre misérable au bûcher, après l'avoir mise à la torture trois, quatre et même jusqu'à cinq fois. Elle niait toujours fort constamment et librement qu'elle fût sorcière, d'une voix qu'elle maintint jusques au milieu des flammes où elle en demanda encore acte de notaire (cela est arrivé plusieurs fois autre part). Et tout récemment, à un prêtre accusé de magie, duquel il sera bien à propos que le prince soit particulièrement informé. Mais laissons les exemples. Cependant, je tiens que telle sorte de procédure est très inique. Voici mes raisons :

1 - On ne peut condamner personne si son crime n'est pas sérieusement établi. Celui dont je viens de parler n'était pas établi,

donc l'accusé ne devait point être condamné. Je prouve la mineure[36] ainsi : le crime ne pouvait être établi que par l'aveu de l'accusé ou par une conviction et preuve pleine et entière. Or, l'aveu faisait défaut puisque l'accusé persista toujours dans la négative; la preuve entière également puisque l'accusé n'avait pas été mis à la torture qui, comme il a été dit ci-devant, selon Farinacci *(q. 38, n. 4)*, ne s'ordonne que pour supplément de preuve. Il n'était donc pas légitimement convaincu; son crime n'était pas établi; par conséquent, il ne pouvait être légitimement condamné, non plus que l'accusée sus-mentionnée.

2 - Je demande au juge pourquoi il a mis cette accusée à la torture. Est-ce pour lui faire souffrir la peine de son crime ou pour connaître la vérité? Dans le premier cas, c'est une chose inouïe et contraire à la lumière naturelle d'ordonner une peine pour un crime qui est encore incertain et dont on est en quête. Si c'est pour connaître la vérité, elle était donc encore inconnue et puisque l'accusée n'a rien avoué, elle demeure encore dans les ténèbres. Si la vérité n'est pas connue, comment un juge peut-il en venir à ce point de sévérité, ou plutôt de cruauté, de condamner une personne dont il ignore si elle est coupable?

3 - Je demande au juge si la confession de cette accusée était nécessaire à la condamnation ou si elle ne l'était pas. Si elle était nécessaire, pourquoi la condamnait-il sans qu'elle eût confessé? Si elle ne l'était pas, c'était une grande cruauté à lui de déchirer ainsi une pauvre misérable qu'il avait déjà destinée à la mort, qu'elle confessât ou qu'elle ne confessât pas, c'est-à-dire qu'il ne voulait pas que celle qui était destinée à une seule mort mourût de cette seule mort.

Vous me direz que le juge lui ordonna la torture non pas pour découvrir la vérité, mais pour la confirmer et l'établir, et pour faire que la sentence en fût d'autant mieux fondée et de meilleur exemple.

Mais je réponds que c'est là une considération très mauvaise et d'un malhabile homme car on n'a jamais ouï parler qu'un tel but de la torture, pour confirmer la vérité, se soit jamais vu dans tout le corps du droit et c'est pourtant la commune opinion de tous les théologiens et jurisconsultes que la torture ne sert que de supplément de preuves. C'est donc une grave faute de s'éloigner d'une opinion si universelle en une matière odieuse et dangereuse. Quoi que vous

---

36 - La mineure d'un raisonnement en forme de syllogisme est sa deuxième proposition : "on ne peut condamner personne si, etc." : majeure; "Celui dont je viens de parler n'était pas établi" : mineure; "donc l'accusé ne devait point être condamné" : conclusion.

disiez, le même argument a toujours la même force. Car ou cette confirmation était nécessaire à la condamnation, ou non. Si elle était nécessaire, pourquoi la condamner sans cette confession confirmative? Sinon, pourquoi la traiter si cruellement sans nécessité? Gomez dit fort bien à ce propos *(variar. resol. tom. 3, cap. 13, titu. de Tortura reorum numero 20)* et Boërius *(decis. 63, num. 13)* avec Cravet *(consil. 178, num. 10, pag. 209)* et autres avec Farinacci *(quaestio. 40, num.4)* *"ils pensent qu'un juge qui torture un accusé dont la culpabilité a été prouvée, extravague non seulement par rapport aux lois mais aussi par rapport à sa conscience"*, comme le remarquent Navarrus *(c. 18, dub. 17, nu. 59)*, Lessius *(cap. 29, dub. 17, num. 152)* et Covarruvias *(pract. quaest. cap. 23, conclus.)*.

4 - Tous indices et toutes preuves, même entières et pleines, se purgent par la torture selon la commune opinion des docteurs. En sorte qu'un accusé, même convaincu, venant à soutenir constamment la torture sans avouer, mériterait d'être relâché comme l'enseigne Farinacci suivant l'opinion commune, suivie aussi par Del Rio *(lib. 5, sect. 9)* chez lesquels vous pourrez voir les citations si vous en avez la curiosité. Celle donc qui a souffert la torture sans confesser a été purgée. Pour quelle raison la condamner? D'autant plus qu'une constance jusqu'à la mort semble ajouter quelque chose à l'épreuve de son innocence. Les dernières paroles et actions qui précèdent immédiatement la mort n'ont pas peu de force et de poids et ne sont pas de petite considération, comme nous le remarquerons tantôt. Car, bien qu'il ne soit pas impossible qu'un accusé ayant soutenu la torture sans confesser et persisté dans la négative jusqu'au dernier soupir, ait été pourtant véritablement coupable, je soutiens pourtant qu'il aurait été iniquement condamné, tant pour ce que nous avons dit ci-devant que parce qu'il faut toujours suivre le chemin le plus assuré et plutôt renvoyer dix coupables que de se mettre au danger de perdre un innocent. Tout le monde reconnaît cet axiome et même le proclame : pourquoi ne l'applique-t-on pas en réalité? Et comment une cruauté telle que celle rapportée dans l'exemple précédent, a-t-elle pu naître dans l'âme d'un juge chrétien croyant qu'il existe une autre vie et qu'il aura un jour à comparaître devant un juge qui lui demandera compte de la moindre parole oiseuse? Je m'étonne encore davantage qu'un tel aveuglement soit aussi le fait d'ecclésiastiques et de religieux, qui ne ressentent aucun remords, ni aucune crainte de Dieu. Puisque l'autre jour on vit encore une accusée qui, n'ayant pu être vaincue par les tourments ni contrainte à se confesser coupable par les incroyables importunités

d'un prêtre impertinent (Dieu me pardonne si j'offense son ordre) fut, pour cette raison condamnée au feu comme obstinée pour y être brûlée vive. Comme donc cette innocente victime (car on la peut juger telle puisqu'elle était purgée par la torture et ne fut point autrement convaincue du crime) fut arrivée près du bûcher, le prêtre importun ne cessa aucunement, mais la sollicita tellement, lui faisant horreur du supplice préparé et lui donnant espérance de quelque grâce si elle venait à avouer, qu'elle proféra enfin ces trois ou quatre paroles : *"Je suis donc coupable."* Sur quoi, le prêtre ayant réparti à la hâte : *Je t'absous,* courut après cela droit au juge, demandant l'adoucissement du supplice puisqu'elle avait avoué le crime. Mais le juge, indigné, lui ayant répondu qu'il fallait l'avoir fait plus tôt, elle fut poussée toute vive dans le feu. On ne peut imaginer pourtant combien ce prêtre a proclamé partout l'obstination des criminelles et combien peu on devait se fier à la constance de celles qui soutenaient la torture sans avouer, puisque celle-là qui avait résisté à tant de tourments avait enfin avoué son crime à l'article de la mort. Or, cet homme très imprudent commit en cette occasion plusieurs fautes toutes à la fois, qu'il eût pu toucher du doigt s'il eût eu tant soit peu de jugement.

1 - En effet, quelle méchanceté que de contraindre par tous les moyens cette malheureuse à se dire coupable, alors qu'elle pouvait être innocente!

2 - Le prêtre n'avait aucun droit de la juger autrement qu'innocente puisqu'elle n'était aucunement convaincue. Elle avait purgé tous les indices à la torture et n'avait pas même en confession avoué le crime. Que voulait-il davantage?

3 - Si le prêtre était certain qu'elle fût coupable et qu'elle eût menti en confession, il devait l'exhorter dans la confession même et n'en rien témoigner au dehors, et voyant qu'elle persistait, lui donner créance et acquiescer à ce qu'elle en disait suivant l'avis de tous les théologiens. Qu'allons-nous chercher bien loin de nouvelles et dangereuses opinions? Lisons et suivons les maximes de la théologie telles qu'elles ont été enseignées par tout le monde jusqu'à présent.

4 - Si, sur le point d'être mise en cendres, elle sembla se déclarer coupable par les deux ou trois paroles qu'elle lâcha, qui ne s'aperçoit, eu égard aux circonstances et à la façon de parler, que seules l'importunité du solliciteur et l'espérance de quelque grâce les lui tirèrent de la bouche, et non pas la force de la vérité. Quel sujet de triomphe et d'exagération ce prêtre en pouvait-il tirer?

5 - Or, si malgré tout cela, cet homme malhabile croyait lui avoir tiré la vérité de la bouche, ne devait-il pas secourir et sauver son âme autrement, lui qui pensait qu'elle était ancrée dans le péché, qu'elle avait menti en confession et par conséquent qu'elle était attachée au service du diable d'une façon toute particulière? Comment pouvait-il si tôt se persuader qu'elle fût en un moment, comme par miracle, suffisamment et dignement disposée à recevoir l'absolution, et pourquoi ne demandait-il pas plutôt que l'on différât le supplice afin qu'elle eût le temps de se mieux réconcilier avec Dieu et faire des actes de contrition? Et le juge n'était-il pas obligé en conscience, dans une pareille occasion, de différer le supplice? Alors, en cas de refus, c'était le vrai devoir d'un bon prêtre de prier efficacement le juge, le presser, et même, usant de l'autorité évangélique, le menacer de la colère du souverain Juge, et allant jusqu'à prendre toute l'assistance à témoin, il pouvait en appeler au prince. Voilà les beaux médecins des âmes! Voilà ceux que les magistrats veulent avoir! (1632 : Voilà ceux que les Supérieurs des Religions exposent au danger! Et ils ne pensent pas pécher! O la belle chose!)

DOUTE 40

Doit-on avoir égard aux rétractations faites au lieu du supplice et près de la mort?

La pratique d'aujourd'hui porte que ces désaveux de crimes que l'on aurait auparavant avoués et ratifiés, ou de soi-même ou de quelque autre, soient entièrement méprisés et nullement considérés. Les juges se fondent sur les raisons alléguées par Binsfeld *(pag. 274)* et Del Rio *(lib. 5, sect. 6)* qui toutefois ne leur sont pas si favorables qu'ils s'imaginent.

C'est pourquoi je réponds que si telles révocations se font par des accusées bien repentantes et qui soient en leur bon sens, ce dont le confesseur pourra le mieux juger, elles ne doivent pas être estimées nulles, comme l'on dit, mais de grand poids et vertu pour éclaircir la vérité. Principalement si elles confessent d'en avoir faussement accusé d'autres. Voici mes raisons :

1 - La lumière naturelle nous dicte qu'une personne qui va mourir ne peut pas être indifférente à son salut et par conséquent qu'elle ne veut pas mentir, comme dit Symancus après S. Chrysostome et d'autres. De même, le Canon *(Sancimus I, q. 7,* et gloss. *in cap litteras de praesumpt).* De même, Dd. *(in l. ult. Cod., ad l. lul. repetundarum).* Del Rio méprise tout cela, l'accordant toutefois quand l'accusée n'est point troublée et est bien à soi; et il ajoute que tous ceux qui vont mourir ne sont pas saints, particulièrement les sorciers et sorcières. Mais je réponds à cela que tous ceux qui vont mourir ne sont pas troublés et hors d'eux-mêmes, et qu'il peut y en avoir de saints et non sorciers, puisque c'est de cela même que l'on doute, et que nous cherchons si véritablement on ne doit pas douter et soigneusement examiner si ceux qui se rétractent sont sorciers ou non. Il ne faut donc pas, en vertu de la supposition qu'ils sont sorciers, raisonner ainsi : donc leur révocation est nulle; mais plutôt ainsi : ils se rétractent près de la mort et au moment où ils savent

aussitôt comparaître au tribunal de l'éternité, auquel point c'est chose bien rare de mépriser le salut de son âme. On peut donc douter avec raison qu'ils soient vraiment sorciers.

2 - Si ce dernier témoignage doit être rejeté, pourquoi les juges et autres qui attribuent tant de poids aux dénonciations des sorciers, tirent toute cette force et efficace de ce que, comme je montrerai ci-après, elles sont mortes constantes dans leurs dépositions. Ils posent donc eux-mêmes ce fondement qu'il n'est pas à présumer que personne voulût clore les derniers moments de sa vie par un mensonge. Je leur objecterai donc leurs propres paroles : tous ceux qui vont mourir ne sont pas saints, particulièrement les sorciers, Il importe donc peu qu'ils aient confirmé leurs dépositions dans la mort même. Mais je vois bien de quoi il s'agit : ils ne peuvent donner face à la mort aucun solide témoignage sinon ceux qui plaisent aux juges. Alors, ce dernier témoignage sera de grande force, sinon il sera de nulle vertu. (1632 Belle règle vraiment!)

3 - La *Constitution criminelle* de Charles Quint reçue dans l'Empire, fortifie notre sentiment car, à l'article 91, elle dit ceci :

"*Si l'accusé, le jour même où l'on doit prononcer la sentence, renie le crime qu'il avait auparavant légitimement et constamment avoué, et que le juge, par l'examen de toutes les circonstances de la confession, vienne à connaître que telle rétractation n'a été faite par l'accusé que pour empêcher et retarder la procédure que les lois ordonnent; alors le juge interrogera ses deux assesseurs établis qui, avec lui, ont entendu lire l'acte de la confession, leur demandant sous leur serment s'ils ont entendu cette confession; s'ils disent que oui, le même juge consultera les jurisconsultes pour délibérer, même en d'autres lieux et par d'autres moyens, comme il sera dit ci-après, etc.*" Tanner en conclut fort bien *(Disputatione de justitia. q. 5, dub. 4, num. 98)* que si cette constitution veut que l'on examine bien l'affaire et qu'on y délibère, même quand la rétractation est faite pour empêcher le cours de la justice, et que l'on consulte des savants, cela veut dire à plus forte raison que les révocations qui se font par des personnes repentantes et que l'on peut raisonnablement présumer exemptées de cette astuce et malice, ne doivent point être méprisées. Reste maintenant à répondre aux arguments par lesquels nos adversaires prétendent prouver que les révocations faites immédiatement avant la mort ne doivent point être considérées. Les voici donc :

1 - Les accusés sur le point de mourir ont rarement l'esprit aussi présent qu'auparavant, quand ils ont ratifié leur confession.

Ainsi pensent les juges, après Del Rio *(lib. 5, sect. 5).*

A cela je réponds qu'il arrive, non rarement mais souvent, que les accusés, voyant la mort devant leurs yeux, aient l'esprit plus présent qu'auparavant, notamment quant à ne vouloir point mentir, ce qui ne nécessite ni fort raisonnement ni grande attention ni repos d'esprit. Quoi qu'il en soit, qu'ils m'accordent que les rétractations de ceux qui ne sont pas dans ce trouble d'esprit doivent être de grand poids, ce que seulement nous demandons, bien que je craigne fort que cela ne serve pas beaucoup, car ils diront que c'est un grand signe du trouble qui est dans leur esprit de révoquer ainsi leurs premières dépositions, et ainsi, d'après eux, aucun de ceux qui révoqueront ne sera bien à soi et exempt de trouble. Je veux pourtant mieux espérer.

2 - Les accusés réduits à ce point sont souvent fort importunés par ceux qu'ils ont dénoncés, et même par ceux qui leur prêchent d'avoir soin du salut de leur âme, ce qui les trouble et les met en inquiétude. Ils prennent pareillement ceci de Del Rio et la force de tout ce raisonnement revient à celle du premier argument.

Je réponds pourtant que l'on suppose ici des choses qui ne sont point. Car comment les dénoncés savent-ils que celui qui va mourir les a accusés, au point de les importuner en les pressant de se rétracter? Les accusations sont encore dans les actes du procès, et secrètes. Les accusés ne peuvent donc pas être importuns à moins qu'ils ne soient arrêtés. Que certains se sentent galeux et se doutent d'avoir été accusés, et que vous craigniez que ceux-là ne soient importuns aux accusés, je ne vous l'accorderai pas facilement. Ces gens-là éviteront plutôt de se trouver près des accusés, et de les faire parler de leurs affaires. Ils craindront d'exciter la mémoire de leur complice qui, allant à la mort, craint toujours moins de dire la vérité, ou de rafraîchir ou exciter le soupçon parmi les officiers de la justice et tous autres qui pourraient entendre parler d'eux en une matière si chatouilleuse. Ils craindront aussi de se faire mettre en cause par l'accusé poussé désormais par l'esprit de la pénitence. Del Rio sous-entendait peut-être la pratique ordinaire que tolèrent les magistrats, qui est que les participants aux questions et accusations de complices publient ce qu'ils en savent si bien que l'on sait aussitôt tous ceux et celles qui ont été accusés. Mais, quoi qu'il en soit, il n'y a aucune apparence que les coupables qui savent qu'ils ont été accusés, viennent importuner les condamnés allant au supplice pour les raisons susdites, puisqu'après la sentence, personne n'est admis près du condamné, si ce n'est le prêtre et les exécuteurs de la justice.

Il faudrait donc que quelqu'un d'eux eût été accusé ou suborné par les accusés.

Et puis, ce que l'on dit de l'inquiétude et souci de leur salut que l'importunité des accusés cause dans l'esprit des condamnés allant au supplice, est beaucoup plus pour que contre nous. Car s'ils sont en souci de leur salut, ils en prendront plus de soin et craindront de s'en éloigner par un mensonge de telle importance, surtout parce qu'étant certains de mourir ils n'en peuvent espérer aucun avantage. De plus, ceux qui sont importuns aux condamnés en les mettant en souci de leur salut, ne le font pas pour connaître équitablement la vérité, ni pour les obliger à révoquer les fausses accusations prononcées sous l'effet de la souffrance. Ils ne les pressent que de s'accuser et de découvrir quelques nouveaux complices. Tout va à charge. Car ces ignorants croient certain, comme je l'ai montré au Doute 19, que tout accusé détenu qui a avoué est forcément coupable. Les rétractations qui se font près de la mort ne sont donc pas dues aux importunités de ceux qui mettent les condamnés en souci de leur salut.

3 - La rétractation n'est pas faite avec la solennité qui a accompagné l'accusation. Celle-là est extrajudiciaire, celle-ci judiciaire. Celle-ci doit donc prévaloir. Ceci est aussi de Del Rio.

Je réponds que je ne veux pas dire que la rétractation soit toujours préférable à la première accusation, et qu'il faille ensuite aussitôt absoudre l'accusé, car ainsi aucun condamné ne manquerait de se rétracter allant au supplice, au moins pour se décharger et sauver sa vie. Mais je dis que la première confession, faite avec toutes les solennités de droit n'est pas nécessairement vraie et même, en ces temps, ne doit pas être présumée vraie, tant à cause de la faiblesse des indices dont on se sert, qu'à cause du grand danger qu'entraîne la torture et que j'ai montré plusieurs fois. Et donc, si les condamnés n'étant pas mal disposés quant à l'esprit, viennent à se rétracter avant de mourir, il ne faut point mépriser cette palinodie. Elle doit être bien considérée et examinée. On doit vérifier les indices et les examiner plus soigneusement, et, comme dit la *Constitution caroline*, on doit consulter des savants; particulièrement en ce crime-ci qui, étant excepté et plus occulte que les autres, demande non pas une moindre mais une plus grande attention et une soigneuse considération, comme je l'ai montré au Doute 8. Mais quel juge, dans toute l'Allemagne, a jamais pratiqué cela? Si quelque homme pieux veut suggérer aux juges quelque chose de semblable, la plupart s'indignent et crient bien haut : “En quoi cela le regarde-t-il?

Ils savent ce que le droit leur ordonne! Les autres n'y ont fait aucune étude et n'y entendent rien." Comme si le droit et les lois étaient couvertes d'un si saint et profond secret que personne n'osât et ne put y porter les yeux que ceux qui en font leur particulière profession. Lesquels, effectivement, n'auraient pas besoin d'être repris, et nous serions volontiers exempts de ce soin-là, si dès qu'ils se sont appliqués à cette sorte de procès, la bonté de leur jugement et de leur conscience devenait inaccessible aux abus et à l'erreur. Mais nous savons que la chose va autrement, et je constate qu'en Allemagne on prend beaucoup plus de soin à faire briller les flammes des bûchers que la vérité.

4 - La déposition d'un homme qui va mourir n'est pas un suffisant témoignage pour mettre une personne à la torture; ni en cas d'homicide, ni en la personne d'un juge qui s'accuse d'avoir donné une fausse et inique sentence, ni en matière de vol, ni en tout autre crime, selon la commune pratique et l'opinion la plus universellement reçue. Ainsi l'assurent les mêmes, fondés sur le même auteur. D'où ils concluent que le témoignage d'une personne qui va mourir n'est pas suffisant pour annuler un aveu fait précédemment, etc.

A cela, je réponds que cette doctrine est tirée de la *l. si in gravi, § 1 ss., ad Sc Syllanianum* où il est dit que l'on ne croit point le blessé qui, sur le point de rendre l'âme, dépose qu'il a été blessé par Titius, si on ne le peut prouver autrement. Sur quoi Bartole s'étend fort. Mais supposons qu'il en soit ainsi (car je crois qu'il est hors de propos d'examiner cela plus particulièrement : voyez Farinacci, *q. 46),* il ne s'ensuivra pas pourtant que le témoignage d'un homme mourant ne fasse quelque présomption et indice qui oblige à examiner l'affaire plus particulièrement, et c'est tout ce que nous demandons, conformément à la *Constitution caroline* qui, à l'article 28, détermine clairement que le témoignage d'une personne mourante donne quelque indice. Binsfeld d'ailleurs la cite, de même que Stephane Bertrand et d'autres, ce qui nous suffit. Certes, le même Binsfeld, en conclusion, est contraint d'avouer *(pag. 274)* que bien que la rétractation dont nous parlons ne détruise pas au tribunal extérieur la confession faite dans le même tribunal, néanmoins elle a quand même un grand poids devant Dieu et les hommes, lorsqu'un homme prêt à rendre l'âme décharge en mourant celui qu'auparavant il avait accusé. Que les juges donc prennent garde à ce qu'ils ont à faire puisqu'ils doivent répondre de leurs actions au tribunal intérieur, aussi bien qu'à l'extérieur. Qu'ils ruminent un peu leur axiome qu'il vaudrait mieux que dix coupables fussent relâchés impunis que de souffrir qu'un innocent fût exécuté comme coupable.

5 - Si l'accusé avait confirmé sa confession selon la forme et la procédure de droit, *ad bancum juris* comme ils disent, alors il aurait parlé à conscience découverte, et aurait déclaré ce que la force des tourments lui aurait fait dire contre la vérité.

Je réponds que cela est beaucoup plus facile à dire qu'à faire. Car on peut dire malheur à l'accusé qui, en telle occasion, aurait voulu se rétracter. Il serait retombé dans les mêmes inconvénients et les mêmes tourments qui lui avaient fait avouer la première fois, et n'aurait rien pu gagner par tant de peines et de souffrances que de se voir obligé d'établir et confirmer son premier mensonge par une plus grave et importante fausseté. On peut donc dire que les accusés qui, en semblable occasion (*ad bancum juris*) ratifient leurs dépositions, bien que fausses, ne pèchent pas contre les règles de la prudence, attendant d'être comme entre les bras de la mort assurés de n'être plus remis à la torture. Au contraire, on peut accuser de simplicité et de sotte facilité ceux qui, comme je le remarquai naguère, incités par la voix du juge à dire librement la vérité, osent avouer d'avoir menti, contraints par la force des tourments. Car étant remis à la torture, ils n'en retirent aucun autre avantage que d'apprendre que la liberté de dire la vérité est suivie des plus rigoureux tourments. Car la plupart des inquisiteurs ne sont pas contents que les accusés se repentent, à la vue de nouveaux tourments, d'avoir usé de la liberté qu'on leur suggérait et de s'être rétractés, et confirment ensuite leur première déposition. Ils ordonnent donc qu'ils soient remis à la torture, et alors leur font confesser "en toute liberté" (comme ils disent et l'entend le prudent lecteur!) qu'ils sont véritablement coupables. Après quoi les criminalistes exagèrent la malignité et méchanceté des sorcières, qui ayant été convaincues de sorcellerie par des indices très importants, osent soutenir le contraire et s'obstiner dans la négative, jusqu'à la dernière épreuve qui, malgré toutes les ruses du diable, exprime et tire toute la vérité de leur bouche. Il faudrait être maintenant hors de son bon sens pour faire des dépositions contraires à l'intention et à la propension des juges, au moins en jugement et, comme ils disent "*ad bancum juris*".

Mais je trouve l'invention d'un inquisiteur que je ne veux pas nommer, ingénieuse et spirituelle, qui, parfois le jour même précédant leur exécution, fait dire aux condamnés par leur confesseur, que s'ils manifestent de l'inconstance dans leurs dépositions au lieu où on leur lira la sentence ou au lieu du supplice, et qu'ensuite, remis à la torture, ils avouent de nouveau, ils seront brûlés tout vifs. Et ces menaces, comme l'événement le montra l'autre jour, ne sont pas vaines. Le même personnage osa , de sa propre autorité, enjoindre au confesseur de ne point absoudre celle qui, prête à être suppliciée, se réconciliant avec lui dans la confession, viendrait à renier son crime, mais de la laisser brûler toute vive. Et il s'est trouvé des confesseurs assez sots pour vendre non seulement leur peine mais encore l'autorité ecclésiastique pour une petite récompense, et oser commettre une violence si indigne du nom chrétien pour complaire à ce méchant homme, allant même jusqu'à menacer les accusés de la damnation éternelle s'ils ne persistaient dans leurs premières dépositions et confessions faites sous la torture. O la belle procédure! Et quel compte aura à rendre le magistrat qui emploie de tels officiers! Certes, ces choses me font frémir, et pourtant cela s'appelle le cours de la justice, ce sont là les marques du zèle des magistrats, c'est ce qui leur mérite les louanges et les applaudissements de tout le monde.

Vous me direz que les magistrats ignorent tout cela et qu'ils doivent donc en être tenus pour excusés; s'ils le savaient, ils le puniraient sévèrement.

J'avoue qu'ils l'ignorent. Mais qu'ils en soient excusables pour cela, c'est ce que je nie bien fort. Ils pourraient, s'ils le voulaient, savoir cela aussi bien que d'autres choses semblables. Pourquoi donc l'ignorent-ils? Qu'ils aient pu le savoir, je le montre avec évidence.

Tout le monde crie, aussi bien les magistrats que les officiers, que le crime de sorcellerie est très occulte et qu'il se communique très occultement. Et pourtant les magistrats jusqu'à présent, ont tenu et tiennent encore ce crime si manifeste et facile à découvrir qu'ils s'imaginent mettre au jour et en évidence le nombre des accusés, non négligeable certes, que nous voyons chaque jour réduire en cendres. Ils connaissent et racontent la multitude et l'énormité des crimes commis dans les sabbats, ces assemblées si secrètes et si obscures. S'ils savent donc des choses si secrètes et si enveloppées de ténèbres, comment peuvent-ils ne pas savoir des choses qui se font à la vue et au su de tous ceux qui s'en veulent informer?

Ils ne pourront donc pas se défendre devant Dieu ni même devant les hommes, si couverts qu'ils soient du manteau d'une ignorance affectée. Je dis cela en passant et par occasion, mais cela mériterait d'être considéré et pourrait bien diminuer l'étonnement de ceux qui s'étonnent de voir en Allemagne un si grand nombre de sorcières. Que les autres juges cependant remarquent et imitent l'insigne stratagème de l'inquisiteur sus-mentionné, s'ils veulent s'exempter de l'embarras des rétractations dont il est maintenant question, car ainsi, ils retrancheront toute occasion de dispute pour savoir si elles doivent avoir lieu ou non.

Si les juges ont envie de savoir un autre stratagème du même inquisiteur, pour ôter de la fantaisie des hommes l'opinion de l'innocence de quelque misérable qui aurait été exécutée un peu légèrement, je le leur enseignerai volontiers. Quand ils donneront la question à quelque autre accusée, qu'ils conduisent adroitement les interrogatoires pour en venir à parler de celle qui est morte en se déclarant innocente, car ainsi, elle sera portée à accuser plutôt celle que vous présenterez à sa mémoire, quand ce ne serait que pour vous obliger et éviter des tourments. Les accusées ont d'ailleurs coutume d'accuser celles qui sont déjà exécutées pour rendre leurs accusations plus vraisemblables, comme je le dirai ci-après. Vous aurez ainsi ce que vous demandez et ne manquerez pas de publier partout combien la méchanceté de la première accusée est rendue de jour en jour plus claire et manifeste par les nouvelles accusations de ses semblables. Ajoutez qu'elle a eu de la chance d'avoir été punie sans plus de délai, puisque si l'on avait attendu, elle aurait mérité d'être brûlée toute vive.

Au reste, si les magistrats d'Allemagne prennent à coeur de connaître et punir les méchancetés et friponneries de leurs officiers, je leur veux suggérer ce remède-ci : qu'ils témoignent d'avoir pour agréable que quelqu'un fasse un ramas de tous les abus et friponneries qui se pratiquent en cette matière. Et je les assure qu'ils trouveront des gens qui leur feront voir et toucher du doigt les indignités qui se commettent sous l'apparence et le prétexte de la justice. Pour moi, je n'ai pas trouvé à propos de passer plus avant.

DOUTE 41

Que doit-on penser de ceux et celles qui sont trouvés morts dans la prison?

Je réponds que si une personne accusée de sorcellerie, qui n'aurait pas encore avoué le crime et n'aurait pas encore été légitimement convaincue, est retrouvée morte dans sa prison, on doit présumer qu'elle est morte d'une mort naturelle et honnête, si le contraire n'est pas établi par des signes certains et évidents. Cela est contraire à la pratique de nombre d'ignorants qui, dès qu'ils entendent qu'une des accusées a été trouvée morte dans sa prison, jugent aussitôt qu'elle a été suffoquée par le démon et ordonnent qu'elle soit tirée honteusement et envoyée sous le gibet comme je l'ai vu faire plus d'une fois. Cependant, ma réponse est très véridique, pour les raisons suivantes:

1 - C'est une règle commune parmi les théologiens et jurisconsultes, et tirée du véritable droit de nature, qu'une personne doit toujours être estimée de bien et d'honneur et présumée telle jusqu'à ce qu'on ait suffisamment prouvé sa méchanceté et son crime. *Tandiu quilibet praesumitur bonus donec sufficienter probetur esse malus*. Et pareillement, la mort doit toujours être présumée naturelle, tant que le contraire n'est pas établi.

2 - Selon le droit, quand quelque accusé est retrouvé mort en prison, la présomption ne doit point être au désavantage du mort, mais du geôlier, comme si cette mort était un indice du mauvais traitement qu'il aurait fait au prisonnier. Voyez Damhauderus *(prax. crimin. cap. 11)* et les lois qu'il cite.

3 - Il y a toujours en ce cas des raisons d'attribuer la mort à des causes naturelles et honnêtes comme :

-d'avoir été épuisée par la torture. (Cf.saint Augustin : "Et s'il n'est pas puni de mort, il meurt en général pendant les tortures ou après."*(lib. 19 de civit. cap. 9)*);

-de n'avoir pas supporté les entraves et les chaînes;

-d'avoir été affaiblie par la puanteur et l'horreur, de la prison;

-d'avoir été accablée et consommée de regrets et de tristesse qui, ayant le pouvoir, au dire de l'Ecriture Sainte, de dessécher les os de l'homme, peut bien dessécher ceux de la femme;

-d'avoir manqué de toute consolation, même des prêtres dont elle aurait pu espérer davantage, le confesseur se rendant souvent plus insupportable que le bourreau lui-même.

Quand donc une accusée est retrouvée morte en prison et que l'on ne trouve pas de signes suffisants du contraire, on doit présumer qu'elle est morte pour les raisons sus-alléguées. Si nous ne voulons avoir la sottise ou plutôt la malice de croire que tant de maux ne soient pas capables d'écraser un vase aussi fragile qu'est le corps d'une pauvre femme réduite en cet état, il faut que je raconte à ce propos ce qui m'arriva il y a environ deux ans dans le château d'un prince que je ne veux pas nommer. J'étais à table avec le gouverneur de la place qui était un de mes meilleurs amis. Il y avait aussi un médecin, très habile homme de sa profession, et fort entendu aux mathématiques, avec lequel, je ne sais à quelle occasion, j'étais tombé, en discourant, sur le propos des sorcières. Nous en dîmes plusieurs choses avec une grande conformité d'opinion. Cependant, comme le geôlier faisait la visite des prisons et que l'on portait à manger aux prisonniers, il en vint un homme en hâte, courant dire au gouverneur que l'un des prisonniers accusé de sorcellerie était mort en prison et avait été étranglé par le diable. Nous nous regardâmes, avec le médecin, lequel, hochant la tête, tout indigné, commença à dire : "O jugements des hommes, iniques et obtus! Ce pauvre misérable fut ces jours-ci cinglé de coups de fouet et tout désarticulé par la torture. Il demeura hier tout le jour gisant dans sa prison, entre la vie et la mort, accablé de tant de tourments et de misères. Qu'y a-t-il de plus vraisemblable et de plus conforme à la raison que de croire qu'il a succombé à tant de maux, conformément aux lois de nature? Personne pourtant ne le croira. Ils diront tous que le diable l'a suffoqué et croiront avoir proféré un oracle comme par la bouche d'Apollon. Chose étrange! Combien y en a-t-il qui sont morts ainsi en Allemagne, desquels personne ne s'avise d'attribuer la mort à la torture ou à la misère de la prison! Qui a jamais entendu alléguer cette raison-là de leur mort? Au contraire, le diable les a tous tirés de ce monde en leur tordant la cou. Et sur quel fondement? Qui a été présent? Qui l'a vu? Mais c'est le bourreau qui l'assure, c'est-à-dire celui qui craint d'être accusé d'avoir passé les limites de son devoir, un homme infâme et souvent cruel, qui parce qu'il est le seul à manier le cadavre est aussi le seul témoin. La créance des hommes dépend du seul témoignage d'un homme de cette étoffe. Si vous cherchez la vérité et voulez vous renseigner soigneusement, il vous oblige à en rester là et à vous contenter de sa déposition. Il y a de quoi s'étonner que personne n'ayant le moindre crédit en dehors du bourreau, seul son témoignage, en une affaire de si grande importance, soit accepté comme un décret de Jupiter." Voilà ce que dit le médecin. Comme cela m'avait beaucoup plu et que je désirais qu'il développe son raisonnement, je me retournai vers le gouverneur : "Je vous prie, dis-je, Monsieur, sachons un peu la vérité de cette affaire pour satisfaire notre curiosité. Envoyons quelqu'un d'ici qui nous rapporte fidèlement comment la chose se passe. Et puisque c'est le bourreau qui maniera le cadavre, que ceux que nous enverrons prennent la peine de l'accompagner, de le regarder curieusement et d'examiner le tout soigneusement, afin que rien ne nous échappe. Cela plut tellement au gouverneur qu'il voulut lui-même y être présent. Il s'en va donc avec quelques autres qui reviennent peu après : "Vraiment, dirent-ils tous, la chose est certaine, le Diable lui a tordu le cou; le cou est tout à fait rompu, pendant et sans aucune fermeté, en sorte que la tête ballotte de tous les côtés où l'on tourne le corps. Les autres membres sont fermes et intacts. Le bourreau nous l'a bien montré, sans aucun risque de tromperie. -Je l'ai vu moi-même, dit le gouverneur, de mes propres yeux; j'en suis témoin, si vous ne voulez vous fier au bourreau et aux autres qui l'ont aussi bien vu que moi." Ainsi, croyant avoir ôté tout sujet de doute, ils se remirent à table pour achever le dîner. Pour moi, je me retins un peu de temps, et, ayant bu une gorgée : "Peut-on, dis-je, Messieurs, parler en toute liberté, ici, entre les pots et les amis? - Oui-da, dit le Gouverneur. - Certes, dis-je, je crains fort que, si nous voulons partout raisonner comme nous venons de faire, nos parents mêmes que nous croyons être morts dans leur lit chrétiennement et avec honneur, n'aient été suffoqués par le démon et qu'il ne leur ait tordu semblablement le col. Est-il possible que vous ignoriez encore que tout corps mort, déjà refroidi, bien que raide et ferme en tous les autres membres, a le col tellement mou et flasque que la tête ballotte de tous les côtés où on la tourne? Vous n'en avez donc jamais manié? Vous n'en avez jamais vu manier, dépouiller, ensevelir pour ignorer une chose si facile à savoir? O la belle preuve qu'un cou tordu ou rompu! Si le bourreau et d'autres se servent à l'occasion de cette preuve (comme il y a apparence et comme je le sais fort bien) et que les bonnes gens présents la reçoivent pour bonne et valable, combien y en a-t-il, je vous prie, qui, dans le cours de quelques années, ont été dupés de cette façon?" Après quoi je sortis de table et quittai la compagnie. Je sus pourtant quelques jours après que ce corps avait été enterré sous la potence, sous l'effet du premier et ordinaire raisonnement. Que les juges et tous ceux qui sont concernés prennent donc garde de ne pas ainsi se laisser abuser par un bourreau, qu'ils n'aient pas l'illusion d'être bien informés de tout ce qui se passe, et qu'ils ne négligent pas le soin et la diligence que je recommande tant dans les procès de sorcellerie. Il y a beaucoup de chefs qui concourent ici à convaincre les juges de négligence devant le Souverain des magistrats.

1 - Ce mort n'avait point été légitimement convaincu du crime et ne l'avait pas encore confessé. Il n'était pas aussi suffisamment prouvé que l'accusé se fût suicidé, ou eût été suffoqué par le démon, d'où il s'ensuit, selon Del Rio *(lib. 6, sect, 19)* qu'on ne pouvait pas le priver, sans péché mortel, de la sépulture ecclésiastique. Et pourtant, il en fut privé.

2 - Et il en fut privé avec infamie et ignominie, puisqu'on le traîna sous le gibet où il fut enterré par la main du bourreau.

3 - De plus, par cet acte, il est déclaré condamné et convaincu, comme si l'on avait prononcé sa sentence, et comme si l'on eût craint que l'on ne doutât de son crime, on lui donne le bourreau pour l'enterrer et le gibet pour mausolée.

4 - On charge toute sa famille et ses descendants de la même infamie, ce qui est d'autant plus à considérer que cette famille est plus honnête.

Ces chefs d'accusation sont chacun très considérables, ils portent obligation de restitution, non seulement au tribunal de la conscience, mais encore de droit et au tribunal extérieur. Il est difficile de concevoir en quels embarras s'engagent ceux qui, sur des indices si légers et des raisons si frivoles, procèdent hardiment et avec toute confiance, comme s'ils savaient leur leçon par coeur. Et ils ne peuvent prétexter l'ignorance puisque le devoir de leur charge les obligeait à s'en préserver.

DOUTE 42

Quand peut-on juger en saine conscience que l'accusé trouvé mort dans la prison s'est suicidé ou a été suffoqué par le diable?

Je réponds qu'on le peut juger par ces signes :

1 - Si on le trouve la corde au cou.

2 - Si le cou est suffisamment tordu pour que le visage soit entièrement retourné en arrière. Car il ne suffit pas qu'il soit tourné d'un côté vers l'épaule.

3 - Si l'on reconnaît des marques et lividités à la gorge qui n'y étaient pas le jour précédent (il sera nécessaire pour cela de l'avis du médecin).

4 - Si, ce qui ne se peut sans grande force extérieure, la première vertèbre du cou a été poussée hors de sa place, en sorte qu'elle paraisse au dehors.

Alors on pourra sans témérité juger que ce prisonnier aura été étranglé et il pourra être traîné sous le gibet, à moins, comme je l'ai remarqué ci-dessus, que le geôlier ne soit soupçonné de quelque violence à son endroit. Mais si ces signes et autres semblables ne se rencontrent point, il faudra, comme je l'ai dit, présumer en faveur du mort. Il est sans doute possible que le diable suffoque une personne sans qu'il en apparaisse aucune marque. Nous ne devons pourtant pas juger que la chose soit véritable si nous n'en apercevons les marques. Et pour ce, je souhaiterais fort que les supérieurs des ordres religieux envoyassent des confesseurs un peu mieux instruits, ou qu'ils fermassent la bouche aux ignorants qu'ils emploient pour empêcher que, sur des preuves semblables à celle dont nous venons de parler, quand ils savent qu'une accusée est morte en prison, ils ne crient aussitôt et ne fassent courir le bruit parmi la populace que le diable lui a tordu le cou. Certes, l'autre jour, comme l'une de ces misérables, horriblement maltraitée par les tourments, et sur le point d'être remise à la torture, tomba morte entre les mains des exécuteurs de la justice, et que l'on eût pris garde que la tête tombait penchante sur l'épaule, un religieux, confesseur des accusés, s'écria le premier de tous que le diable lui avait tordu le cou, assurant qu'il lui avait vu le cou tout rompu. Ce que chacun crut, d'autant plus fermement et indubitablement que l'on croit invraisemblable qu'un religieux voulût juger si témérairement en une affaire si grave et voulût être l'auteur d'un tel mensonge. Si maintenant on demandait raison aux juges de ceux qui ont été traînés au gibet, sous prétexte qu'ils auraient été étranglés par le démon, et qu'on leur demande sur quels signes ils se sont fondés pour énoncer ce jugement et diffamer ainsi toute une famille, vous les verriez aussi étonnés que ceux que l'on interrogerait sur une chose à quoi ils n'ont jamais réfléchi.

DOUTE 43

Les marques des sorcières donnent -elles un indice suffisant pour la torture et pour la condamnation?

Afin que le lecteur me comprenne, voici comment se passent les choses. On dit que certains endroits sur le corps des sorcières sont privés de sensations et de sang, si bien que si vous y fichez une aiguille profondément, elle ne causera aucune douleur et ne fera pas sortir une goutte de sang. Ils ajoutent que ces endroits-là sont marqués comme d'une tache que, pour cette raison, ils appellent la "marque du diable", dont celui-ci aurait coutume de marquer ceux et celles qui lui sont dévoués (mais non pas toutes, comme ils l'avouent) comme un berger marquerait ses brebis et moutons. Voyez Binsfeld *(pag. 626),* Remy *(Demonolatrie. lib. 1, cap. 5)* Del Rio *(lib. 2, q. 4, §21).* Ils ont coutume de faire déshabiller toutes les accusées par le bourreau et de faire rechercher ces marques dans des endroits du corps qui intéressent particulièrement ceux que l'on emploie à cette besogne. Il y a des juges qui s'opiniâtrent tellement là-dessus que si vous tentez de combattre l'idée qu'ils se font de ces marques et d'en examiner la vérité, ils en sont grandement indignés. Il m'arriva l'autre jour de me rencontrer présent à une discussion entre un prêtre, homme savant, et un juge sur cette même matière des marques prestigieuses. Le juge en disait merveilles, mais le prêtre n'y pouvait croire, ajoutant qu'il s'étonnait que les juges fassent entière confiance au bourreau ou à celui qui visitait ces misérables. Cette objection, qui ne me semblait pas déraisonnable, mit le juge dans une telle colère qu'il rompit la conversation et s'en alla, non sans accuser le prêtre. Pour moi, je me mis à rire et l'ayant rappelé et radouci de paroles, la tempête s'étant un peu apaisée, je lui dis doucement : "Je vais vous proposer un argument dont je ne sais si vous en viendrez à bout. Si vous vous laissez, poursuivis-je, tellement emporter par la colère et si hors de raison contre les prêtres sur qui vous n'avez aucune juridiction, combien ai-je raison de craindre que vos façons d'agir à l'égard des pauvres gens qui gémissent sous vos fers et à la merci de vos passions, ne soient bien étranges et déraisonnables." Comment est-il possible que des gens qui s'emportent si facilement soient capables de la patience nécessaire pour pénétrer l'obscurité des procès des sorcières. Et comment des gens, qui quand on vient à parler des accusés, s'irritent dès qu'on fait la moindre mention d'innocence, pourront avoir le souci des innocents que la raison requiert d'un véritable juge? Réponde qui pourra.

Mais retournons à nos marques. Pour moi, je n'en ai jamais vu et n'y ajouterai jamais de foi que je n'en aie vu. Je vois bien et découvre tous les jours une infinité de fourberies et tromperies que l'on pratique, à la honte de la sotte ou lâche crédulité, quelquefois des plus habiles, qui pour être trop élevés pour prendre garde à ces petites particularités, prennent souvent pour argent comptant des fables qu'ils mettent ensuite dans leurs ouvrages et débitent à tout le monde, fortifiées de leur autorité. Cependant, puisque je ne les crois ni ne les nie, j'en dirai mon sentiment, attendant que de plus doctes plus habiles en éclaircissent mieux la vérité. Je réponds donc au doute proposé :

1 - Que c'est en vain que l'on demande si les marques prestigieuses sont des indices suffisants pour en venir à la torture; puisque pour en venir au point de dépouiller, raser et visiter une accusée, je tiens qu'il faut avoir des preuves presque entières tout au moins. Car, puisqu'il n'est pas permis d'en venir à la torture sans preuves presque entières, il en faudra pareillement de semblables pour faire dépouiller une femme toute nue devant des hommes souvent infâmes ou libertins, et l'exposer à une visite honteuse qui, à quelques-unes, est moins tolérable que la torture.

2 - Avant d'ajouter entière foi aux marques et procéder en vertu de cet indice, voici ce que les juges doivent examiner avec grand soin s'ils ne veulent avoir la conscience chargée, et à quoi pourtant ils semblent ne pas seulement penser :

- Qu'ils ne se fient point au bourreau ou autre visiteur intéressé, et peut-être lui-même sorcier.

- Qu'ils ne tiennent pas aussitôt pour marque prestigieuse ce qui pourrait être tache, cicatrice, pustule et autre chose naturelle, comme chair spongieuse, de sensibilité plus faible et plus obtuse.

- Que la visite ne se fasse point, l'accusée étant dans un grand trouble ou une grande appréhension de la torture qui fait retirer le sang au dedans et mortifie les parties extérieures.

- Que l'on ne néglige pas l'avis des médecins.

- Que quelqu'un soit présent pour prendre garde aux tours de main du visiteur pour que toute fraude puisse être décelée.

- Que l'on prenne garde que le visiteur ne mortifie la partie en la maniant auparavant. Qu'il ne fasse mine de piquer, ne faisant en effet qu'effleurer, comme l'a fait l'autre jour un fourbe qui criait pourtant qu'il avait trouvé une marque insensible. Je ne m'étonne pas si le sang n'en coulait pas et qu'il ne causât point de douleur.

- Qu'il ne se serve point d'aiguilles trompeuses, magiques ou fabriquées en sorte que, quand on le veut elles entrent et blessent, quand on ne le veut pas, elles semblent entrer dans la chair, bien qu'elles n'entrent qu'en elles-mêmes, comme les couteaux des joueurs de passe-passe.

- Qu'il ne se serve d'aucun enchantement pour arrêter le sang et ôter le sentiment à la partie, comme j'entends que quelques-uns savent le faire, si bien qu'un bourreau a été découvert et exécuté pour avoir avoué s'en être servi en cas semblable, ce qui doit nous ouvrir les yeux.

- Que les juges tiennent pour ferme et indubitable qu'il n'est point contraire à la raison ni à l'expérience que, par la permission de Dieu ou la malice du diable ou des sorcières, on trouve de telles marques sur le corps des innocents, particulièrement de ceux qui ne seraient pas en grâce de Dieu.

- Il ne faut donc pas ainsi raisonner : "Si Dieu permettait cela, il s'ensuivrait un grand inconvénient qui est que les innocents seraient tenus et punis comme coupables". Car je nie qu'ils seraient tenus pour tels par des gens de savoir et d'expérience. Et c'est mal argumenter de dire que les innocents seraient tenus et punis pour coupables si Dieu permettait que ces marques puissent leur être imprimées, parce que c'est supposer ce qui est en question, à savoir que ceux qui sont marqués sont infailliblement coupables. Il y a un cercle vicieux dans ce raisonnement. Car, quand on demande pourquoi les marqués seront tenus et punis comme coupables, vous répondez : parce que Dieu ne permettra pas que les innocents soient marqués. Et si l'on vous demande pourquoi il ne le permettra pas, vous répondez : parce que les innocents seraient punis comme coupables. Je montrerai cela au doute 48, argument 6.

(Mais gardons-nous de dissimuler un bel argument favorable à la partie adverse, tenu par les juges à propos des taches prestigieuses : "Il est reconnu partout pour certain que le démon a l'habitude de marquer ainsi les siens. Nous t'arrêtons donc parce que tu es marqué ainsi. Nous présumons que cela a été fait par le démon jusqu'à ce que tu prouves le contraire et que tu dises d'où tu tiens ces signes. Si tu dis qu'il a été permis au démon ou à une sorcière de t'imprimer, à toi innocent, ces marques, il faudra le prouver."!)[37]

3 - Je réponds enfin que quoi qu'il en soit, un juge ne doit point condamner en vertu de ces marques, jusqu'à ce que la chose soit mieux éclaircie par les savants et que l'autorité publique en établisse quelque chose de certain. Cela soit dit en passant et sauf meilleur avis. Ces jours passés, un certain docteur de Cologne [38] écrivit sur cette matière des choses qui ne revenaient aucunement à ma raison, et j'avais l'intention de critiquer son raisonnement. Mais, ayant appris que cela aurait déjà été fait par P. Jordaneus[39] *(in approbatione stigmatica)* je n'en dirai pas davantage. Je répète seulement que la fraude est fréquente. Que les curieux et ingénieux s'y appliquent de près et ouvrent les yeux et ils la découvriront. Certes, le diable serait un grand sot de marquer son troupeau pour donner prise sur ses ouailles et les faire massacrer, comme s'il n'avait autre moyen de les connaître. Enfin Del Rio *(lib. 5, sect. 4, indic. 8)* et Binsfeld *(pag. 626)* que les juges font mine de tant estimer et suivre, ne font pas grand cas (1632 : rejettent les) des marques prestigieuses.

[37] - Parenthèse absente de l'édition de 1632 et donc de la traduction de 1660.

[38] - Il s'agit du professeur Peter Ostermann, auteur d'un *Commentarius juridicus ad L. Stigmata C. de Fabricensibus*. Köln, 1629

[39] - Joannes Jordanaeus, auteur d'une *Disputatio brevis et categorica de proba stigmatica utrum scilicet ea licita sit, necne. In qua pars negativa propugnatur*. Köln, 1630.

DOUTE 44

Faut-il faire grand état des accusations des complices en matière de sorcellerie?

Cette question est traitée expressément et solennellement par Binsfeld *(In libel. de confess. Malefic. p. 238 et seqq.)* et par Tanner *(Theol.. Tom. 2, disput. 4, de just. q. 5, dub. 2)*. Quant à moi qui suis l'opinion de Tanner, je tâcherai, suivant ma méthode ordinaire, d'éclaircir brièvement toutes les difficultés de ce doute et de dissoudre les raisons contraires alléguées par Binsfeld.

Je réponds donc : les dénonciations des complices sont tenues pour des indices très importants et de grand poids selon la pratique d'aujourd'hui, en sorte que, pour l'ordinaire, trois ou quatre dénonciations sont réputées suffisantes (selon quelques-uns entre lesquels Del Rio et Binsfeld) pour saisir et mettre à la torture, même des personnes de bonne réputation quant au reste. Pourtant, je soutiens que, quand bien même il y en aurait plusieurs, elles sont à rejeter comme fort trompeuses et suspectes de fausseté selon les règles de la prudence et de la raison naturelle. Je nie qu'elles soient suffisantes à faire saisir et mettre à la torture une personne de bonne ou mauvaise réputation, si elles ne sont fortifiées d'autres indices plus violents et de plus grand poids. Voici les raisons que j'ai :

1 - Mon opinion est fondée sur l'autorité de plusieurs et des meilleurs auteurs, puisque tel est le sentiment (au moins pour ce qui regarde les personnes de bonne réputation que l'on accuse) de Ancharanus, Alexandre, Andreas de Isernia, Bartolus, Bertazzolus, Bursatus, Cornelius, Cravetta, Felinus, Gomez, Grammaticus, Marsilius, Menochius, Paris, Raphaël Cumanus, Rolandus à Valle, Socinus Junior, Vincentius Ondedus et autres parlant des crimes exceptés, comme vous pourrez voir plus amplement dans Tanner qui les cite *(l. c. n. 31 et seqq)* et conclut pour cette raison que ce n'est point une opinion nouvelle, mais plutôt ancienne et commune.

2 - Dans la *Constitution caroline*, qui se doit observer dans tout l'Empire, parlant des indices du crime de sorcellerie, on ne trouve aucune mention d'une ou plusieurs dénonciations de complices, ce qui n'aurait point été oublié si cet auguste Empereur eût jugé que l'on peut faire état de tels indices pour mettre les accusés à la torture.

3 - Si la contraire opinion est reçue, il sera au pouvoir des infâmes et méchants de perdre les gens de bien de réputation et leur ôter l'honneur qui leur est plus précieux que la vie. Ce qui est absurde et dangereux pour les innocents, comme il apparaîtra plus clairement dans la suite de ce discours.

4 - Ou bien celles qui dénoncent sont véritablement sorcières, ou bien elles ne le sont pas. Si elles ne le sont pas, que peuvent-elles savoir des complices qu'elles n'ont pas et des sorcières qu'elles ne sauraient connaître? Elles mentent donc et se chargent elles-mêmes et les autres pour se délivrer des misères et tourments qu'elles ressentent et appréhendent, et en ce cas, telles dénonciations n'ont aucun poids ni valeur. Si elles sont coupables et véritablement sorcières, on ne doit pas non plus faire état de leurs accusations puisqu'elles sont ou doivent être présumées menteuses de nature, ou au moins d'habitude, puisqu'elles ont été instruites par le père du mensonge. Donc, leurs dénonciations n'ayant aucune vérité présomptive, la preuve qui se fonde sur la vérité présomptive du témoignage est sans nulle valeur. Les auteurs du *Malleus*, très sévères par ailleurs, le reconnaissent *(pag. 512).* Car après avoir dit que l'on pouvait garder les maîtresses sorcières, ou pour secourir les victimes de maléfices, ou pour découvrir leurs complices, ils ajoutent : "*Cependant, on ne tiendra pas compte de leurs dénonciations car le diable est menteur, à moins que des témoins n'apportent d'autres indices*".

5 - On n'ajoute point de foi aux dénonciations et témoignages des témoins infâmes selon la commune doctrine de tous les docteurs. Or, les sorciers et sorcières sont très infâmes, pour cela seulement qu'ils sont sorciers, donc, etc.

Vous me direz, avec Binsfeld *(de confess. malef. pag. 264 et 266)* et Del Rio *(lib. 5, sect. 3)* que l'infamie se purge par la torture selon la commune opinion des jurisconsultes qui, pour ce, ordonnent que l'on ne croie pas aux complices s'ils ne ratifient leurs dépositions à la torture. Si donc la dénonciation se fait sous la torture, en vain prétendons-nous la seule cause d'infamie pour l'invalider.

Pour que le lecteur entende bien ceci, il doit savoir que le témoignage d'une personne infâme doit être rejeté et qu'un accusé avouant son crime, parce qu'il se charge d'infamie ne doit point être cru dans l'accusation de ses complices. Dans la pratique d'aujourd'hui les juges, pour faire néanmoins valoir ces accusations, ordonnent une torture particulière pour découvrir les complices, et bien que le dénonciateur soit tout prêt, sans torture, à les déclarer. Ils prétendent alors les avoir purgés, lavés et nettoyés, par le moyen des tourments, de toute l'infamie qui empêchait auparavant la validité du témoignage. Mais je n'ai pu trouver cette sorte de purification d'infamie dans la *Constitution caroline*. Et de plus, j'ai peine à concevoir comment la torture peut laver et détruire l'infamie, puisque ce qui rend l'accusé infâme n'est point détruit par la torture qui, par conséquent, ne peut détruire l'infamie. Par exemple, si Gaïa est infâme parce qu'elle est sorcière et reconnue pour telle, cesse-t-elle d'être sorcière et reconnue pour telle parce qu'elle a été torturée? Je pense que vous m'avouerez que non. Elle ne cesse donc pas d'être infâme, puisque la cause persistant, l'effet formel ne peut être anéanti. Vraiment, ce serait là une précieuse et merveilleuse purification, et l'invention est belle d'ôter l'infamie à qui l'on voudra en le faisant mettre à la torture. En sorte que je ne vois pas comment cet axiome des jurisconsultes peut subsister si on ne m'en fait entendre des raisons moins choquantes pour la lumière naturelle que l'est cette pratique. Certes, Simanchas avoue que les auteurs de cette opinion parlent sans aucun fondement de droit ou de raison. Si vous me dites que l'on ne croit pas aux infâmes, parce qu'il y a raison de craindre qu'ils ne mentent, vous ordonnez donc la torture de peur qu'ils ne mentent, c'est-à-dire que puisque la torture fait en sorte qu'ils ne mentent pas, l'on peut dire qu'elle ôte l'infamie, puisqu'elle fait en sorte que, malgré l'infamie, on peut ajouter foi à leur témoignage. Voilà qui est bien. Mais vous ne m'ôtez de difficulté et de doute. Car bien que vous ordonniez la torture pour tirer la vérité de la bouche de l'accusé, vous ne me montrez point comment cela vous réussit, si ce n'est que vous appelez véritables toutes les accusations que vous exprimez par ce moyen et toutes dénonciations tendant à charge. Ne peut-il pas mentir après la torture et, en ce cas, comment le reprendrez-vous et lui montrerez-vous qu'il aura menti? Au contraire, si vous voulez qu'on lui ajoute foi après la torture, il serait bien fou si, n'usant pas de l'occasion, il aimait mieux ruiner ses affaires que celles d'autrui, sachant qu'il peut aussi bien vous satisfaire en accusant des innocents que des coupables, sachant qu'il sera cru, quand ce ne serait que par l'instruction de son rusé maître.

Vous me direz encore avec Binsfeld *(pag. 306)* qu'il est de droit positif que les témoins infâmes soient reçus, comme l'attestent Philippus Corneus, Philippus Francus, Petrus de Ancharano, Andreas Barbatius et que la raison le demande, de peur, dit-il, que la vérité ne demeure cachée au grand dommage de plusieurs. Le droit a ordonné que les témoins infâmes soient admis pour la preuve des crimes exceptés, etc.

Toutefois, je réponds en niant ce qu'il présuppose c'est-à-dire que cela soit conforme à la raison, puisque je trouve tout le contraire, et je ne reçois les auteurs qu'il cite qu'en tant qu'ils sont conformes à cette raison dont Binsfeld prétend qu'ils sont appuyés. Je dis donc qu'il est de droit naturel, et non seulement du positif, que les témoins infâmes soient rejetés. Mais pour mieux entendre l'affaire, il y a des infâmes de deux espèces : les infâmes de moeurs et de vie, par exemple les criminels, et c'est de ces infâmes là qu'il faut entendre les auteurs quand ils disent qu'il est de droit positif que les témoins infâmes soient rejetés; les autres sont les infâmes d'autorité qui sont suspects de mensonge pour avoir déjà été convaincus de fausseté et parjures, etc. Ceux de la première espèce, bien qu'ils soient rejetés par le droit positif, peuvent toutefois être reçus en témoignage selon la pratique, quand on le trouve à propos, comme dans les crimes exceptés et de difficile preuve, puisqu'il n'est pas impossible qu'un méchant homme dise la vérité. Pour ceux du second rang, ils sont et doivent être entièrement rejetés, même dans les crimes exceptés et occultes, puisqu'ils sont rejetés non seulement par le droit positif, mais encore par le naturel. Car, sans avoir égard au droit positif, l'autorité de telles gens ne laisse pas de chanceler et d'être de nulle valeur ou au moins de paraître telle (ce qui, quant à l'effet, est exactement la même chose) en sorte que le témoignage que l'on penserait fonder sur une autorité de nulle valeur doit être nécessairement nul et sans effet, principalement en une affaire de grande importance où il s'agit de la vie et de l'honneur des hommes. La lumière naturelle l'enseigne donc ainsi, et non seulement le droit positif. Et certes, il est entièrement répugnant à la nature de la chose qu'une personne soit présumée dire vrai qui a fait une étude toute particulière dans l'école du mensonge sous le professeur et père du mensonge et ennemi de toute vérité. De façon que les sorcières étant entachées de cette sorte d'infamie, qui est toujours accompagnée d'une présomptive menterie, il n'y a aucune sorte de gens moins recevable en matière de témoignage propre à découvrir la vérité que celle-ci, puisqu'étant chargées et entachées des deux sortes d'infamie, il ne reste aucune raison de les admettre à donner témoignage de la vérité. Et je m'étonne que Binsfeld n'ait pas pris garde à ceci. (1632 : Si un personnage d'ailleurs de si grand mérite, s'est laissé gagner et emporter au torrent de l'opinion commune et de la pratique, que devons-nous attendre de nos inquisiteurs.)

6 - Le droit positif rejette le témoignage des personnes pauvres, viles et abjectes, et même le droit canon dans les causes criminelles et entre femmes à cause de la fragilité du sexe et de sa légèreté d'esprit. *(Cap. forum 10, sub finem, de verb. signif. & cap. 16, Mulieri. 33. q. 5.)* De plus, tout droit positif et naturel rejette le témoignage des fous, des extravagants et de ceux qui sont hors de leur bon sens. Mais cela on l'accepte chez les sorcières bien qu'elles soient ordinairement viles, ignorantes, changeantes et souvent à moitié folles. Il n'est donc pas prudent de leur faire confiance, surtout pour soumettre quelqu'un à la torture qui exige des preuves claires et presque entières, comme je l'ai montré ci-dessus pour les crimes exceptés.

7 - Tous les jurisconsultes et théologiens enseignent conformément au droit naturel que l'on ne doit avoir aucun égard, même en cas de crime aussi excepté qu'il vous plaira, au témoignage des ennemis capitaux. Car on présume qu'étant ennemis, ils sont toujours portés à nuire à ceux à qui ils veulent du mal, particulièrement quand ils le peuvent faire aussi facilement qu'en lâchant une parole. Je ne cite point d'auteurs pour ne pas perdre de temps en une affaire si claire. Or, on ne peut nier que celles qui sont véritablement sorcières ne soient capitales ennemies de tout le genre humain, principalement des innocents et qu'elles cherchent à leur nuire si elles en ont la possibilité. Ce n'est donc pas sans raisons que nous rejetons leur témoignage. Tanner déduit élégamment cette raison en ces termes : *"Si cette haine de l'accusateur à l'égard de la victime, prouvée juridiquement ou seulement présumée, affaiblit et annule témoignages, dénonciations et indices, pourquoi la même haine présumée que sont censées entretenir les sorcières contre quiconque et de laquelle elles semblent avoir reçu leur nom chez les Germains (enholden),*[40] *n'affaiblit-elle pas aussi les éléments à charge et est-elle considérée comme parfaitement valable lorsqu'il s'agit d'une dénonciation visant à faire torturer l'accusée?"* De façon que je ne vois point sur quoi peut se fonder Binsfeld ou ce qu'il prétend, puisque lui-même enseigne clairement en quelque endroit que le

---

[40] -*Enholden*, forme ancienne de *unhold*, désignait en germanique le diable et les sorcières et signifiait, étymologiquement, esprit hostile, malveillant.

témoignage d'un ennemi capital ne doit aucunement être reçu, même dans les crimes exceptés, faisant valoir l'opinion d'Ancharanus, Francus et Barbatius, que le Pape même ne peut pas dispenser le juge de rejeter le témoignage d'un ennemi capital, puisqu'il est rejeté par le droit de nature. Et qu'en un autre endroit, non seulement il accorde mais prouve que les sorcières sont ennemies capitales du genre humain. Néanmoins, il soutient ensuite que leur témoignage doit être reconnu, avec la vigueur qu'il mettrait à se battre pour la patrie. Accorde ces flûtes-là qui pourra.

8 - Selon l'opinion commune, si celui qui accuse ses complices a plusieurs défauts, par exemple, si non seulement il est infâme, mais encore vil, abject, parjure, joueur de dés etc., alors son témoignage ne peut être reçu, même en cas de crime excepté, et ne peut servir d'indice ni pour la torture ni pour la saisie, ni même pour une spéciale inquisition. Et non sans raison, car si pour l'un de ces défauts le témoignage n'est point recevable, à combien plus forte raison le doit-on rejeter quand il y en a plusieurs ensemble. Or, qui ne sait que plusieurs sortes de crimes se trouvent associées chez les véritables sorciers, comme le parjure et l'infidélité à Dieu, l'abjection, le concubinage avec le démon, l'homicide volontaire, l'hérésie, l'idolâtrie, l'hypocrisie et tous les crimes qu'il est possible d'imaginer.

Vous me direz que l'on peut remédier à cet inconvénient par autant de tortures qu'il y a de crimes, car, comme l'on purge l'infamie par une torture, l'on pourra purger tous les crimes par autant de tortures ou une d'autant plus rigoureuse, comme l'on dit que Del Rio enseigne *(in append. 2, lib. 5, q. 17).* Je ne l'ai pas pour m'en pouvoir assurer.

Je réponds à cela que j'ai peine à concevoir comment on peut avoir à coeur de consentir à une telle boucherie et multiplication de tourments, ni quel fruit on en peut espérer. Et puis nous avons déjà montré ci-devant que la prétendue purification par la torture est toute imaginaire et n'a d'autre fondement que la volonté de valider le témoignage des sorcières, qui, de soi, est de nulle valeur. Car si elles veulent perdre les innocents pour couvrir les coupables, pourquoi ne le feront-elles aussi bien après qu'avant la torture, puisqu'elles savent bien que, pourvu qu'elles accusent des complices, elles seront crues, puisqu'on ne demande que cela d'elles, qu'elles soient innocentes ou coupables, et que les juges n'ont pas de moyen plus assuré de connaître les coupables (après l'aveu et la confession personnelle de l'accusée) que cette accusation des complices. Et même, si avant la torture elles étaient présumées vouloir et pouvoir mentir au préjudice des innocents, à plus forte raison doit-on présumer d'elles la même chose après la torture, sachant qu'alors elles seront crues pourvu qu'elles accusent quelqu'un. Quel est notre aveuglement pour que nous ne voyions pas cela?

Vous me direz que quand on parle de rejeter le témoignage de ceux qui ont plusieurs défauts, on entend parler des défauts de ceux qui n'ont pas coutume de se rencontrer ensemble, et que si plusieurs défauts ont coutume de se rencontrer assemblés en un même accusé, ils ne doivent point invalider le témoignage.

C'est là une distinction et explication qu'apporte le professeur de Rintheln, D. Goëhausius, dans un livre qu'il publia ces jours-ci[41] et qui a pour titre *Processus juridicus contra sagas (pag. 99 et 100.)*. Il dit qu'elle est des docteurs de Fribourg. Il en conclut que les témoignages des sorciers ne sont point à rejeter, bien qu'accompagnés de plusieurs défauts, parce qu'ils sont tels qu'ils se rencontrent ordinairement dans le crime de sorcellerie.

A cela je réponds que, quel que soit l'auteur de cette distinction, elle est entièrement ridicule.

a) Elle manque de raison; ou bien, qu'on me la montre pour que j'acquiesce.

b) Pourquoi le témoignage d'une personne d'autorité diffamée, d'un ennemi, d'un folâtre, d'un fripon, etc. doit-il être rejeté? La cause est particulière à chacun de ces défauts, ou par la disposition du droit ou par la nature de la chose. Or, je demande si ces causes s'évanouissent et s'anéantissent, lorsque ces défauts se trouvent conjoints. Je voudrais bien que l'on me le fît concevoir. Et si elles ne s'anéantissent point, certes, cette distinction doit passer pour inepte et fantastique.

c) De plus, chacun a en exécration l'idolâtrie, l'hérésie, le vol, la sodomie etc., et celui qui serait coupable de l'un de ces crimes est abominable. A beaucoup plus forte raison à mon avis doit être celui en qui se rencontrent tous ces crimes ensemble. Pourquoi voulez-vous donc que les sorcières soient privilégiées en cas semblable? Pourquoi ne seront -elles pas d'autant plus abhorrées et rejetées à proportion des crimes qui s'unissent en elles et qui les rendent d'autant plus exécrables et abominables.

d) Voici un autre exemple : Les lois ordonnent que celui qui a commis un vol soit banni, de même de celui qui a commis sodomie, hérésie, etc. D'où il s'ensuit (comme vous ne pouvez le nier) que

---

[41] - Le livre de Goëhausius a paru en 1630, au moment où Spee terminait la *Cautio*.

celui qui aurait commis tous ces crimes devrait à plus forte raison être banni. Pourquoi voulez-vous donc qu'une sorcière soit exceptée et excusée de la punition, des désavantages et pertes de droit dont on a coutume de châtier et corriger tous ces crimes, et qu'au contraire elle jouisse des prérogatives des gens de bien parce que, dites-vous, elle a commis tous ces crimes, ou qu'ils ont coutume de se rencontrer avec la sorcellerie. J'ai ouï dire qu'un crime, commis une fois par accident, sans habitude formée, était plus pardonnable que le même crime rendu habituel et ordinaire, et vous voulez pourtant que les crimes des sorciers, pour leur être ordinaires, méritent excuses. Que d'absurdités!

Voire, me direz-vous, la distinction sus-mentionnée entre les crimes ordinairement conjoints et ceux qui ne sont pas ordinairement conjoints, doit avoir lieu pour la raison que donne le professeur D. Goëhausius ci-devant cité, et dont voici les paroles : "*Il faut admettre cette distinction parce que les crimes de sorcellerie qui, cela va de soi, sont toujours conjoints, se présentent toujours ensemble; et donc, s'il était nécessaire que les témoins criminels ou complices de crimes, pour d'autres crimes ou pour ces crimes mêmes, ne soient pas coupables de crimes conjoints, aucun témoin ne conviendrait; et ainsi la loi admettrait que les accusateurs et les personnes viles soient vainement entendus en tant que témoins dans les crimes exceptés; et ce serait en vain qu'on les interrogerait sur leurs complices dans les crimes de sorcellerie.*" Voilà ce qu'il dit.

Mais je réponds que telle raison est entièrement ridicule. Car elle revient à dire ceci : la distinction que je donne doit être reçue, car si elle ne l'était pas, j'aurais tort de l'introduire; et ce que dit mon adversaire (qu'il ne faut aucunement ajouter foi aux sorciers) serait véritable. O le beau raisonnement! Il revient aussi à la réponse ordinaire de tous les criminalistes qui ne savent dire autre chose sinon : s'ils ne faisaient comme ils font, ils ne pourraient procéder. Sur quoi, voyez le Doute 21. Au reste, je me souviendrai ci-après, au Doute 49, argum. 1 et 3, de la loi dont il parle.

Cependant, jusqu'à présent, il est clair et constant que tout ce qui, de droit naturel et positif, peut rendre un témoin non recevable en sa déposition se rencontrant même ordinairement dans les sorciers, il s'ensuit nécessairement que leur témoignage ne doit point être reçu et doit être ordinairement et toujours rejeté. Et pourtant que non seulement pour néant, mais encore très pernicieusement, ces femmes viles, demi-folles, infâmes, menteuses et abondamment pourvues en ennemis, sont interrogées sur leurs complices.

9 - Si l'on continue autant à se fier aux dénonciations de complices qu'on le fait aujourd'hui, l'ennemi du genre humain aura beau champ pour faire un grand carnage d'innocents. Car il pourra, par le moyen de ses satellites, accabler d'accusations tous ceux et celles qu'il lui plaira, les faire saisir et mettre à l'épreuve des tourments que la plupart ne pourront pas supporter, et, même s'ils y résistaient, les faire condamner comme obstinés quand il lui plaira. Qui l'en empêchera? Toutes les prisons d'Allemagne sont pleines de détenues. Supposons qu'elles soient toutes véritablement sorcières : elles seront aussitôt mises à la torture pour découvrir les complices. Leur maître sait que celles qu'elles auront accusées seront réduites au même état qu'elles. Pourquoi ne fera-t-il donc pas en sorte qu'elles nomment celles qu'il voudra faire périr? Aurait-il pu lui-même inventer un moyen plus commode de nuire au genre humain et détruire la nation allemande? Je ne puis m'empêcher de rire de la simplicité de nombreux juges d'aujourd'hui qui, ayant à instruire le prêtre destiné à assister les sorcières et les voulant former à leur génie, l'avertissent d'abord de la grande malignité des accusées et leur rappellent de temps en temps combien elles ont d'inventions toutes prêtes pour tromper et de ruses pour faire valoir leurs mensonges, comme elles sont adroites et éloquentes pour maintenir leurs faussetés. Qu'il prenne garde de ne s'y pas laisser surprendre et d'être trompé par une apparente sainteté et piété contrefaite! Que c'est peu aux esclaves du démon de profaner un grand sacrement par un mensonge, que leur maître est un très méchant et rusé professeur et docteur de toutes fourberies et capable d'en faire accroire aux plus prudents et avisés, et choses semblables. Ce qui aboutit à ôter aux confesseurs toute créance à ce qu'elles lui pourraient représenter qui pût servir à découvrir l'innocence de quelqu'un ou à disculper qui que ce soit. Jusque là, dis-je, elles sont menteuses, parjures, sacrilèges, trompeuses, enfin gens à qui l'on ne doit ajouter aucune foi. Mais est-on venu au point de découvrir les complices, d'accuser et charger quelqu'un? Alors elles ont dépouillé toute cette mauvaise nature et, oubliant toute leur malice et quittant toutes leurs ruses et artifices, de fourbes et menteuses, elles deviennent aussitôt toutes candides et sincères, elles n'accusent que des coupables et ne font jamais mention des innocentes. Certes, voilà qui est agréable. Il ne faut plus craindre aucune fraude. Il n'y a point ici de danger : elles ne peuvent plus mentir. L'Ethiopien a

changé de peau![42] Continuez, Messieurs les inquisiteurs, saisissez les accusées; il n'y a point de doute qu'elles ne soient coupables! Mettez-les à la torture et les tourmentez jusqu'à ce qu'elles confessent. Si elles tiennent bon sans avouer, brûlez-les hardiment toutes vives, et comme obstinées, car elles sont coupables. Le démon l'a dit et l'a dit dans les tourments. O Allemagne, que fais-tu? Les juges craignent que les successeurs des apôtres qui doivent un jour juger les Anges ne soient trompés par les sorcières. Et eux ne craignent aucunement d'être trompés! Elles mentent, disent-ils, jusque dans le sacrement, ces méchantes et trompeuses. A la torture seulement elles disent la vérité, elles ne peuvent mentir. Y a-t-il chose au monde plus extravagante et ridicule? Et comment les magistrats d'Allemagne n'ont-ils point encore pris garde à ceci, entourés comme ils le sont de tant de conseillers et gens de savoir et de probité? Pourquoi le démon ne ferait-il pas tout ce qu'il lui plaira et ne se déferait-il pas de qui il voudra? Voyez-vous bien, encore un coup, d'où vient un si grand nombre de sorcières?

Vous me direz que l'on ne procède pas seulement en vertu des dénonciations, s'il n'y a encore d'autres indices.

Je réponds que je sais bien le contraire, et que, la plupart du temps et très souvent, l'on procède sur les dénonciations seulement. Et je le prouve par cet enthymème[43]. Ils procèdent pour la plupart en suite de la mauvaise réputation et des accusations. Ils procèdent donc en vertu des accusations seulement. L'antécédent est connu de tous et les exemples s'en présentent en foule. Pour la conséquence, je la prouve en cette sorte. J'ai déjà montré, au doute 34, que la renommée d'aujourd'hui n'était qu'un bruit élevé sans légitime fondement, et qu'ordinairement on la recevait en jugement sans preuve légitime, et pourtant que c'était un indice nul, de droit naturel et positif, et de nulle valeur. Et pourtant toute la procédure est fondée sur les seules accusations. Mais supposons que la réputation soit bien légitime et dûment prouvée en jugement. Je demande pourtant aux juges s'ils croient que tous ceux qui sont diffamés sont véritablement sorciers, n'étant chargés d'aucun autre indice plus violent? Ils ne le diront pas, j'en suis sûr. Mais si, à ce léger indice, on ajoute le témoignage du père du mensonge parlant par la bouche de ses esclaves et sujettes, alors, ils les croiront certainement coupables

---

[42] - Allusion à un verset de Jérémie :"Un Éthiopien peut-il changer de peau?" *(13, 23)*.

[43] - Enthymème : syllogisme incomplet où une des prémisses ou même la conclusion est sous-entendue.

et n'en douteront plus. Quoi qu'elles puissent alléguer pour leur défense, quoiqu'elles soutiennent autant de tortures qu'il vous plaira et qu'elles nient constamment, il faut absolument qu'elles soient coupables, car c'est la pratique d'aujourd'hui. Il est donc au pouvoir du diable de faire périr toutes celles qui seront chargées de quelques légers indices ou tant soit peu diffamées, en les faisant accuser par ses gens. Mais ne peut-il pas aussi diffamer le plus innocent du monde par le moyen de ses émissaires et sujettes? On voit combien de maux peut faire le diable à tous les gens de bien, moyennant cette pratique. Et il serait bien sot s'il ne se servait de l'occasion.

Mais vous me direz : au moins faudra-t-il admettre les dénonciations de celles qui seraient repentantes et converties, puisque les inconvénients susmentionnés ne seraient point à craindre.

Je réponds qu'ils seraient encore à craindre, et que ces dénonciations ne sont point recevables, même en cas de conversion, comme je le montrerai plus amplement au doute suivant.

DOUTE 45

Ne faut-il pas ajouter foi aux dénonciations, au moins de ceux ou celles qui meurent contrits?

Je réponds que c'est l'ordinaire recours de ceux qui se sentent pressés par les raisons que nous venons de déduire. Mais c'est en vain qu'ils ajoutent cette circonstance. Et voici les raisons que j'en ai.

1 - Les dénonciations se couchent dans les actes avant la conversion et pénitence de celles qui accusent, au moins pour la plupart. Car la pratique est aujourd'hui telle que les confesseurs ne sont admis auprès des accusées qu'une fois le procès instruit. On allègue donc en vain la pénitence de celle qui accuse, puisqu'elle accuse avant sa conversion. Plût à Dieu qu'on ne les interrogeât jamais sur le fait de leurs complices qu'après qu'elles se seraient sérieusement converties à Dieu. Elles n'accuseraient pas celles que les tourments expriment de leurs bouches, mais celles que leur conscience, corrigée de toute malignité par une bonne conversion, leur suggérerait. Alors, je donnerais quelque créance aux dénonciations, et je me trompe fort ou le nombre des sorciers diminuerait beaucoup. Je sais ce que je dis, étant toutefois obligé de passer encore beaucoup de choses sous silence, de façon que j'ai toujours fort admiré le très prudent théologien Tanner qui, entre les autres moyens qu'il insinue pour extirper les sorcières, y mêle celui-ci comme à la dérobée, que les accusés ne soient point interrogés sur leurs complices, sinon après qu'on leur a donné la sentence de mort, qu'elles sont bien converties et repentantes et préparées par le confesseur à bien et chrétiennement mourir *(disp. 4, de just. q. 5, dub. 5, n. 131).* Mais à quoi sert tout cela : ni les inquisiteurs ne voudront pratiquer cet expédient, ni les magistrats l'ordonner. Les inquisiteurs n'en veulent rien savoir, parce que le nombre des sorcières diminuant, leur bourse s'amaigrirait. Les magistrats ne

l'ordonneront pas, parce que personne ne le suggérera, et eux ne liront pas les livres où ils le pourraient trouver.

2 - Non seulement il est vrai, que l'on couche les accusations dans les actes avant la pénitence et la conversion des dénonciateurs, mais même, les juges n'admettent que les dénonciations faites par ceux qui ne sont pas encore pénitents et convertis. En sorte que, quand ils sont bien convertis et contrits comme immédiatement avant la mort, que le confesseur les a disposés à bien mourir, tout ce qu'ils déposent n'a aucune force ni aucun effet qu'autant qu'il est conforme à ce qu'ils ont déposé avant leur conversion. Et même, ces fines gens jugent la valeur de la conversion des accusées par la conformité ou difformité de leurs dernières avec leurs premières dépositions. Par exemple, si telle sorcière étant convertie et contrite, vient à ratifier et confirmer les dénonciations qu'elle a faites avant sa conversion, alors ils jugent qu'elle est véritablement contrite et convertie. Mais si elle les révoque et qu'elle dit qu'elle a été forcée par la violence des tourments à accuser des innocentes, alors, elle a usé de fourberie et a trompé son confesseur. Sa conversion est fausse et feinte, ou elle est troublée par la crainte de la mort. Donc, il faut s'en tenir aux premières dénonciations. Certes, voilà qui est ingénieux et bien trouvé! Car, quoi qu'il arrive, qu'elle confirme ou qu'elle révoque les premières dépositions, le juge a toujours son compte. Si elle ratifie, les premières dépositions étaient véritables, puisqu'étant pénitente et bien convertie elle les a confirmées. Si elle se rétracte, cela ne sert à rien, parce que, comme ils disent, elle n'est pas véritablement pénitente. Mais ils ne prennent pas garde, les bonnes gens, qu'au lieu qu'ils pensent trouver leur compte des deux façons, ils ne peuvent subsister en l'une ni en l'autre supposition.

a) Car quand ils disent que l'accusée est véritablement pénitente quand elle ratifie les premières dépositions, ils raisonnent en cercle, parce qu'ils disent que telles premières dépositions ont été véritables puisqu'elles ont été confirmées dans un état de pénitence et véritable conversion. Et ils concluent que telle conversion est véritable de ce que l'accusée en cet état a ratifié ses premières dépositions qui étaient véritables. Ainsi les dénonciations prouvent la véritable conversion, et la conversion prouve la vérité des dénonciations. Ce qui s'appelle en bonne logique pétition de principe ou cercle vicieux *(petitio principis* ou *circulus vitiosus).*

b) Mais je demande ici à quel titre ils s'arrogent l'autorité de déclarer la pénitence de l'accusée, fausse quand elle révoque ses premières dépositions, et véritable quand elle les confirme. Il me semble que j'ai autant de droit de dire tout le contraire, à savoir que la conversion de l'accusée est feinte si elle confirme ses premières dépositions, et véritable si elle les révoque. Car c'est une chose ridicule de voir que quand l'accusée dit ce qui convient à l'inclination des juges, on dit qu'elle est devenue sage, qu'elle est véritablement contrite, en un mot qu'elle dit vérité; et quand elle parle autrement qu'ils ne désirent, c'est une méchante qui trompe jusqu'à son confesseur sous une apparence de conversion et de pénitence. Quel est l'homme de bon sens qui, entendant de pareilles niaiseries en matière si importante ne se sente échauffer la tête contre une telle indignité?

c) Mais encore, qu'ils nient que la pénitence soit véritable quand elle est suivie de rétractation, il importe peu; car elle n'était non plus pénitente quand elle faisait ses premières dépositions, ce qui suffit pour faire voir que les dénonciations des sorcières se faisaient avant qu'elles fussent vraiment pénitentes, et, par conséquent, qu'elles devaient être rejetées comme trompeuses et diaboliques.

3 Mais même si (ce qui n'arrivera jamais!) la coutume était établie, selon le conseil de Tanner, de recevoir les dénonciations après la conversion, et la sentence de mort prononcée; même si certains ont l'habitude de ne faire aucun état des accusations qui ne sont point ratifiées après la conversion; je soutiens néanmoins que tout homme de bon sens doit rejeter ces dénonciations, bien que ratifiées, puisqu'il reste toujours raison de craindre que telle conversion ne soit feinte.

a) Car les inquisiteurs prêchent que le démon pousse ses esclaves à faire des choses étranges et commettre des crimes inouïs. Si cela est (de quoi nous parlerons ailleurs), qu'y a-t-il d'étonnant ou d'incroyable à ce qu'il les pousse à feindre la pénitence.

b) Et puis c'est chose toute ordinaire, comme je viens de dire, qu'autant de fois qu'une accusée vient à révoquer ce qu'elle avait confessé dans les tourments, autant de fois les juges crient qu'elle a trompé son confesseur et qu'elle n'est point véritablement convertie. Ils reconnaissent donc par là combien elles ont d'inclination à la tromperie et à la feinte. Ce sera donc avec raison qu'un homme de bon sens demeurera dans le doute que leur pénitence ne soit feinte et non véritable.

c) Et il ne sert à rien de dire que le confesseur juge qu'elle est véritablement pénitente. Car, comme les juges contre lesquels je parle ici l'avouent ouvertement, il ne doit point être cru puisque si l'accusée révoque ce qu'elle a confessé à la torture, (bien que le confesseur dise qu'elle est véritablement pénitente et contrite) ils ne laissent pas de dire qu'il n'en est rien et qu'elle a trompé son confesseur, que le diable est plus rusé que lui et a mille inventions pour tromper, qu'il ne faut point croire à un hypocrite. A plus forte raison un homme sage dira que la sorcière avec sa prétendue conversion venant à ratifier ses accusations, ne fait que pousser les innocents dans le danger plus avant en feignant d'être convertie à Dieu. Enfin, il sera toujours impossible de savoir assurément si l'accusée est véritablement ou faussement pénitente. Car qui en sera le juge? Le confesseur? Mais, comme je l'ai dit, ces Messieurs ne l'admettent pas. Les juges? Mais l'Eglise ne leur accorde aucune autorité au tribunal de la conscience.

d) De plus, il y a de grandes raisons de soupçonner les accusées de feindre, et le diable de les y inciter. Car l'accusée voit bien que c'est fait d'elle, mais que, feignant de se confesser et convertir, elle peut obtenir adoucissement de peine. Elle peut, suivant l'inspiration de son maître, faire périr des innocents; se venger sans effort de ses ennemies et même inciter d'autant plus le zèle du prince à la persécution des innocents avec moins de scrupule des juges, et pour ce d'autant plus certainement, par de fausses accusations scellées, pour ainsi dire, par le sceau de la pénitence. Ils se serviront donc de l'occasion, ces ennemis du genre humain, et par le même motif qu'ils ont mis en peine des innocents par leurs premières dépositions, ils achèveront de les perdre par la ratification avec une suite d'autant plus dangereuse, pernicieuse et certaine que la conversion sera mieux feinte et aura plus d'apparence. Enfin, il faut toujours venir au point d'avouer que les procès des sorcières se trouvent tous fondés sur la foi du père du mensonge ou de quelqu'une de ses écolières.

4 - Plus encore, je leur accorde (comme j'entends faire) qu'une accusée soit véritablement convertie à Dieu, et vraiment pénitente. Malgré cela je n'oserais pas encore m'y fier, en une affaire de si grande importance et si dangereuse, puisqu'elle peut encore tromper, ou parce qu'elle ne peut pas faire autrement, ou parce qu'elle ne sait pas autrement, comme je le montrerai au doute suivant.

DOUTE 46

Ne faut-il pas au moins recevoir pour certaines les dépositions de celles dont la contrition, la conversion et la volonté de dire la vérité seraient infailliblement certaines?

Je réponds qu'au moins en ce cas, on devrait avoir l'esprit en repos. Néanmoins, il ne me le semble pas, ni doit sembler à tout homme de bon sens. Voici mes raisons.

1 - Les juges ont coutume de remettre à la torture celles qui révoquent leurs premières confessions et se rétractent. Et les exécuteurs de la justice, poussés du grand zèle qui les anime à l'extirpation de la zizanie, ont coutume de les menacer de la torture en cas de rétractation, de peur qu'elles ne l'ignorent. C'est pourquoi, quand bien même Titia serait véritablement pénitente et bien convertie à Dieu, elle n'oserait pas pourtant se rétracter et révoquer les fausses dénonciations qu'elle pourrait avoir faites, de peur d'une nouvelle torture. D'où vient que bien qu'elle les ratifie, il ne s'ensuit pas pourtant qu'elles soient certainement véritables? Une femme véritablement pénitente peut être retenue par la crainte de si grands tourments et continuer à mentir : la fragilité humaine est grande.

Il n'est pas croyable combien j'ai d'exemples de cette vérité et combien de misérables périssent par de fausses accusations obtenues par la force des tourments, qui ensuite demeurent sans être révoquées pour cette raison. Ceux qui n'ont pas expérimenté les tourments ne peuvent imaginer la terreur qu'ils provoquent. D'où il arrive que peu se laissent persuader de révoquer constamment les fausses accusations qu'elles ont faites, au moins toutes. Elles en révoquent bien quelques-unes seulement pour décharger leur conscience autant qu'elles peuvent, sans retomber dans l'inconvénient de la torture qu'elles ne pourraient pas éviter si elles n'en laissaient une ou deux sans révocation. Le lecteur comprendra facilement combien de maux en doivent naître pour les malheureux innocents, de cela même que les autres ont été déchargées, les juges concluent que celles qui demeurent chargées sont infailliblement coupables et par conséquent, si elles nient, qu'il les faut traiter plus sévèrement. Inutile de dire combien cela peut être dangereux. Il me suffit de faire voir qu'une accusée même véritablement pénitente peut laisser de fausses accusations qu'elle aurait faites, sans oser, par crainte des tourments, les révoquer. (1632 : Malheur, non seulement aux juges, mais aussi aux confesseurs des juges qui ne font pas grand état de si grands inconvénients, et qui, étant si hautement et si clairement avertis par ces miens avis, au lieu de s'appliquer à en connaître la vérité, grondent et grincent les dents de ce que l'on ose entreprendre de les instruire.)

2 - Mais même si une sorcière dénonciatrice était véritablement pénitente et contrite et si l'on était même certain de sa volonté de dire la vérité, malgré cela sa déposition resterait dangereuse. Car il est constant, et nos adversaires l'accordent, que les sabbats ne sont pas toujours réels et qu'elles sont quelquefois transportées à leurs assemblées en imagination ou en songe seulement. En sorte que le démon (soit immédiatement, ou par le moyen de quelque médicament naturel) leur altérant la fantaisie, elles pensent ensuite avoir vu, fait et entendu des choses qui n'ont jamais eu aucune véritable et réelle existence. Ainsi ceux qui ont fait un rêve y ont vu des choses imaginaires mais qui trompent leur esprit. Nous avons des exemples à foison de toutes ces sortes d'illusions, que nous passons sous silence par amour de la brièveté. Il est d'ailleurs fort croyable que la plupart de ces transports de sorcières pour aller à leurs sabbats, sont plutôt fantastiques que véritables, comme l'enseigne Tanner *(Theolog. tom. 1, disp. 5, q. 6, dub. 7).* Ceci étant supposé, qui ne voit que toutes les dénonciations de celles mêmes qui croient dire la vérité sont sujettes à fausseté et à tromperie. Car d'où le juge sait-il que telle et telle qui accusent des complices ne sont pas de celles qui ont été trompées par des illusions et visions imaginaires. Certes, elles-mêmes ne peuvent pas distinguer les véritables assemblées d'avec les fantastiques et non réelles, parce qu'elles-mêmes jurent et croient souvent avoir été où elles ne furent jamais. Les exemples sont connus par où nous apprenons que ceux qui ont la curiosité de voir ce qu'il en était, ont été avec témoins trouver ces femmes, toutes assoupies et gisantes, pendant qu'elles s'imaginaient être au sabbat, et les ayant bien fouettées, les ont retenues pour rendre témoignage de leur illusion, comme elles ont

fait étant revenues à elles, ne pouvant encore se persuader que ce qu'elles avaient songé ne fût réel et véritable. Baptista Porta Neapolitanus[44], *(in magia naturali, editione prima)* raconte un exemple semblable dont il témoigne avoir été l'espion et le témoin oculaire.

Si vous me dites qu'il est étrange et incroyable qu'une personne ne puisse distinguer le réel de l'imaginaire, puisqu'en dormant, bien que nous rêvions quelquefois que nous ne dormons pas et que ce que nous voyons est réel, néanmoins, étant réveillés, nous reconnaissons bien le contraire.

Je réponds que véritablement nous l'expérimentons ainsi pour l'ordinaire et que, veillant, nous discernons assez les songes d'avec les actions réelles et véritables. Je nie pourtant qu'il soit incroyable que cela puisse arriver aux sorcières car le démon qui est un grand artiste trouble à tel point ses esclaves qu'elles ne discernent plus la vérité de l'imaginaire. Et c'est d'autant plus facile à cet artiste qu'il est dans son rôle et que les femmes sont naturellement portées par leur sexe à l'extravagance. (1632 : Mais quoi qu'il en soit, j'avertis les princes de faire que les juges produisent et montrent les signes qu'ils ont par lesquels ils se sont rendus certains que toutes celles qu'ils ont fait brûler ont fait véritablement dans les sabbats ce qu'elles ont cru y avoir vu. Que s'ils ne se sont pas convaincus et rendus certains de ce point, certes, ils n'ont pu procéder à une condamnation si rigoureuse et sévère, et en une affaire de si haute importance, sans pécher contre toutes les règles de la prudence, de la justice et de la raison. Voilà la sainteté de nos jugements. Nous ne pensons pas seulement à examiner ce qui est le principal et le fondement de toute l'affaire. Et à peine pouvons-nous souffrir que l'on nous y fasse prendre garde.)

3 - Supposé même que le juge soit certain que celles qui accusent des complices sont du nombre de celles qui ont été vraiment présentes et transportées dans des assemblées réelles où plusieurs choses se sont passées réellement, il ne peut pas pourtant asseoir un solide jugement sur leur déposition bien qu'elles croient dire la vérité. Car, pour s'y fonder avec prudence, il faut qu'il soit certain non seulement que celle qui accuse s'est trouvée dans le sabbat réellement, mais aussi que l'accusée y était aussi réellement, bien qu'elle y ait été vue, puisque le diable l'y put représenter bien qu'elle fût réellement autre part. Sur quoi, puisque l'on peut faire ici quelque difficulté, nous parlerons plus amplement au doute suivant.

---

[44] - Joh. Baptista Porta, auteur de *Magiae naturalis, sive de miraculis rerum naturalium*, Antwerpen, 1561.

DOUTE 47

Le démon peut-il représenter des innocents dans les sabbats et assemblées de sorcières?

Je réponds que oui, et non seulement immobiles, comme certains l'accordent plus facilement, mais encore dansant avec les autres. Voici mes raisons :

1- De nombreux exemples enseignent que cela peut arriver. Je connais le monastère où se produisit ce que je vais dire, qui fut couché dans les actes qui en furent dressés. Un religieux de ce couvent fut accusé par plusieurs sorcières d'avoir été au sabbat avec elles. Elles nommaient même la personne avec laquelle il avait dansé. Plusieurs accusées pénitentes moururent dans cette déposition. Cependant, il était établi par le témoignage de tous les autres religieux, qu'au moment où elles disaient l'avoir vu danser au sabbat, il était au choeur, chantant avec les autres et faisant l'office divin. Donc, ou elles mentaient (ce que je crois être le plus fréquent) pressées par les tourments, comme les innocentes, ou par noire malice, comme les véritables sorcières; ou, si elles ne mentaient pas (comme le supposent les juges) elles avaient vu l'image pour la réalité. Je pourrais nommer plusieurs autres saints personnages qui sont encore vivants, même des princes, que plusieurs sorcières ont avoué avoir vu danser à leurs sabbats. J'omets plusieurs autres exemples trop connus (ne voulant pas perdre temps en discours inutiles) qui nous apprennent qu'on a vu dans ces bals des personnes qui, non seulement étaient en même temps autre part, mais encore étaient gardées expressément par des témoins établis afin qu'elles ne sortissent de place.

2 - Le démon se peut transformer en Ange de lumière, comme l'Ecriture Sainte en témoigne. Les exemples en sont assez fréquents dans la vie des saints. S'il peut donc se représenter tout autre qu'il n'est, pourquoi ne représentera-t-il pas des innocents là où

il lui plaira, puisque Dieu lui permet tant d'autres choses étranges?

3 - Les arguments de la contraire opinion sont très faibles; on ne doit donc pas s'y fier et il vaut mieux tenir la nôtre. Et il faut noter que ce n'est pas à moi qui soutiens en bonne conscience que le démon peut représenter des innocents au sabbat de prouver mon dire, mais que c'est à ceux qui soutiennent le contraire et qui en ont la conscience chargée. Parce qu'il m'importe peu à moi qu'il le puisse ou ne le puisse pas, car je ne veux rien entreprendre, en suite de cette opinion, contre qui que ce soit. Je n'agis que pour l'amour de la vérité et pour la pitié que j'ai des misérables innocents que je désire soulager en instruisant leurs juges. J'entreprends de le prouver, et si je ne réussis pas, je ne fais de tort à personne. Au contraire, nos adversaires peuvent, en vertu de leur supposition, si elle se trouve fausse, faire un tort inestimable aux innocents et à tous les gens de bien en une affaire de telle importance. Ils sont donc chargés en conscience de prouver leur opinion par de fortes et solides raisons. Et non seulement en conscience, mais encore selon les lois de la véritable dialectique. Celui qui nie est chargé de prouver son dire, car bien que l'on dise ordinairement (*affirmantis non negantis esse probare*), toutefois, (afin que le lecteur l'apprenne ici en passant) celui qui pose quelque chose étant ici nommé l'affirmant, de là vient que si vous établissez ou posez quelque proposition soit affirmative, soit négative, comme une vérité et un fondement sur lequel vous entendez en établir d'autres et en tirer des conséquences, c'est à vous de prouver votre proposition et de bien établir votre principe. En sorte que, puisque nos adversaires posent pour fondement de leur procédure la proposition négative que le démon ne peut pas représenter les innocents, ils sont obligés de prouver cette proposition qui est un de leurs principes. Ou alors les juges seront iniques qui agiront en vertu d'un principe ou faux, ou douteux. C'est assez aussi qu'il se trouve au monde des personnes qui ne sont pas tout à fait ignorantes et qui craignent fort que le démon (Dieu le permettant ainsi) ne le puisse et ne le fasse. En un mot, ce nous est assez d'en avoir averti les juges. Que si, malgré cela, ils veulent procéder, contre tous ceux et celles qui se présenteront, par toutes les voies ordinaires de rigueur et de cruels tourments, en matière si importante, ou bien ils doivent s'assurer de la solidité de leur principal fondement par de bonnes et solides raisons, ou bien ils ne seront pas excusables. Voyons donc comment ils prouvent leur sentiment sur ce point et combien solides et fermes sont leurs arguments.

DOUTE 48

Quelles sont les raisons de ceux qui disent que le diable ne peut représenter les innocents dans les sabbats et danses de sorcières?

Je réponds que Binsfeld a ramassé toutes les raisons que nous allons rapporter, et auxquelles Del Rio se rapporte aussi. (1632 : De sorte que je trouve partout de nouvelles raisons de douter que l'on ait jusqu'ici soigneusement examiné l'affaire des sorcières, les habiles mêmes se rapportant, pour les principales difficultés, à des arguments entre lesquels je n'en ai pu trouver un seul qui ait quelque solidité, comme je le ferai voir aussitôt par leur critique). Je reprendrai donc les arguments de Binsfeld par ordre, si ce n'est que je tirerai le premier de Del Rio.

1 - Un confesseur de sorcières, assez peu habile par ailleurs, faisait l'autre jour parade des paroles de Del Rio *(lib. 2, q. 12, num. 5)* disant que l'on ne peut croire que "les démons puissent faire apparaître la figure d'hommes innocents dans leurs sabbats, que Dieu ne l'empêchât pas ou même le permît; je ne l'ai ni lu ni entendu à propos des crimes de sorcellerie" et un peu après "si Dieu permettait cela, ce ne serait jamais que pour la rémission des péchés, le plus grand mérite et la gloire de ceux qui le supporteraient". Le confesseur en question concluait : "Voilà que Del Rio assure qu'il ne l'a jamais lu ni entendu; qui pourra donc croire que cela soit jamais arrivé?"

a) Je réponds d'abord que cet argument prouve trop et ainsi, qu'il ne prouve rien. Car il prouve qu'un nombre infini d'autres choses n'ont jamais été faites, qui pourtant assurément ont été faites, bien que Del Rio n'en ait jamais ouï parler ni rien lu. Quant à moi, certes, et à quantité d'autres, ce qui paraît si étrange à Del Rio ne nous est pas aussi inconnu et inouï qu' à lui.

b) D'autre part, les inquisiteurs découvrent tous les jours de nouveaux crimes et de nouvelles méchancetés des sorcières, qui, jusqu'alors, avaient été inouïes, et en font grand bruit parmi le peuple et même aux oreilles des princes. Si je voulais me servir de leur raisonnement et nier tout cela parce que Del Rio n'en a jamais rien lu ni ouï parler, que diraient-ils? Et pourquoi ne m'accorderaient-ils pas aussi que ces représentations des innocents dans les sabbats sont du nombre de ces étranges méchancetés inouïes qui se découvrent tous les jours? Ne puis-je pas dire que la permission que Dieu donne au démon de représenter les innocents est l'une de ces nouveautés.

c) Celles qui sont accusées d'avoir été vues au sabbat, sont tenues pour certainement coupables, on croit certain qu'elles y ont été réellement, et pour cela, elles sont torturées jusqu'à ce qu'elles le confessent. Certaines, qui résistent à la torture sans avouer, n'en sont pas moins brûlées vives comme obstinées parce qu'on veut absolument qu'elles soient toutes coupables. Quelle merveille, donc, que Del Rio n'ait jamais lu ni entendu dire que des innocentes aient paru dans des sabbats?

d) De plus, si vous dites que l'on ne fait pas comme je dis, mais que celles qui n'ont pas confessé à la torture sont relâchées selon les lois et qu'elles ne sont pas brûlées, cela même m'est favorable, car celles que vous dites avoir été renvoyées sont tenues pour innocentes, bien qu'accusées par d'autres d'avoir été au sabbat. Donc, les innocentes se voient aussi dans les sabbats, et il ne faut point croire aux dépositions des accusées. Cet argument n'a donc aucune force ni valeur.

2 - Le démon ne désire point de fausse représentation des innocents puisqu'il a pu apprendre de la Sainte Écriture que Dieu ne permet pas que ses élus soient affligés ou tentés par delà leur mérite, si ce n'est pour les éprouver et pour leur bien. C'est ce qu'affirme Binsfeld.

a) Je réponds d'abord que cet argument prouve trop et par conséquent rien, puisque l'on pourrait par la même raison et les mêmes paroles prouver que le démon n'aurait point affligé Job, comme dit la Sainte Écriture, ni procuré par ses artifices tant de tourments et même la mort à tous les martyrs de Jésus-Christ.

b) Nous ne disons pas que tous ceux que le diable représente soient des élus de Dieu; nous accordons qu'une bonne partie sont en péché mortel. Il nous suffit qu'ils ne soient point sorciers et qu'ils soient innocents au moins sur ce point-là. Donc, même si le diable ne désirait pas représenter des élus, il pourrait bien vouloir représenter des innocents du crime de sorcellerie. Tout ce raisonnement, donc, n'a pareillement aucune force.

3 - Cette doctrine, dit Binsfeld, selon laquelle le démon ne peut représenter les innocents, tire sa grande force de la conscience des innocents. Car qui, étant innocent, est tourmenté de la crainte que le démon ne le représente dans le sabbat parmi les sorciers et sorcières? Si le démon avait ce pouvoir, nous tremblerions tous avec raison dans la crainte d'être pris pour acteurs et coupables de toutes les abominations des sabbats, en danger évident de nos âmes et de nos corps. Mais les consciences pures ne craignent rien.

a) A cela je réponds d'abord que l'argument prouve trop et par conséquent rien. Car par les mêmes paroles, on peut prouver que les innocents ne peuvent être ensorcelés par des maléfices, puisqu'il n'y a innocent qui, se levant le matin, soit tourmenté de crainte que les sorcières ne lui fassent du mal ce jour-là. On peut pareillement dire que si les sorcières avaient ce pouvoir, tous les gens de bien seraient en perpétuelle crainte. Mais certes, l'intrépidité et la confiance ne mettent pas les innocents en assurance, ni à l' égard des maléfices, ni à l' égard des fausses accusations que l'on peut porter sur eux; ni enfin à l'égard du feu où les conduisent trop souvent les iniques procédures.

b) Au reste, quand les innocents sont sans crainte et appréhension de tels désastres, ce n'est pas qu'ils soient assurés que le démon ne les peut pas représenter ou ne les représente pas dans les sabbats, mais c'est qu'ils s'imaginent que cela ne leur pourra nuire, ne pouvant se figurer qu'il y ait des juges si imprudents et malhabiles pour procéder en vertu d'accusations de personnes endiablées et reconnues esclaves du démon, et d'ajouter plus de foi à leurs dénonciations, qu'à l'intégrité des moeurs qui les excuse.

c) De plus, quand on s'échauffe si fort à la recherche des sorcières, et que les juges sont de l'opinion que nous condamnons ici, je nie bien fort que les innocents ne craignent rien. Cela est très faux. J'en connais beaucoup, de très bons et consciencieux personnages, qui ont si bien été touchés de crainte, qu'ils n'ont pu vivre en repos qu'en changeant de séjour. J'en connais qui me sont venus consulter là-dessus. J'en sais qui, étant allés à une ville voisine pour prendre avis et faire une confession générale, furent pris à leur retour sur cet indice comme s'ils eussent voulu s'enfuir et que Dieu ne l'eusse pas permis, mais qu'en leur troublant l'esprit il les eût fait retourner. Et comme ils voulaient prouver le contraire, cela ne leur fut aucunement permis. J'en sais qui avaient déjà prémédité, s'ils étaient arrêtés et contraints par la violence des tourments de se confesser coupables, ce qu'ils pourraient dire pour rendre leurs mensonges vraisemblables, de peur qu'étant surpris en contradiction ils ne fussent remis à la torture. Je sais quelles résolutions j'ai données à plusieurs à propos de tels cas de conscience, comment et quand ils pourraient, sans péché mortel, étant pressés par les tourments, s'accuser eux-mêmes ou autrui, et comment ou quand ils ne le pourraient pas. En sorte qu'il ne faut pas douter que plusieurs gens de bien, en beaucoup de lieux, ne soient en grand crainte. Cet argument de Binsfeld n'a donc aucune force, si ce n'est pour confirmer mon opinion. Car je raisonne ainsi : si Binsfeld a si peu d'expérience et de connaissance des affaires qui regardent la sorcellerie, qu'il ignore ce qui est connu de tout le monde, quelle foi devons-nous ajouter à la doctrine de semblable docteur? Qu'ils se contentent donc de demeurer assis dans leur étude et d'écrire comme ils l'ont fait très utilement jusqu'à présent sur des sujets théologiques, mais qu'ils ne se mettent point, avec leur grande autorité, à traiter d'affaires criminelles. Ou alors qu'ils prennent la peine de visiter quelquefois les prisons, d'écouter un peu les lamentations et les plaintes des accusés, de connaître les tourments qu'ils ont à supporter et enfin de s'informer de toutes les particularités de la procédure actuelle en matière de sorcellerie. Alors, on aura plus de sujets d'embrasser leurs opinions, et, si mon expérience ne me trompe, ils seront plus modérés en leurs sentiments, et relâcheront beaucoup de cette grande rigueur que le défaut de pratique fait enfanter à leur oisive théorie.

4 - Il faut juger que ce qui n'est jamais arrivé et n'arrive point selon le cours ordinaire des choses, ne se peut pas faire si le fait entraîne des inconvénients. Mais il ne s'est jamais vu, ou rarement, par les constantes et persévérantes confessions des sorcières, que des innocents aient été représentés dans les sabbats. Au contraire, on a toujours vu par expérience que ceux qui y ont été représentés ont tous été coupables de cet énorme crime donc, etc. Ainsi dit Binsfeld.

A cela, je réponds que la mineure est fausse, car je demande à Binsfeld d'où il sait que jamais les innocents n'ont été représentés, saisis et exécutés; et que tous ceux qui ont été représentés et vus dans les sabbats étaient coupables de ce grand crime. N'est-ce point par ces constantes confessions? Mais où a-t-il appris que ces constantes confessions étaient véritables et n'étaient point extorquées par la violence des tourments? C'est déjà une chose certaine que plusieurs s'accusent faussement. Comment sait-il que ces constantes confessions, sur lesquelles il se fonde, ne sont point du nombre de celles qui sont fausses? Malheur à celle qui aura tâté tant soit peu des tourments, car elle ne pourra jamais s'en débarrasser avant d'avoir confessé tout ce que l'on désire d'elle (la troisième réponse que nous avons donnée à la première raison peut ici encore être à propos). C'est ce qui me fait souvent avouer que si nous ne sommes et ne passons pas tous pour sorciers, c'est que nous n'avons pas subi la torture. L'autre jour, un inquisiteur d'un grand prince osa dire à ce propos, avec grande vérité, entre deux vins, que si le Pape même était tombé entre ses mains, il lui ferait subir une telle torture qu'il lui ferait avouer d'être sorcier. Et il pourrait bien faire de même à Binsfeld, et à moi, et à tout autre, à l'exception de quelques individus plus résistants. Cet argument, donc, n'a pas plus de force que les autres.

5 - Si le démon peut représenter les innocents dans les sabbats, les faisant paraître sorciers, il les pourra aussi faire paraître homicides, adultères, fornicateurs, etc. puisqu'il ne souhaite que la perte des innocents. Si quelqu'un, donc, vient à être accusé d'homicide , d'adultère etc., il éludera l'accusation, disant que le diable a pris sa figure, que le démon et non pas lui a commis l'homicide, l'adultère, etc.

Ceux, dit Binsfeld, qui ont la conscience bourrelée de remords, ou qui sont aveuglés par la violence des passions, ne pourront pas dissoudre le noeud de cet argument.

A cela je réponds que si Binsfeld a dessein de piquer ceux qui sont de notre opinion, comme s'ils se sentaient coupables et se laissaient aveugler par leurs passions, il le fait sans aucun fondement. Du reste, si ceux qui sont aveuglés par leurs passions ne sauraient dissoudre le noeud de son argument, certes, nous ne sommes pas de ceux-là, puisque nous ne trouvons pas grande difficulté à le résoudre, et disons que ce qu'il rapporte est entièrement hors de notre propos. Ce que je montre ainsi.

S'il y avait quelque lieu où, en certains temps, il apparut des spectres et des fantômes et autres merveilleuses représentations des actions humaines, et que Sempronius accusât Gracchus d'avoir commis un homicide en ce même lieu et au même temps que ces fantastiques représentations de toute sorte ont coutume de se faire, certes, le juge aurait des raisons de douter du crime de Gracchus et que ce ne fusse plutôt quelque esprit malin qui eût pris sa figure. Et il agirait très sottement et imprudemment si, sans autre indice, il mettait pour cela seulement Gracchus à la question. Or, voilà notre cas. Car nos adversaires assurent qu'il y a certains lieux où le démon convoque les assemblées de sorcières et célèbre ses sabbats à certains moments. Ils disent aussi qu'il y apparaît sous plusieurs formes : de femme, de soldat, de vierge, d'adolescent, de bouc, de lion, etc. Il prend même la figure des absents, comme l'avouent nos adversaires, pour suppléer à leur défaut. Certains s'imaginent être portés là, croient manger des mets délicats et boire des vins délicieux, dormir dans des lits d'ivoire, alors qu'ils se nourrissent de charogne, boivent de l'eau bourbeuse et se reposent sous un gibet. Je passe sous silence toutes les autres illusions qui font penser que ce bouffon infernal n'a d'autre but que de se donner carrière en les jouant et trompant par mille fausses représentations de spectres et fantômes, grâce auxquelles il leur persuade ce qu'il veut et les conduit là où il lui plaît. C'est du moins ce que disent tous ceux à qui j'ai affaire, car pour mon sentiment touchant ces assemblées de sorcières, je le déclarerai une autre fois. Tout juge qui aura quelque grain de prudence doutera avec grande raison que ce pouvoir de former tant de sortes de figures et représentations, ne s'étende encore à faire paraître d'autres personnes que les sorcières dans les sabbats, principalement celles qui seraient en péché mortel. Il aura aussi raison de douter que tel, que les sorcières croient voir parmi la troupe, ne soit ou le diable même ou quelque vain fantôme qui n'ait aucune réelle substance, sauf peut-être l'air dont il l'a formé. Il ne s'ensuit aucunement que, si quelqu'un est vu tuer, dérober, commettre un adultère etc., en quelque autre lieu exempt de ces illusions, par de bons témoins, gens de bien et exempts de soupçon, qu'il faille croire qu'ils n'aient été déçus par quelque spectre, puisqu'il y a bien grande différence. Et ainsi, il appert suffisamment combien la raison de Binsfeld est vaine et facile à dissoudre, bien qu'il l'ait crue si forte et indissoluble; et avec combien peu de raison il a cru que nous dussions être si aveugles que de ne pas voir qu'il se trompait fort dans la croyance en la force de son argument. On pouvait encore répondre autrement, mais ce que nous avons dit rabat suffisamment la pointe de son argument.

6 - Dieu ne permettra jamais au démon de représenter des innocents au sabbat; donc le diable ne le pourra pas faire.

A cela, je réponds que l'antécédent est faible, c'est pourquoi je le nie. Comment savent-ils que Dieu ne le permettra pas? Dieu permet beaucoup de choses plus étranges, comme la mort cruelle des martyrs et des enfants, le piétinement des hosties consacrées et bien d'autres abominations semblables. De plus, Dieu permet que le diable fasse voir les images de plusieurs personnes dans les miroirs, dans l'eau, dans l'huile, quand les curieux recourent aux devins pour savoir qui a dérobé un joyau, un cheval, et quelle femme et quel mari on aura, qui a rendu malade quelque bétail, qui mourra le premier d'une famille et autres choses semblables, comme tout le monde sait, dans lesquelles occurrences, toutefois, il trompe souvent et charge les innocents du crime qui est en question. Je connais un bon religieux, probe et docte qui, étant éperdument aimé pour sa beauté par une infâme et lubrique femme qui était sorcière et qui n'avait pu, par toutes les voies possibles qu'elle avait tentées, venir à bout de son sale dessein, fut plusieurs fois représenté par le diable, son incube qui, pour lui donner ce plaisir, ayant affaire à elle, prenait la forme de ce religieux, comme elle le confessa depuis, étant appréhendée, bien qu'en cela même elle ait été déçue par le maître de toute tromperie. Pourquoi Dieu, qui permet au démon de représenter des innocents en tant d'occasions, le lui interdirait-il seulement dans les assemblées de sorcières?

Vous me direz ce que me disait l'autre jour quelqu'un que si Dieu permettait cela, il s'ensuivrait un grand dommage à un tiers et de grands inconvénients dans la république.

a) Mais qui vous a dit que Dieu ne permette pas les choses qui causent du dommage à un tiers, et d'où naissent de grands inconvénients dans la république? Dieu ne permet-il pas au démon de transporter les sorcières au sabbat, de leur enseigner les moyens et onguents pour faire mourir les hommes et le bétail, perdre et détruire les biens de la terre? A votre avis, cela ne se fait-il pas au grand dommage du tiers et du quart? Et ne sont-ce pas de grands inconvénients? Que peut-on dire de plus ridicule?

b) Je nie que ces fausses représentations ne présentent aucun inconvénient pour la république. En effet, pourquoi les innocents sont-ils réputés coupables, torturés, etc? Je réponds que je nie qu'ils le seraient par des juges prudents et sages. S'ils le sont, c'est par des juges ignorants et malhabiles; de sorte que l'inconvénient proviendra non de la fausse représentation des innocents, mais des déraisonnables procédures des criminalistes malhabiles. Nos adversaires raisonnent fort mal. Ils infèrent de ces représentations que des innocents sont réputés coupables et torturés. Ils présupposent donc que l'on doit tenir pour coupables les innocents qui ont été vus dans des sabbats. Alors que ce qui est en question, c'est de savoir s'ils sont coupables. C'est un cercle vicieux : pourquoi ceux qu'on aura vus au sabbat doivent-ils être tenus pour coupables? Parce que Dieu ne permettra pas que des innocents y soient représentés. Pour quoi ne le permettrait-il pas? Parce que, disent-ils, il s'ensuivrait l'inconvénient que les innocents seraient tenus pour coupables. Vous voyez comme nos adversaires prennent bien peu garde de raisonner avec justesse. A à cause de B et B à cause de A! Personne ne prend garde à ce cercle vicieux. (1632 : Il se trouve pourtant de doctes et religieux personnages qui usent de cette sorte de sophisme, entretenant ainsi les princes et les magistrats dans l'erreur, sans qu'ils soient repris par leurs supérieurs, également ignorants de tout ce qui se passe en cette matière.) Quant à ce que dit Binsfeld du privilège des enfants de Dieu, portant que Dieu ne doit point permettre ces apparitions à leur désavantage, il a été ci-devant réfuté au doute 10. Mais il est à propos de raconter ici ce qui arriva ces jours passés dans l'une des plus célèbres villes d'Allemagne, où tout a été presque réduit en cendres. Le prince avait appelé à sa table deux religieux, hommes de vertu et savoir fort remarquables. Au milieu du repas, le prince, s'adressant à l'un d'eux : "Croyez-vous, mon Père, dit-il, que ce soit procéder en gens de bien et juridiquement de mettre à la torture ceux et celles qui ont été accusés d'avoir été vus au sabbat par dix ou douze sorcières? Car je crains que les dévotes du diable ne soient trompées par des illusions et que ce chemin que nous prenons pour arriver à la vérité ne soit pas des plus assurés, voyant principalement que plusieurs doctes et graves personnages commencent de tout côté à réclamer et nous faire penser à nos consciences. Dites-donc, je vous prie, ce que vous en pensez." Alors, le religieux, comme c'est l'ordinaire de ceux qui ont coutume de philosopher à quatre pas de leurs fourneaux et, à leur aise dans leur poële, d'être plus ardents que les autres et de se laisser emporter à l'impétuosité d'une imagination échauffée : "Quel mal y a-t-il à cela? dit-il, et qu'est-ce qui peut faire hésiter et gêner notre conscience convaincue par tant de témoins? J'aurais bien plus de scrupules à croire que Dieu voulût permettre que des innocents fussent compromis et mises en peine par de telles illusions. Je ne trouve pas qu'un juge doive hésiter sur un si grand nombre de dénonciations." Sur quoi, le prince ayant encore répliqué et le religieux réparti, et plusieurs choses s'étant encore dites pour et contre de part et d'autre, en sorte que le religieux semblait vouloir faire passer son opinion pour la véritable, alors, le prince, concluant toute la dispute, lui dit : "Je suis marri, mon Père, et ai pitié de vous puisque vous vous condamnez par votre propre bouche et que je me sens obligé par vos raisons mêmes à vous mettre en prison. Et vous n'aurez pas de quoi vous plaindre, puisque vous êtes accusé par quinze sorcières, pas une de moins, d'avoir été vu dans leurs assemblées. Et ne croyez pas que je me moque car je puis sans délai vous faire voir ce que je vous dis par les actes des procès qui sont revêtus de toutes ces dépositions." Le pauvre homme demeura bien surpris et étonné et ne trouva rien d'abord à opposer à ce coup de tonnerre qu'une entière confusion. Et il fut contraint de laisser succéder à la chaleur de son éloquence, un froid et morne silence. Je ne raconte point une fable. La chose se passa comme je dis. Il n'est pas besoin de désigner le lieu ni les personnes. Je m'étonne seulement de ce que voyant que le démon (comme dit l'Ecriture et que chacun l'avoue) peut se transformer en ange de lumière pour perdre les âmes, et même qu'actuellement il se transforme souvent, comme dit saint Paul, (2, Corinthiens, 11) il se trouve pourtant des gens qui ont tant de peine à croire qu'il puisse prendre la forme d'une personne innocente pour lui faire perdre la vie du corps. (1632 : Cette raison, donc, ne prouve pas et n'a pas plus d'efficace que les autres. Mais examinons la dernière qui reste.)

7 - Cette opinion et véritable doctrine, dit Binsfeld, que le diable ne puisse représenter les innocents dans les assemblées des sorcières, outre le témoignage de tous nos accusés, je la confirme par l'autorité des docteurs, des auteurs du *Malleus*, de Jacquerius, Spinaeus, Loyerius, etc. Ainsi dit-il à la page 360.

A cela je réponds que beaucoup plus de gens doctes suivront notre opinion quand on aura commencé à agiter la question. Mais nous préférons en faire voir la vérité par la force des raisons que par le nombre des autorités. (1632 : C'est pourquoi cet argument, non plus que les autres, ne prouve rien.) Au reste, je trouve bien ridicule que Binsfeld commence le dénombrement des autorités qui sont pour lui par celles des sorciers et sorcières, car c'est autant dire que son opinion est véritable parce que les écoliers du maître de mensonge en rendent témoignage. Belle preuve! Les sorcières, donc, donnent poids et autorité au témoignage des sorcières! Jésus-Christ dit, dans son Évangile : "Si je donne témoignage de moi-même, mon témoignage n'est pas vrai." Et l'argument de Binsfeld dit : "Si le diable rend témoignage de soi-même, son témoignage est véritable." Je ne sais, certes, où nous sommes. Bien que, pour dire enfin ce que j'en pense, je suis entièrement dans cette opinion (comme je l'ai assez donné à entendre ci-devant) que quand les accusées disent qu'elles ont vu telles et telles au sabbat, elles le disent, pour la plupart, pour se conformer à l'inclination des juges et s'exempter ainsi de peines et de tourments, croyant que, véritablement, la plus grande part sont innocentes. Au moins vois-je bien assurément que, pour peu d'innocentes qui se rencontrent parmi les coupables qui périssent, il faut de nécessité qu'elles en entraînent après elle une infinité d'autres pareillement innocentes, par les accusations les unes des autres, extorquées par la violence des tourments et autres afflictions et misères. Parce que nous ne cherchons pas la vérité, nous demandons seulement qu'elles s'accusent et qu'elles en accusent d'autres. Il faut donc enfin que la chose arrive comme nous l'avons entreprise. De façon qu'au lieu que, ci-devant, je ne doutais aucunement qu'il n'y eût au monde quantité de sorcières, maintenant, après avoir bien examiné nos procédures et jugements, je me sens peu à peu conduire au point de douter s'il y en a aucune.

Certes, il y a grande raison de douter si jamais les sabbats et danses de sorcières se font corporellement et réellement, et plût à Dieu que quelqu'un prît la peine de bien éplucher cette difficulté. Quant à moi, j'ai voulu par ces avis exciter les savants à rechercher et examiner plus soigneusement toutes les difficultés qui concernent les procès de sorcières. J'en vois beaucoup qui se laissent emporter à l'aveugle impétuosité des premières impressions. Pour moi, je fais état de ces esprits qui ne se laissent point gagner au torrent des opinions populaires. Mais, quoi qu'il en soit, que les princes prennent garde et ne soient point nonchalants en une matière si importante et qui charge leur conscience de restitutions difficiles.

DOUTE 49

Quelles sont les raisons de ceux qui veulent que l'on ajoute entière foi aux accusations des sorcières et qu'elles suffisent pour mettre les accusés à la torture?

Ils en apportent beaucoup qui tombent assez de leur propre faiblesse. Nous les mettrons pourtant en ordre et les réfuterons.

1 - En matière de sorcellerie le juge est obligé d'interroger l'accusé sur ses complices; et l'accusé est obligé de répondre. Donc, il faut ajouter foi aux réponses et dépositions des criminels, car autrement, c'est en vain que le juge serait obligé d'interroger et le criminel de répondre (Binsfeld, *pag. 248*)

a) Je réponds d'abord que si nous tenons qu'il ne faut pas croire aux dénonciations des sorcières, en conséquence le juge n'est point obligé d'interroger les accusées sur leurs complices et de se soucier de telles dépositions.

b) Ensuite, à supposer qu'il y soit obligé, il ne s'ensuit pas, comme ils le veulent, qu'il faille ajouter foi à ce qu'elles diront et que ceux qu'elles ont vus au sabbat y aient été véritablement, si elles ne le prouvent d'autre façon. Il y serait obligé si un autre témoignage confirmait les faits, les circonstances et les preuves, montrant ainsi la véracité des accusations. Personne ne doute que cela puisse arriver. Dans ce cas, je ne trouve pas mauvais que le juge les interroge. Mais si elles n'ajoutent les preuves et circonstances qui montrent clairement qu'elles disent vérité, il n'y doit ajouter aucune foi et ne croira point que celles et ceux qu'elles aient vus au sabbat y aient été réellement, puisqu'elles-mêmes, bien souvent, ne peuvent savoir si elles y ont été corporellement ou seulement en imagination, pour les raisons déduites ci-devant. (1632 : Et, pour dire ici en passant, j'ai déjà dit ci-devant ceci qui est tiré de la *Constitution caroline* et qu'il est important de rappeler: il ne faut point ajouter de foi aux confessions faites sous la torture si elles ne contiennent des choses que quelque innocent n'aurait pu savoir. Que ne regarde-t-on donc les procès-verbaux pour vérifier si toutes les dépositions sont telles qu'un innocent n'eût pu en faire de semblables. Pour moi, je m'oblige à faire voir qu'un innocent les a pu faire. A quoi pensent donc les princes de ne pas sévèrement châtier les juges qui, en un crime capital, enfreignent si témérairement et si souvent les Constitutions impériales et méprisent une ordonnance si expresse?)

2 C'est une loi reçue de tous les théologiens, canonistes et jurisconsultes que celui qui avoue son crime ne doit point être interrogé. On ne procède pas en vertu de sa déposition et on ne doit pas lui ajouter foi selon le droit. Néanmoins, et malgré cette règle, il y a des crimes que, pour ce, l'on appelle exceptés, où conformément à l'exception de droit, on interroge les accusés sur le fait de leurs complices et on leur ajoute foi. Donc, leurs dépositions sont valables. Autrement, la distinction entre les crimes exceptés et non exceptés serait nulle. (Binsfeld. *152.*)

a) Je nie qu'autrement il n'y aurait point de distinction entre les crimes exceptés et les non exceptés, puisqu'il y a cette distinction que, dans les exceptés, il n'est pas besoin de suivre tous les points de la procédure prescrite par le droit pour les crimes ordinaires. Mais que l'on ne donne pas de créance à des complices mensongers de nature et de profession, s'il n'y a des preuves et circonstances qui fassent voir clairement qu'ils ne mentent pas, cela n'est pas seulement ordonné par le droit positif, mais encore par le droit de nature qui ne souffre aucune exception.

b) Il y a plusieurs autres crimes exceptés, outre la sorcellerie. L'objection est peut-être acceptable dans les autres crimes exceptés. Qu'ils croient, s'ils le veulent, aux dénonciations des complices en ces cas-là. Pour moi, je ne suis aucunement d'avis que l'on croie aux complices en cas de sorcellerie, et cela, bien entendu, pour de bonnes et particulières raisons que nous avons déduites et qui ne se rencontrent pas dans les autres crimes.

3 - Il faut se tenir à la règle sauf s'il en résulte abus et inconvénients. Or, les lois qui nous servent de règle disent qu'il faut ajouter foi aux dénonciations des sorcières, donc, etc. Il prouve la mineure par la *L. fin. Cod. de malef. et matematicis* qui veut que ceux qui usent de maléfices, soient mis à une question juridique pour découvrir les compagnons de leur crime. Ce qui sous-entend que l'on ajoute foi à leurs dépositions. Or, s'écarter du texte de la loi, de la raison et commune opinion, c'est une haute témérité (Binsfeld. *pag. 253*)

a) Je réponds d'abord qu'il est vrai qu'il se faut tenir à la règle jusqu'à ce qu'on en ait reconnu l'inconvénient, et que c'est une grande témérité de s'éloigner sans raison pressante de la commune opinion et du texte de la loi. Mais nous disons aussi que si nous ne tenons pas la commune opinion et que nous nous éloignons du texte de la loi, c'est pour de bonnes raisons et en montrant la tromperie, comme nous avons fait ci-devant.

b) Il y a deux sortes de choses que l'on peut demander à des accusés de sorcellerie, touchant leurs complices.

D'abord, leurs complices en matière de meurtre d'hommes ou d'animaux et autres dommages.

Ensuite, leurs compagnons de sabbat, de danses et assemblées diaboliques, de l'art et profession de sorcellerie. Je dis donc qu'il faut comprendre que les lois s'appliquent aux crimes de la première espèce, accordant à nos adversaires, puisqu'ils le désirent, que l'on peut ajouter quelque foi aux dénonciations des complices touchant cette espèce de crimes. Surtout s'ils ajoutent des circonstances convenables et d'où puissent naître des indices tels qu'ils puissent satisfaire un homme de bon sens et intelligent, (1632 : et s'ils disent des choses qu'un innocent ne puisse savoir, selon l'intention de la *Constitution caroline*.) Mais qu'en matière de crimes de la seconde espèce, il ne faut aucunement les croire, puisqu'en tels cas, quand bien même ils voudraient dire la vérité, ils ne le peuvent pas toujours, pour les raisons ci-devant alléguées, à savoir pour le danger qu'ils n'aient été eux-mêmes trompés par illusions et fausses apparitions.

Vous me direz que Binsfeld rejette notre distinction comme n'ayant aucun raisonnable fondement, et supposant l'ignorance des crimes qui se commettent dans les sabbats. Car il dit que là se commencent les crimes de lèse-majesté divine et autres semblables, beaucoup plus exécrables que la mort des hommes et des animaux et autres dommages qui regardent le genre humain. D'où il tire cet argument : si l'on doit croire à la déposition des sorciers quand il est question d'homicide, de mort d'homme et de bétail et autres dommages de moindre considération, à plus forte raison, quand il sera question des sabbats où se commettent de beaucoup plus grands crimes, il leur faudra ajouter foi. Mais je réponds qu'en vain Binsfeld veut rejeter cette distinction.

a) D'abord il s'appuie sur des maximes et principes qui n'ont pas de substance, posant pour fondement que plus le crime en question est grand, plus on doit ajouter foi aux dénonciations. Ce qui manque de raison, comme nous l'avons montré ci-dessus au doute 37, raison 7, enseignant que la force du témoignage ne se tirait pas de la chose déposée, mais de la véracité présomptive du déposant.

b) Ensuite, nous avons déjà donné de suffisantes raisons qui montrent que bien que l'on puisse ajouter foi à la déposition des complices en matière d'autres crimes, néanmoins, en matière de sorcellerie et des crimes qui se font au lieu et au temps des illusions et fausses représentations, l'on n'y doit aucunement croire.

4 Les sorciers sont plus que larrons et voleurs; ils sont conjurés avec les démons,ils sont criminels de lèse-majesté divine, de sacrilège; ils sont traîtres à leur patrie, hérétiques, etc. Or, on croit aux voleurs, sacrilèges, traîtres, hérétiques, etc., contre leurs complices. Il faut donc aussi croire aux sorciers, en ce qui concerne leurs complices (le même Binsfeld., *pag. 254 et ss*).

Je réponds qu'il y a grande différence entre les sorciers et les autres criminels. Et nous avons déjà dit les raisons particulières pour lesquelles, bien que l'on puisse ajouter foi aux autres, on ne doit pourtant pas croire aux sorcières, à cause de leur particulière malice, de leur inclination et instruction au mensonge, et de la fausseté présomptive de leurs témoignages; et enfin à cause des fréquentes illusions et fausses représentations qui les empêchent souvent de dire la vérité, même si elles en avaient envie. Si bien que l'on ne peut pas ici argumenter des uns aux autres. Et c'est en vain que Binsfeld paraît ici plus véhément que de coutume, s'il n'apporte quelque chose de plus solide.

5 - Il faut ajouter foi à ceux qui disent la vérité, ou autrement, la foi humaine et tout commerce et société se détruiraient. Or, il arrive ordinairement que les sorciers et sorcières, accusant leurs complices, disent la vérité, comme l'expérience le montre et les actes des procès en témoignent, donc, etc. (le même Binsfeld, *pag. 257*).

A cela je réponds que la majeure est très véritable, mais que la mineure est très fausse et est présentement en question et controverse, et que, pour ce, il faudrait la prouver et non pas en faire une prémisse. Je nie pareillement que l'expérience en fasse foi et que les actes des procès la prouvent suffisamment. Sur quoi, reprenez ce qui a été dit au doute précédent, *argum. 1, rep. 3 et argum. 4* (1632 : et vous trouverez que cet argument de Binsfeld n'a pas plus de force que les autres.)

6 - Les témoins qui ne doivent pas être examinés mais qui pourtant le sont, font foi, parce qu'ils font au moins un indice tel quel, comme disent les docteurs. A plus forte raison doit-on ajouter foi aux

témoins qui doivent être examinés. Or, le sorcier qui avoue son crime doit être examiné sur ses complices selon le droit et la commune opinion. Il doit donc être plutôt reçu en témoignage.

La force de cet argument revient à celle du premier auquel nous avons ci-devant satisfait. Le reverra qui voudra.

7 - La pratique de l'Eglise porte qu'il faut croire au témoignage des sorcières, parce que de tout temps, les juges et inquisiteurs ont agi en vertu de telles dispositions contre les dénoncés, donc, etc. (le même Binsfeld, *pag. 259).*

Je réponds d'abord que cette pratique, pour avoir été celle de plusieurs n'a pas pourtant été suivie de tous. Et j'ai montré ci-devant que notre opinion n'était point destituée par l'autorité des docteurs.

Ensuite, même si notre opinion s'éloignait de la pratique des autres et de l'opinion commune, elle ne serait pas pour autant à rejeter aussitôt, pourvu qu'elle fût appuyée de bonnes raisons. Or, elle en est suffisamment appuyée et confirmée, comme il a paru ci-devant, donc, etc.

En troisième lieu, je réponds que la pratique des juges ne doit pas aussitôt être appelée pratique de l'Eglise, parce que cela laisse entendre qu'il s'agit des affaires de la foi chrétienne. Or, Dieu nous garde que toutes les pratiques qui sont en usage soient approuvées de l'Eglise et qu'elle les appelle siennes, puisqu'il y en a beaucoup de mauvaises et de déraisonnables. Combien a été, je vous prie, pratiquée en long et en large, l'épreuve des sorcières par l'eau? Je dis par ordonnance des juges. Fallait-il donc alors appeler cette pratique la pratique de l'Eglise? En vain donc, Binsfeld nous veut épouvanter par des noms spécieux et vénérables.

8 - Plusieurs sorcières s'accordent dans leurs dépositions sur une même personne. C'est donc signe qu'elles ne mentent pas. Il leur faut donc ajouter foi.

A cela, je réponds que ce n'est pas merveille que plusieurs s'accordent à dénoncer la même personne et à dire les mêmes particularités. Et il ne faut pas pourtant inférer qu'elles méritent toutes ensemble qu'on leur ajoute foi, si chacune en particulier ne doit point être crue, cela pouvant provenir de plusieurs causes. Car, ou elles sont véritablement des sorcières, ou des innocentes qui ont été contraintes par la force des tourments à accuser des complices. De l'une et de l'autre façon, il n'y a pas de quoi s'étonner.

Si elles sont véritablement sorcières:

a) Elles peuvent d'abord avoir conspiré de nommer la même

par malice pour la faire périr, en cas qu'elles mêmes dussent périr et tomber entre les mains de la justice, et pour ce, de s'accorder dans toutes les circonstances de l'accusation. De quoi il y a plusieurs exemples que pour ne pas être trop long je passe sous silence.

b) Ensuite, le diable a pu représenter une innocente dans le sabbat où elle aurait été vue de plusieurs sorcières, et partant aurait pu être accusée par toutes celles qui l'auraient vue avec les mêmes circonstances de temps et de lieu. Enfin, le démon a pu suggérer ou ordonner à plusieurs d'accuser telle ou telle qu'il aurait voulu, et d'ajouter telles et telles circonstances.

Si elles ne sont point sorcières, il n'y a rien non plus d'étonnant.

Car, d'abord, quand plusieurs sont mises à la torture, qu'y a-t-il d'étonnant à ce qu'elles nomment la même personne, surtout s'il reste peu de gens dans le village?

Ensuite, comme elles ne connaissent point de véritables sorcières, elles s'accordent facilement à nommer celles qui, par le commun bruit sont soupçonnées ou celles qui ont été déjà accusées, saisies, exécutées.

Troisièmement, il arrive souvent, ce qu'a bien remarqué Tanner, que les officiers de la justice ne gardent pas bien le secret et disent à leurs amis et autres celles qui ont été dénoncées, lesquelles étant venues à la connaissance de celles que l'on met à la torture, quelle merveille qu'elles les nomment pour s'exempter des tourments? Sur quoi, j'avertis les magistrats de prendre garde à ceci, les assurant que leur conscience en sera chargée s'ils souffrent ce désordre. Maintenant, dans la ville où je suis, on sait partout celles qui ont été dénoncées. On les laisse pourtant jusqu'à ce que la diffamation vienne à être étendue et fortifiée. D'ici à un an seulement, on procédera en vertu de cette mauvaise réputation. O temps! O Allemagne! Est-ce là ton zèle?

Enfin, il se trouve des juges assez méchants pour nommer à ceux qui sont à la question des particuliers déjà soupçonnés. Quoi d'étonnant donc, à ce qu'elles s'accordent à nommer les mêmes personnes si on leur suggère les mêmes? Voyez ce que nous en avons dit ci-devant.

9 - Il appert, par les procès criminels, que la plupart de celles qui ont été dénoncées se sont trouvées véritablement sorcières, comme elles l'ont ensuite confirmé par leurs confessions. D'où il s'ensuit que celles qui les avaient accusées avaient dit la vérité; et, pour cela, que ces dénonciations ne sont pas rejetables.

A cela je réponds que la confession de celles qui avaient été accusées ne prouve pas suffisamment qu'elles aient été vraiment sorcières. Cela est suffisamment établi par ce que nous avons dit ci-devant, et par la condition de la torture. Or, je tiens, comme je l'ai déjà dit, celle qui est entre les mains de la justice, bien folle si d'abord elle ne confesse. Et si elle ne succombe, elle ne laissera pas d'être brûlée toute vive comme obstinée. Certes, ceux qui écrivent de cette matière bien à leur aise et en repos, ne savent pas quelle force il y a dans les peines, afflictions, tentations, sollicitations, abandonnements, misères et tourments que les accusés ont à combattre. Et il ne s'en trouverait pas de si impitoyables et cruels, s'ils avaient fait ou vu de près l'expérience des tourments que l'on met en oeuvre pour obliger ces misérables à dire ce que l'on demande d'eux. Je souhaiterais (non certes pour le mal que je leur désire, mais par charité chrétienne et pour leur instruction et plus grand bien) que ces impitoyables, avant de s'engager dans une affaire si dangereuse, goûtassent un peu, un seul demi-quart d'heure, la douleur que cause la torture. Ne voulant pas être si rigoureux et sévère que le prince qui, par force, faisait éprouver à ceux qu'il voulait établir pour juger en matière criminelle, la violence des tourments que les accusés ont à supporter dans la torture, non pas un demi quart d'heure mais une demi-heure entière, afin que l'ayant appris par expérience, ils en connussent mieux la force. Il voulait par là, en faisant sentir au juge ce peu de tourments, en épargner le centuple aux misérables accusés, et même sauver par ce moyen la vie à la plupart. Ainsi, il pouvait en saine conscience l'ordonner. Et le juge le devait souffrir pour le plus grand bien de la république. Pour moi, je ne me mêle point ici d'en juger. Je prie seulement le Souverain des juges de faire en sorte que nous usions de telle façon des choses temporelles et passagères que nous ne perdions pas les éternelles.

Vous me direz que les accusées non seulement se confessent coupables, mais avouent encore les mêmes circonstances et particularités que celles qui les avaient accusées avaient apportées.

Je réponds que cela est faux, ou qu'il arrive comme nous avons dit au doute 28, où vous verrez que tous ces raisonnements sont frivoles.

10 - Afin que je ne dissimule rien de toutes les raisons que je rencontre parmi nos adversaires, j'ajouterai aux arguments de Binsfeld celui-ci du professeur Goëhausius de Rintheln cité ci-devant, qui parle ainsi : *"C'est un fait bien établi que les sorcières ne*

sont amenées à ces dénonciations que très difficilement, car le démon les leur interdit afin que son règne ne soit pas affaibli par les supplices auxquels elles sont soumises. Et beaucoup sont d'ailleurs détournées de ce crime par la crainte. On a donc d'autant plus de raisons de penser que ces dénonciations que nous savons avoir été arrachées au démon malgré lui, sont vraies. Et c'est pour cela que les sorcières dénoncent surtout des personnes mortes." (Goëhausius, *pag. 152.)*

A cela je réponds que cet argument prouve trop et par conséquent rien. Car il prouve davantage, et même à plus forte raison, ce que nous avançons que ce qu'il prétend prouver. Je tire de ces paroles cet enthymème.[45]

1 - Le démon empêche tant qu'il peut que les véritables sorcières ne déclarent leurs véritables complices, étant bien content et même désireux qu'elles accusent des innocentes. Il est donc plus à croire qu'elles nommeront plutôt des innocentes, conformément à ses sollicitations, que des coupables, puisqu'il les en empêche tant qu'il peut.

2 Le démon les empeche, voire même (comme dit ailleurs le même auteur) il les oblige par serment à ne point s'accuser l'une l'autre, ne les obligeant aucunement à ne point accuser des innocentes. Pourquoi donc accuseront-elles celles qu'il leur a défendu puisqu'elles en peuvent accuser tant d'autres en lui complaisant?

3 - Si elles nomment et accusent leurs véritables complices, le règne de Satan s'en diminuera d'autant et ne se diminuera pas si elles en nomment d'autres. Pourquoi donc voudraient-elles accuser celles-là plutôt que celles-ci? Ne défendraient-elles pas bien mal les avantages de leur cabale et du royaume de leur roi?

4 Si elles s'accusent les unes les autres, elles scandaliseront leurs compagnes et les décourageront de persister. Au contraire, si elles en accusent d'autres, à savoir des innocentes, les véritables se rassureront. Pourquoi accuseront-elles donc leurs compagnes plutôt que d'autres qui ne leur sont rien?

Cet argument donc, prouvait trop, puisqu'il va dans notre sens. Cependant, pour ne rien dissimuler de ce qu'on pourrait nous objecter, je veux donner encore plus de force à l'argument sus-mentionné en lui opposant cette objection :

Vous me direz donc que nous pervertissons la force de votre argument qui est tout autre et qu'en réalité notre réponse aiguise. En

---

[45] - Voir définition p. 243.

effet, d'après ce que nous avons dit, si les sorcières nomment des innocentes, elles feront ce que demande le démon et ne détruiront pas son royaume, animeront les autres sorcières et s'exempteront des tourments. Elles seront donc promptes et prêtes à obéir au démon et faire ce qu'il demande d'elles. Or, en fait, elles ne sont pas promptes et faciles à induire à nommer celles qu'elles nomment, puisqu'il faut les y contraindre à force de tourments et sollicitations et à grand peine : celles donc qu'elles accusent ne sont pas innocentes mais coupables. Plus brièvement : si les sorcières nommaient des innocentes, elles seraient promptes à les accuser; mais elles ne sont pas promptes à les accuser, donc, celles qu'elles nomment sont coupables. C'est un syllogisme formel dans la seconde figure des hypothétiques.

Néanmoins, je réponds d'abord sur la majeure de ce syllogisme qu'en effet, les sorcières seront promptes à nommer des innocentes tant que ce sera en leur pouvoir; autrement non. Or, il est vrai qu'elles ne sont jamais dans ce cas et qu'il faut que toutes leurs accusations soient contraintes et exprimées et comme scellées par la torture. L'accusation des innocentes comme des coupables étant ainsi toujours contrainte, l'instance est nulle. Car tous les jurisconsultes criminalistes s'entêtent à ne point admettre qu'une accusée qui aurait avoué son crime nomme ses complices, (si ce n'est à la suite et en vertu de la torture qui les purge, comme vous savez, de toute infamie et inclination à mentir) et à ne vouloir point recevoir telle déposition pour bonne. Ainsi, bon gré mal gré, ils la mettent à la torture exprès et particulièrement pour en exprimer la déclaration des complices. De sorte que les criminalistes ne peuvent pas user de cet argument, comme ils le prétendent et comme nous l'avons rappelé, doute 44, raison 5. Car ils veillent à ce que toute accusation des complices se fasse par la force des tortures, et ainsi soit contrainte. Puis, ils nous viennent dire que les accusées ne se laisseraient pas contraindre pour nommer des innocentes. Je ne comprends pas cette sorte de raisonnement. (1632 : Que le lecteur prenne garde, et quand il aura compris ce que j'entends, il s'étonnera.)

En second lieu, je réponds sur la mineure du syllogisme, que je nie qu'elles ne soient pas promptes à nommer des complices, si elles sont véritablement sorcières, car elles seront toutes prêtes à nommer des innocentes pour les raisons que nous avons dites. Donc, puisqu'il les faut toujours contraindre à force de tourments de nommer leurs complices, c'est de là que je conjecture qu'elles ne sont pas véritablement sorcières. Et je retournerai facilement l'argument sus-allégué contre eux en cette sorte.

Les véritables sorcières, si elles ont à accuser quelqu'un, seront promptes à accuser au moins les innocentes, comme l'accorde notre adversaire. Mais elles ne sont promptes à accuser ni coupables ni innocentes, comme il l'accordera facilement. Donc, celles qui accusent sont pour la plupart innocentes. Le syllogisme est en très bonne forme.

D'où l'on peut tirer la solution de ce que l'on disait ci-devant dans l'argument susmentionné : "*Et c'est pour cela que les sorcières dénoncent surtout des personnes mortes*". Que les princes prennent garde à ce que je vais dire, dans cette matière de grande importance.

Beaucoup de juges sont ignorants et négligents. Plusieurs aussi sont avares et méchants, et font saisir et torturer sur de légers indices. La force des tourments fait des sorcières de celles qui ne le sont en rien. Et parce qu'il faut qu'elles le soient, il faut aussi qu'elles accusent des complices qu'elles n'ont pas. Et comme cela les inquiète et agite leur conscience, il les y faut contraindre par la force des tourments. Alors, ne pouvant y résister, elles nomment des personnes dont la réputation rende leur déposition vraisemblable, et en sorte que leurs accusations causent le moins de dommages qu'elles peuvent. Elles nomment donc celles qui ont déjà été tenues pour sorcières et ont été déjà brûlées. Si on les presse davantage, elles nomment aussi des vivantes et d'abord celles qu'elles savent être déjà diffamées ou accusées par d'autres ou déjà saisies pour ce même crime. Car, que cela ne se fasse tous les jours, j'ai des raisons de n'en pas douter, et si je me trompe et parle contre ma conscience,

Alors, que le Père tout-puissant, d'un trait de sa foudre,
me précipite dans les ténèbres.[46]

Je sais ce que je dis et où je l'ai appris. Dans le dernier jugement des vivants et des morts, je ferai voir aux magistrats ce qu'ils ne doivent pas ignorer et que pourtant tant d'innocents citent à ce dernier jour et souverain tribunal, (1632 : comme je le fais aussi pour rendre compte de leurs jugements.)

11 - Si l'on n'ajoute foi aux dénonciations, il n'y aura plus de moyen de découvrir les sorcières et de les extirper. Il faut donc y ajouter foi. Cet argument appartient à tous les juges qui l'ont toujours à la bouche, aussi bien que tous les autres criminalistes. Et c'est celui que Binsfeld et d'autres savants soutiennent et fortifient avec plus d'ardeur, ce qui m'étonne. Je dois donc leur faire voir qu'ils savent

---

[46] - Virgile, *Enéide*, IV, 25.

bien peu ce qu'ils nous objectent.

Je réponds d'abord qu'ils ont tort de dire qu'il n'y a pas d'autres moyens de découvrir les coupables. Il y a d'autres indices suffisants pour procéder et enquêter sur les sorcières. Tanner et Del Rio en rapportent quelques-uns,qu'il est superflu de répéter ici. Que ceux à qui il importe les y aillent voir.

Vous me direz qu'encore que l'on puisse avoir des indices pour découvrir les sorcières communes et du bas étage, il n'y en a pas pourtant d'autres que les dénonciations qui nous fassent connaître les maîtres ou princes et les maîtresses des autres sorcières, comme le dit Binsfeld en ces termes : "Car, quand les princes de ce crime ont été vus, soit dressant un balai pour provoquer la pluie, soit le plaçant à la porte de quelque étable, soit suscitant des disputes ou proférant des menaces contre le peuple, ou encore se livrant à d'autres actions extérieures, de quels indices disposera-t-on pour le prouver? Car ces choses sont le fait de personnes vulgaires et viles qui habitent la campagne et qui vivent habituellement parmi le peuple." Voilà ce qu'il dit.

D'où il conclut en exagérant avec chaleur à la nécessité des dénonciations hors desquelles il veut qu'il n'y ait point d'autre voie pour découvrir au moins les principaux et comme directeurs de cette infâme compagnie.

Je réponds d'abord : quand bien même il n'y aurait point d'autre voie pour découvrir les sorcières et leurs maîtresses et directeurs, faudrait-il pour autant se servir d'un moyen injuste et dangereux, tel que celui qui est fondé sur les dénonciations des complices? Répondez donc à ce dilemme. Ou bien vous avez de bonnes et certaines voies pour découvrir les sorcières, ou bien vous n'en avez point. Si vous en avez, servez-vous-en. Si vous n'en avez point, renoncez à votre entreprise et ne pensez pas faire quoi que ce soit de bon par de mauvais moyens. Qui vous oblige à déraciner l'ivraie que vous ne connaissez pas? Pourquoi vous tourmenter ainsi si vous n'avez vraiment d'autre fin que l'utilité publique? Pourquoi n'acquiescez-vous au conseil de l'Evangile : *laissez les deux croître ensemble jusqu'à la moisson*. Est-ce que vous croyez que le père de famille n'avait pas prévu tout ce désordre quand il donnait de tels avis? (1632 : Ou croyez-vous que nous soyons plus prudents que le fils de Dieu?)

Je m'étonne aussi de votre raisonnement. Je ne trouve point, dites-vous, d'autre voie pour découvrir les sorcières que le moyen des dénonciations. Donc elle est bonne, il faut s'en servir.

Comme si un prêtre disait, ne trouvant point de vin pour célébrer : "Je ne trouve que du vinaigre, donc il est bon pour dire la messe; donc je m'en dois servir".

Vous me direz que c'est prendre le parti des sorcières.

A cela je réponds que ce n'est pas la première fois que j'entends et ne tiens pas pour négligeable cette objection. J'ai coutume d'agir par raison, non par brocards et railleries. Tanner, pourtant répond fort à propos en ces termes : "Ce n'est pas là prendre la défense des sorcières, mais bien plutôt des innocents contre les pièges que leur tendent avec fourberie les sorcières; pour que, d'autant plus nuisibles que plus libres, elles n'attaquent pas leur vie, leur réputation et leur fortune, hors du tribunal, même au risque de mettre en danger leur vie et leur bien, aussi bien qu'au tribunal, libres du danger et de la crainte."

Je réponds enfin que je trouve inutile de nier que si l'on n'ajoute foi aux dénonciations, il n'y a point d'autre moyen de connaître et d'extirper les sorcières. Car s'il en est ainsi, comme le disent nos adversaires, je leur accorde leur conséquence, puisqu'elle est très vraie, mais cela va dans mon sens et me confirme dans l'opinion du petit nombre de sorcières. Car j'ai coutume à ce propos de faire les réflexions suivantes.

1 - Tout le monde crie que tout est plein de sorcières. Je leur demande : d'où le savent-ils? comment en ont-ils reconnu tant ? Nous n'avons point d'autre voie, disent-ils, que de les découvrir par les dénonciations. Or, j'ai montré ci-devant qu'elles étaient extrêmement trompeuses. Tout est donc plein de sorcières parce qu'ils se sont servi d'un mauvais et dangereux moyen de les connaître. Il est vrai que s'ils ne se servent de ce moyen ils n'en ont point d'autre. Que dirons-nous à cela?

2 - On tient tellement pour certain qu'il y a énormément de sorcières, cela passe pour tellement indubitable, que qui en doute est suspect, rebuté et indigne d'être entendu. En un mot, l'on tient cela pour assuré. Or, je demande d'où vient une telle certitude. Les criminalistes disent : du témoignage des sorcières, de l'autorité du père du mensonge. Fort bien. Il faut donc que ces témoignages et autorités soient infaillibles puisque l'on en tire une connaissance certaine. Car d'un principe fautif, on ne peut déduire une notion certaine, comme les logiciens, théologiens et la lumière naturelle nous l'enseignent.

3 - Voyez les débats et différends qui sont parmi nos adversaires. Les uns crient qu'ils ont quantité de très grands et très

violents indices, par exemple qu'une telle accusée soit sorcière. D'un autre côté, Binsfeld et d'autres disent qu'ils n'en ont point d'autres que les accusations des complices, que si on leur ôte ce moyen de connaître si elle est sorcière, ils ne savent où ils en sont.

4 - J'entends que, l'autre jour, des inquisiteurs disaient qu'ils suivaient la commune pratique et qu'ainsi ils ne pouvaient faillir. D'autres, sinon de paroles, au moins par effet, disent la même chose. Comme ils procèdent avec une liberté et une confiance aussi grandes que s'ils étaient infaillibles, le peuple croit aussi que toutes les sentences criminelles ont je ne sais quoi de saint et de sacré. En sorte que ce qui est jugé de la sorte paraisse infaillible et justement jugé. Mais, de grâce, d'où vient une telle certitude? Du témoignage des sorcières sur lequel se fondent les juges. Si les juges n'avaient ces dépositions sataniques, ils avouent qu'ils seraient bien empêchés. Mais n'importe!

5 - Quant à moi, je tiens cela pour une insigne calomnie, et que l'on ne peut rien avancer de plus ignominieux à la nation allemande que de dire que nos magistrats qui, jusqu'à présent ont été si ardents, n'eussent pu progresser, sans le fondement du témoignage satanique des sorcières.

6 - On sera encore bien plus honteux si l'on reconnaît que ces "preuves" ne sont acceptées qu'en Allemagne, et même contre des ecclésiastiques ce qui vaut à la religion catholique le mépris des hérétiques. (1632 : Et pourtant elles l'ont été, même sous des princes ecclésiastiques.)

7 - Il m'arrive de me demander si un prêtre catholique accusé de sorcellerie et s'étant purgé par trois ou quatre tortures, pourrait être condamné à être brûlé tout vif comme obstiné sur la déposition de quelques sorcières. Quoi? Si le jour même de sa mort, étant jugé bien pénitent et contrit par son confesseur, il protestait de son innocence en présence du très Saint et Vénérable Sacrement de l'Autel? Et s'il appelait de cette sentence au grand et dernier jugement? Et s'il prenait Dieu à témoin que pour ne pas laisser de tache à son caractère, il aurait essuyé des tourments qui, autrement, lui auraient été insupportables. Et si étant prêt à entendre sa sentence, il répétait la même protestation, exhortant les juges avec plus de véhémence, de ne pas procéder, avec un tel mépris de la religion, contre un prêtre qui n'aurait été convaincu et qui n'aurait point confessé le crime. Et qu'il répétât les mêmes choses devant le peuple sur le lieu du supplice, avec un tel sentiment de pitié et une telle commotion des esprits qu'il serait accueilli des larmes et soupirs

de tout le monde, même des hérétiques qui se trouveraient présents. Faudrait-il que, malgré cela, ces témoignages de sorcières fussent de telle force et valeur que toute la procédure ordinaire achevât son cours. Mais si après avoir nié d'être sorcier, il était contraint par la violence des tourments à avouer d'autres crimes, il pourrait être condamné, n'en ayant pas été accusé, et pour ce, illégitimement questionné sur ces points-là. Certes, nous pourrions voir des temps où nous serions éclaircis sur tous ces points pour tous événements. Mais peut-être en parlerons-nous ailleurs.

Pour maintenant, reste à inférer de ce que nous avons dit que c'est chose ridicule d'établir l'opinion qu'il y ait tant de sorcières en Allemagne sur les procédures que nous désapprouvons. Surtout quand nous voyons que plusieurs juges, fondés sur la multitude des dénonciations, ne font point de difficulté, non seulement pour faire saisir et tourmenter, mais encore pour condamner, suivant en cela les auteurs cités par Del Rio, qui pensent que plusieurs dénonciations de ce genre sont une preuve entière. Et même, j'entends que certains étaient d'avis que l'on procédât à la saisie et à la torture en vertu de témoignages de possédées. Quels témoignages ne seront donc reçus maintenant? Et où en faudra-t-il venir? N'est-ce pas vraiment une punition divine?

Mais que dirai-je des témoignages d'enfants et de petits mendiants qui, soit séduits par des gens malveillants, soit (comme il est facile d'en faire accroire à cet âge-là) circonvenus par une certaine façon d'interroger, soit encore portés de leur propre mouvement et incités par la promesse de boire et de manger, se mettent à dire des choses étranges parce qu'on leur en demande, par exemple ce qu'ils ont vu au sabbat ce qui s'y est fait, qui s'y trouvait et choses semblables. Mais ensuite, étant interrogés par des ecclésiastiques désintéressés, ils ne se souviennent de rien et racontent tout autre chose.

De façon que l'autre jour, une chèvre s'étant trouvée perdue (je raconte cela pour montrer jusqu'où va le ridicule), un soldat l'ayant emmenée, on trouva qu'elle avait été mangée au sabbat par tel et tel autre accusé, déjà brûlés ou prêts à brûler. Il y a une infinité d'autres semblables exemples que je passe sous silence pour me hâter de finir. Peut-être que nous en ferons un recueil une autre fois. Que les magistrats sachent au moins qu'ils sont souvent trompés par leurs officiers, de façon aussi stupéfiante que pitoyable.

DOUTE 50

Un juge peut-il, en saine conscience, suivre celle des deux opinions qu'il voudra : à savoir celle qui fait peu de cas ou celle qui fait grand cas des accusations des complices?

Je réponds qu'il ne peut mettre sa conscience en assurance, en suivant l'opinion de nos adversaires, pour les raisons suivantes :

1 - On doit suivre la voie la plus assurée dans les choses douteuses, laquelle règle, bien qu'elle passe pour simple conseil en d'autres cas, doit pourtant alors avoir force de commandement, quand il y a danger de causer un notable dommage à son prochain, comme l'enseignent les casuistes et comme je l'ai montré au Doute 8, sur la fin.

2 - J'ai montré par de bonnes raisons que l'opinion de nos adversaires ne résiste pas à la critique. Le juge devra donc soit la rétablir par de meilleures raisons, soit suivre la nôtre.

3 - Les lois ordonnent qu'en choses douteuses, l'on favorise toujours plutôt l'accusé que le plaideur. *(Juxta reg. 11, jur. in 6.)*

4 Le juge doit toujours faire l'interprétation la plus sûre. *(Juxta cap ad audientiam, & c. significasti 2. de homicidio.)*

Vous me direz : Mais Binsfeld crie tout haut que la république ne se purgera point en cette façon.

Je réponds que c'est pour néant qu'il crie avec tant de contention. Car il est facile de conclure de ce que nous avons dit que si l'on défère tant aux dénonciations, le contraire arrivera et il y aura plus de danger pour le bon grain que pour la zizanie. (En effet, vouloir purger ainsi la République, c'est s'avancer dans une voie si dangereuse pour exterminer les coupables que l'innocent ne sera protégé qu'à grand peine.[47])

Tous les inquisiteurs crient que le crime de sorcellerie est très occulte. Or, je vous prie, comment est-il si occulte puisqu'on le

---

[47] - Parenthèse absente de la traduction française de 1660.

découvre si facilement qu'il n'y a crime au monde dont on ne découvre tant de coupables que de sorcellerie, de leur avis même.

Vous me direz encore que notre opinion est véritablement plus douce à l'égard des dénoncés qu'à l'égard de la république et du bien public que la partie adverse semble avoir plus à coeur, en facilitant ainsi le cours de la Justice, comme dit le Professeur D. Goëhausius *(lib. de Process. contra sagas, pag. 151.)*

Mais je réponds que notre opinion est plus douce et utile tant à l'égard du dénoncé que de la république, car elle tire de danger l'innocent dénoncé et va au devant de la malice et désir de celui qui accuse. Elle empêche la désolation de la république en épargnant quelques coupables pour ne pas faire périr quantité d'innocents. Et puis la raison que l'on apporte (pour faciliter le cours de la justice) ne montre pas que l'opinion contraire à la nôtre soit plus utile à la république, mais plutôt plus dommageable. Car accélérer le cours de la justice et faciliter des exécutions de telle importance sur des indices aussi légers que le sont les témoignages des sorcières, suppôts et écolières du père du mensonge, c'est chose aussi dommageable à la république, que les maux et inconvénients qui découlent de la peu soigneuse instruction de ces procès, comme je l'ai dit au Doute 8, arg. 3.

Vous me direz enfin que le juge nuit aux bons qui pardonne aux mauvais, et que cruels sont ceux qui pardonnant à un seul coupable, permettent que beaucoup d'innocents périssent.

Je réponds que vous avez raison, mais que c'est hors de propos. Car, d'abord, qui, fondé sur de trompeuses accusations, croira découvrir les méchants, celui-là pardonnera plutôt au mauvais et fera périr les bons, et ainsi nuira doublement aux gens de bien. Et puis ceux qui, pour châtier un méchant, ne se soucient pas de faire périr plusieurs gens de bien, sont cruels et inhumains. De plus, on ne pardonnera pas à un seul, mais à plusieurs dénoncés, et on leur pardonnera méritoirement pour n'être pas encore convaincus qu'ils soient coupables. Si vous les supposez coupables et méchants, et indignes d'être épargnés, vous supposez déjà ce qui devrait rester en question. Quand donc Binsfeld *(pag. 292)* incite les magistrats et la justice contre les sorcières et n'enseigne pas pourtant de meilleurs moyens de les découvrir que ces dénonciations diaboliques, il fait preuve d' un zèle peu discret.

DOUTE 51

Bref sommaire et méthode des procès contre les sorcières aujourd'hui en usage dans la plupart des tribunaux et qui mérite d'être mûrement considérée (1632 : par notre auguste et invincible Empereur et) par toute l'Allemagne.

Chacun de ceux qui prendront la peine de lire ce traité pourrait bien en faire le sommaire à sa mode et à son usage. Puisque cela m'est plus facile qu'à un autre, j'ai voulu l'ajouter ici, passant beaucoup de choses sous silence qui ne m'ont pas semblé vraiment à propos, et sur lesquelles on pourra mieux s'éclaircir, aussi bien que sur ce que nous allons résumer, en revoyant les endroits où nous en avons davantage discouru. Voici donc le sommaire.

1 - Les premières causes du soupçon de sorcellerie sont la superstition, l'envie, la calomnie, les critiques et les murmures du peuple allemand et surtout, on a honte de le dire, catholique, que les magistrats ne se soucient pas de châtier, ni les prédicateurs de reprendre. Toutes les punitions dont Dieu nous menace dans la Sainte Écriture viennent de la part et par le moyen des sorcières, car aujourd'hui Dieu et la nature ne font rien, le diable et les sorcières font tout.

2 - Partant de là, tous réclament violemment que les magistrats enquêtent contre les sorcières qui pourtant, n'ont d'autre existence que celle que leurs langues calomnieuses leur ont donnée.

3 - Les princes ordonnent donc à leurs juges et conseillers de procéder contre les sorcières.

4 - D'abord, ils ne savent par où commencer, n'ayant aucun indice ni preuve, et n'osant pas entreprendre témérairement une affaire de telle importance contre les mouvements de leur conscience.

5 - Cependant, on les avertit deux et trois fois qu'ils aient à

procéder et faire enquête. La populace commence à crier que ce retard les rend suspects. Et les princes mêmes, informés je ne sais par qui, se persuadent presque de la même chose.

6 - Or, les offenser et ne pas leur obéir aussitôt, c'est un crime en Allemagne. Tout le monde, même les ecclésiastiques et religieux, approuvent quasi tout ce qui plaît aux princes, lesquels, bien qu'ils soient naturellement bons, ne prennent pas garde par qui ils sont sollicités.

7 - Les juges, donc, enfin, cèdent à la volonté du prince et trouvent quelque chemin pour entamer leur procédure.

8 - S'ils hésitent encore et ont quelque horreur d'entreprendre une chose si dangereuse, on leur envoie un inquisiteur député spécialement pour cela. Son ignorance et son impétuosité, comme il arrive assez souvent, changent aussitôt de nom et de couleur en cette matière et s'appellent "zèle de la justice". Et l'espoir du profit ne diminue pas ce zèle. Principalement chez un homme de basse naissance, de petits moyens et avide d'amasser pour lui et pour les siens, et quand il a droit à une taxe de tant de thalers par tête de criminel condamné au feu, outre les contributions et collectes accidentelles que les paysans permettent très volontiers de faire et recueillir pour les inquisiteurs.

9 - Alors, si une possédée a lâché quelque parole, ou si quelque vent malin et bâtard de la renommée, sans aucune preuve raisonnable, a chargé une pauvre et pitoyable femme, tout commence.

10 - Mais, afin qu'il ne semble que l'on procède en vertu d'un indice aussi léger qu'un bruit de la sorte, voici un autre indice qui se forme par ce dilemme. Cette malheureuse a été ou de mauvaise ou de bonne vie. Si de mauvaise, voilà un indice violent de sa prétendue sorcellerie, car, d'une méchanceté à une autre, la présomption est toute ouverte. Si au contraire elle a été de bonne vie, l'indice n'en est pas moindre. Car ils disent que c'est le propre des sorcières de se couvrir ainsi par l'apparence d'une vie vertueuse.

11 - On fait donc saisir cette misérable, et voici un nouvel indice qui naît de ce dilemme. Ou bien elle montre de la peur, ou bien elle n'en montre pas. Si elle en montre (peut-être pour avoir appris les tourments qu'elle a à souffrir, en un mot, pour reconnaître l'état déplorable de sa condition) c'est là un grand indice, disent-ils, parce que sa conscience l'accuse. Si elle n'en montre pas (se fiant à son innocence), c'est aussi un fort indice, car ils prétendent que les sorciers ont coutume de faire plus de parade de leur innocence et

témoigner plus d'assurance que les gens de bien.

12 - Or, de peur de manquer d'indices, l'inquisiteur a des gens à son service, souvent méchants et infâmes, qui décortiquent toute la vie de l'accusée. Et il est bien difficile qu'il ne s'y rencontre quelque parole ou action qui, par une maligne interprétation et conformément à l'opinion que l'on a déjà conçue contre elle, ne se puisse attribuer à quelque méchant dessein en rapport avec le crime dont elle est accusée.

13 - Cependant, tous ceux et celles qui lui ont à quelque moment voulu du mal trouvent très à propos une si belle occasion de satisfaire leurs passions, en rapportant ce qui leur vient en pensée et lui donnant le biais qui leur plaît. Alors, le bruit se renforce que les indices croissent

14 - Sur ces indices, donc, on met cette pauvre malheureuse à la torture, et souvent le jour même où elle a été saisie.

15 - Cependant, à peine lui donnera-t-on un avocat pour la défendre parce qu'on crie que c'est un crime excepté et que ces avocats veulent trop éplucher et examiner les choses et se rendent importuns par leurs chicanes. D'un autre côté, peu d'avocats veulent se mêler de ce métier, par crainte du soupçon dont les ignorants les chargent, les appelant avocats du diable, ou au moins les accusant de trop d'obstination à défendre une mauvaise cause. Tous ceux aussi qui se veulent mêler de parler en faveur et à la décharge de l'accusée, ou faire paraître leurs sentiments touchant les abus qui se commettent quelquefois, ou avertir les juges d'y prendre garde, sont aussitôt taxés et regardés comme protecteurs des sorcières. Ainsi, chacun a la bouche fermée et les plumes émoussées en sorte que personne n'oserait parler ni écrire.

16 - Bien souvent pourtant, afin qu'il ne semble que l'on ait retranché à l'accusée tout moyen de défense, on la fait venir et on la soumet à plusieurs interrogatoires; on l'examine sur les indices.

17 - Si, pour se laver des soupçons, elle répond à chacun des articles et tâche de satisfaire le juge sur toutes les circonstances des charges, on n'y prend point garde et on ne fait aucun état de ce qu'elle dit. On n'en tient aucune note. Les charges et indices demeurent cependant en leur force et vigueur, si bien et si à propos qu'elle ait répondu. On commande qu'elle soit remise en prison pour considérer avec plus de loisir si elle veut demeurer obstinée, car tant qu'elle prétend pouvoir se justifier et défendre, elle est tenue pour obstinée. (1632 : Et même si elle se justifie parfaitement, voilà un autre indice contre elle, parce qu'elle ne serait pas arrivée à ce point

d'éloquence sans l'attirance du diable.)

18 - Après qu'on l'ait bien laissée délibérer, on la rappelle et on lui fait entendre le décret de torture, comme si elle n'avait rien répondu aux charges qu'on lui mettait dessus et qu'elle n'eût aucunement renversé les indices.

19 - Néanmoins, avant qu'elle soit mise à la torture, le bourreau la tire à part pour la dépouiller et raser par tout le corps, afin qu'elle ne se munisse de quelque charme contre la force des tourments et que l'on puisse voir partout si elle n'a pas quelque marque insensible, jusqu'aux parties les plus honteuses et secrètes. Ce que l'on trouve facilement.

20 - Et pourquoi ne le pratiquerait-on pas à l'égard des femmes, puisque les prêtres consacrés, même sous des princes ecclésiastiques, ont été contraints par des inquisiteurs et officiers, aussi ecclésiastiques, à souffrir cette épreuve. Au mépris des menaces de la Bulle *In coena Domini* adressées à ceux qui, sans spéciale permission du Saint-Siège, s'ingèrent de procéder contre les clercs, ce que les inquisiteurs cachent soigneusement aux princes très pieux et très respectueux envers le Saint-Siège.

21 - Après que la malheureuse a été rasée et visitée, on la met à la torture "pour lui faire dire la vérité". C'est-à-dire afin qu'elle avoue d'être coupable. Toute autre chose qu'elle pourrait dire ne s'appelle pas vérité et ne peut pas l'être.

22 - Elle est mise d'abord à la torture du premier genre, c'est-à-dire la plus légère, non qu'elle ne soit bien rigoureuse et douloureuse, mais eu égard à une plus violente et sévère. A la suite de cette première torture, si elle vient à confesser, le bruit se répand aussitôt qu'elle a confessé sans aucune torture.

23 - Et qui est le prince et autre qui entend cela, et qui ne juge que certainement elle est coupable puisqu'ainsi, d'elle-même, sans torture, elle avoue.

24 - Après cette confession, elle est donc condamnée sans aucun scrupule. D'ailleurs, elle serait aussi condamnée si elle n'avait pas confessé. Car, quand on a commencé à donner la torture, tout est dit. Il faut nécessairement périr, et il n'y a pas de moyen d'y échapper.

25 - Qu'elle confesse donc ou non, c'est tout un. Si elle confesse, la chose est claire, car, comme je l'ai dit et qu'il est notoire, elle est exécutée infailliblement. Il n'y a plus de révocation à faire, si ce n'est pour néant. Si elle n'avoue pas, on la remet à la torture jusqu'à la troisième et quatrième fois. Tout est ici permis. On n'a aucun égard ni

à la longueur du temps ni à la grandeur des tourments, ni à la réitération des tortures dans les crimes exceptés. Les juges ne sentent aucun remords de conscience en tout ceci.

26 - Si cette malheureuse, étant dans les tourments, ne rompt pas le silence, si elle détourne les yeux de la douleur ou les garde fixes, voilà de nouveaux indices (1632 : quand elle les tourne, elle cherche son démon; si elle les a fixés sur quelque endroit, elle l'a trouvé, disent-ils, elle le voit.) Si après plusieurs tortures, elle tient toujours bon sans avouer, si elle fait quelque tour de bouche, combattant avec la douleur, ils crient aussitôt qu'elle rit. Si elle s'évanouit, elle dort, elle use du maléfice de taciturnité et par là elle se rend d'autant plus coupable. C'est pourquoi il faut la brûler vive, comme il arriva l'autre jour à quelques-unes qui avaient résisté à plusieurs tortures sans avouer.

27 - Les confesseurs mêmes et les religieux les appellent aussi alors obstinées, disant qu'elles sont mortes impénitentes, qu'elles n'ont pas voulu se convertir ni abandonner leur démon concubin et qu'elles ont voulu garder foi en lui.

28 - Si une d'entre elles rend l'âme dans les tourments, il disent que le diable lui a tordu le cou. Et ils prouvent cela par un certain argument invincible duquel, si vous voulez vous servir vous prouverez facilement que personne ne meurt à qui le démon n'ait tordu le cou, comme je l'ai indiqué en son lieu.

29 - C'est pourquoi, avec raison comme vous savez, elle est tirée et traînée par le bourreau et enterrée sous le gibet.

30 - Si elle ne meurt pas et qu'il se trouve des scrupuleux qui n'osent pas la faire tourmenter davantage sans nouveaux indices, ni la brûler sans qu'elle avoue, on la remet dans une prison plus étroite qu'auparavant et on la mate et on la sollicite jusqu'à ce qu'elle se rende.

31 - Car il n'y a torture qui puisse laver une criminelle de cette nature, si réitérée et forte qu'elle soit, malgré la disposition du droit. Rien ne peut laver cette tache. Il y va de l'honneur de l'inquisiteur qu'aucune qu'il aurait jugée coupable se trouvât innocente. Il faut qu'elle soit coupable quoi qu'il arrive si elle a eu le malheur de tomber entre ses mains.

32 - Cependant, on envoie, comme déjà auparavant, des prêtres ignorants, impétueux et indiscrets, souvent plus importuns que les bourreaux mêmes, dont la charge consiste à tourmenter cette malheureuse et l'importuner tellement qu'elle avoue enfin d'être coupable, qu'elle le soit vraiment ou qu'elle ne le soit pas. Ils crient

qu'autrement elle ne peut être sauvée, qu'ils ne lui peuvent donner l'absolution sous peine de profaner le sacrement.

33 - On veille soigneusement à empêcher qu'aucun prêtre bien posé, circonspect et compétent ne soit admis à ce ministère, comme aussi qu'aucun particulier qui ne soit pas dans les mêmes sentiments que les criminalistes, s'approche des prisons pour apprendre quelque particularité des accusés et en puisse donner quelque information aux souverains. Car il y en a qui ne craignent rien tant que quelque chose puisse servir à disculper les accusées et faire paraître leur innocence. Ainsi, ceux aux soins et entre les mains de qui toute la chrétienté, non seulement confie l'éducation de la jeunesse, mais encore à qui les princes remettent la direction de leur conscience sont tenus en telle estime par les inquisiteurs que non seulement ils les éloignent tant qu'ils peuvent du ministère sus-mentionné, bien qu'ils soient désirés et demandés par les accusés, mais encore osèrent bien l'autre jour publier à la table d'un seigneur qu'on les devrait bannir du pays comme perturbateurs de la justice, comme s'ils avaient entrepris d'en empêcher le cours parce qu'ils ont la vue meilleure qu'ils ne désireraient.

34 - Pendant que notre accusée est, comme je l'ai dit, retenue en prison et tourmentée par des gens qui lui devraient procurer toute sorte de consolation, les juges adroits ne manquent pas de belles inventions non seulement pour trouver de nouveaux indices contre elle, mais encore pour la convaincre (vous m'entendez bien!) qu'au jugement des docteurs académiques et zélés, elle mérite d'être brûlée toute vive, comme je l'ai montré en son lieu.

35 - D'autres, plus prévoyants et circonspects, et pour toute bonne considération, font exorciser l'accusée, lui font changer de prison, et ensuite la font remettre à la torture pour voir si, par ce changement de lieu et cette expiation solennelle, il ne serait point moyen de chasser d'elle le maléfice de taciturnité. Et si cela ne sert à rien, alors ils la font brûler vive. Je voudrais bien savoir, de par le bon Dieu, puisqu'il faut qu'elle périsse (qu'elle confesse ou ne confesse pas) quel moyen enfin pourront trouver les plus innocents du monde d'échapper de leurs mains. Malheureuse! A quoi pensais-tu? Que ne confessais-tu dès que tu as été mise en prison que tu étais sorcière? Sotte et malheureuse, pourquoi veux-tu mourir plusieurs fois plutôt qu'une? Suis mon conseil, et d'abord, avant qu'on commence à te tourmenter, avoue le crime et résous-toi à mourir, car tu n'en réchapperas pas. Car tout cela est la conséquence du zèle des Allemands.

36 - Si une de ces malheureuses, vaincue par la souffrance, a été contrainte de se confesser coupable, on ne peut croire à quel point de misère elle se voit réduite. Car d'abord, elle ne voit aucun moyen de faire connaître la vérité. De plus, elle se sent obligée de faire connaître des complices qu'elle n'a et ne connaît pas, bien qu'on lui en mette assez en bouche et que le bourreau lui en suggère, celles principalement ou qui sont déjà diffamées, saisies ou exécutées, ensuite, celles qui étant saisies pour des accusations semblables sont pareillement obligées d'en nommer d'autres également innocentes, et ainsi de suite. Qui ne voit que cela va à l'infini.

37 - C'est pourquoi ou les juges mêmes doivent rompre le cours de leur procédure et condamner leur pratique, ou ils doivent avouer que tous ceux qui se présenteront, leurs gens et eux-mêmes, sont condamnables au feu. Car les dénonciations s'étendront enfin et tomberont sur les plus innocents et, pourvu que les tourments et afflictions ne manquent, ils ne manqueront pas de charger tous ceux qui leur viendront devant.

38 - D'où il arrivera enfin que ceux-mêmes qui criaient le plus haut contre les sorcières qu'on les devait impitoyablement exterminer, seront accusés, n'ayant pas prévu, les pauvres sots, qu'en agissant de la sorte, il fallait que leur tour arrivât enfin. Et ce par un juste jugement de Dieu, puisque, par leurs langues serpentines et pestilentes, ils avaient fait naître tant de sorcières prétendues.

39 - Mais déjà plusieurs des plus prudents et éclairés commencent à prendre garde, à découvrir la plupart de ces secrets mystères et, comme réveillés d'un profond sommeil, à ouvrir les yeux, et à ne progresser que lentement et avec précaution.

40 - Et les juges ne peuvent pas nier de procéder à la torture et quelquefois même à la condamnation sur les seules dénonciations, comme je l'ai montré ci-devant. Et ils trompent les princes quand ils leur disent le contraire. Car la mauvaise renommée qu'ils joignent aux accusations est nulle et sans force puisqu'on ne la prouve jamais comme il faudrait. Pour les marques sur lesquelles ils disent mille niaiseries, je m'étonne qu'au moins les plus rusés n'aient pas encore pris garde à la tromperie et que tout cela n'a aucun fondement que les tours de main des bourreaux.

41 Au reste, dans l'ardeur des procès et pendant que les accusées, pressées par la misère et les tourments, se dénoncent les unes les autres pour sortir enfin de tant de misères, alors se répand dans le voisinage le nom de ceux et celles qui ont été accusés, si

grande est la discrétion de ceux qui assistent aux tortures. Ce qui pourtant ne leur est pas du tout infructueux, puisqu'ils en peuvent tirer des indices contre les dénoncés par ce dilemme : ceux qui viennent à savoir qu'on les a accusés s'enfuient de peur d'être pris, ou bien demeurent, confiants dans leur innocence. S'ils prennent la fuite, voilà un grand indice contre eux : ils se sentent galeux, leur conscience les accusait. S'ils demeurent, c'est encore un puissant indice parce que, dit-on, le démon les empêche de fuir, comme j'ai entendu dire l'autre jour avec horreur par plusieurs personnes.

42 - Si un des accusés et non saisis va trouver l'inquisiteur, et lui demande s'il est vrai qu'on l'ait accusé afin qu'il pourvoie à sa défense selon le droit et la raison, c'est aussi un indice, comme si la conscience l'inquiétait de se sentir coupable, bien que l'on n'ait encore rien décrété contre lui.

43 - Mais, quoi qu'il fasse, il ne saurait empêcher que la renommée n'agisse contre lui qui, quelque temps après, s'étant suffisamment fortifiée, suffira, avec les dénonciations, pour le faire saisir et mettre à la torture, bien que sa réputation n'ait eu pour origine que ces dénonciations. J'ai vu des exemples de tout cela.

44 - La même chose arrivera à quiconque a été calomnié par la malveillance de quelque envieux ou ennemi, car il se défendra en jugement ou non. S'il ne se défend pas, c'est signe qu'il se sent coupable puisqu'il n'ose se défendre. S'il se défend vigoureusement, le bruit s'en étend bien plus, en long et en large. Il excite les curieux et autres malveillants; toutes ses paroles et actions sont désormais soupçonnées, parce que l'on attribuera toujours plutôt son absolution à la corruption de la justice qu'à son innocence.

45 - En sorte que rien n'arrivera plus facilement à ce malheureux et à ses semblables que d'être nommé par les accusées qui, vaincues par la misère et la souffrance, se trouvent obligées de nommer des complices.

46 - De tout cela, on peut tirer ce corollaire qui mérite d'être considéré, et qui est que si l'on continue à procéder ainsi, personne aujourd'hui, de quelque sexe, de quelque qualité et condition que ce soit ne peut être en sécurité, à moins d'être exempt de jaloux et d'ennemis qui lui suscitent un mauvais nom et la charge du soupçon de cet abominable crime. En un mot, de quelque côté que je me tourne, je trouve la condition du temps où nous sommes très misérable, si quelqu'un n'y met de l'ordre. Je l'ai dit ci-devant et le recommence encore un coup, cette peste, quelle qu'elle soit, ne se peut exterminer par les bûchers. On peut s'en défaire autrement et

très efficacement au prix de fort peu de sang répandu. Mais qui le voudra connaître? J'en dirais davantage si la douleur ne me coupait la parole, m'accablant tellement que j'ai peine à achever ce petit sommaire, ni penser, comme ce serait très utile, à une version allemande. Il se trouvera peut-être quelqu'un qui donnera ce peu de soin à l'amour de la patrie et à la protection des innocents, et entreprendra cette tâche que j'ai commencée. Enfin, je prie ici tous les savants, sages et modérés amoureux de la vérité (car je me soucie peu des autres) et les conjure par la toute puissance du Souverain de tous les juges, de lire avec attention et réflexion ce que nous avons écrit dans ce petit traité. Je prie aussi les princes et magistrats de ne pas mépriser mes petits avis et de prendre garde au danger que je leur montre Qu'ils ne s'étonnent pas si je les admoneste quelquefois un peu aigrement et hardiment. J'ai cru qu'en cette occasion, il serait inconvenant de me conduire à leur égard comme ces chiens muets du prophète[48] qui n'osaient pas aboyer. Qu'ils prennent seulement garde et à eux et à tout le troupeau que Dieu leur a commis et dont il leur fera rendre un compte très rigoureux.

[48] - Allusion à un verset d'Isaïe (56, 10) : "Ce sont tous des chiens muets, incapables d'aboyer". Les princes ecclésiastiques connaissaient sans doute le contexte de ce verset : "Nos gardiens sont tous aveugles, ils ne comprennent rien (...) Ils rêvent, restent couchés, ils aiment dormir (...) Le juste périt et personne ne prend la chose à coeur. Les hommes pieux sont enlevés sans qu'on y fasse attention" (v.10 et 57, 1)

ADDITION

Que peuvent les tortures et les dénonciations?

Elles peuvent quasi tout. C'est pourquoi quelqu'un, l'autre jour, qualifiait assez justement et à propos les tortures de "toutes puissantes". Et les exemples sont fréquents et connus de tous d'accusés vaincus par les tourments, qui ont faussement témoigné contre eux-mêmes, provoquant ainsi leur exécution pour avoir soi-disant fait mourir des gens qui, ensuite, ont été reconnus bien vivants. Mais je n'ai pas voulu, en ce petit traité, me fonder sur des exemples et remplir le papier de récits, comme il serait facile à chacun, et de peur qu'on ne tirât de là l'occasion de dire que ces cas-là sont rares et n'arrivent pas tous les jours. J'ai pourtant trouvé à propos d'en rapporter ici un pour tous, puisqu'il comprend un très grand nombre d'innocents, m'étonnant que jusqu'à présent, on n'y ait pas davantage réfléchi. Le voici.

Exemple mémorable.

La ville de Rome fut autrefois incendiée sous l'empereur Néron. Il est encore incertain si ce fut par hasard ou par le commandement de l'Empereur. Vous pouvez voir sur ce point les auteurs : Tacite, Suétone, Dion, Sulpicius, Baronius [49] et autres. Quant à la rumeur commune, elle chargea d'abord Néron de cette cruauté. Mais Néron la détourna aussitôt sur les chrétiens qui en furent accusés et qui, étant pour lors tenus parmi la populace pour des scélérats et gens à tout entreprendre, se trouvèrent d'abord engagés à répondre de ce désastre. Néron, donc, en fit d'abord saisir quelques-uns et les fit mettre à la torture. Lesquels, succombant à la violence des tourments, avouèrent le crime dont on les chargeait et ensuite en accusèrent d'autres, en sorte que, par le moyen des

[49] Cesare Baronius (1538-1607), cardinal et historien italien auteur de *Annales ecclesiastici , Tome I, 1609.*

tourments et dénonciations, il en fit bientôt convaincre une grande multitude non seulement de l'incendie, mais encore d'une haine particulière contre le genre humain. C'est pourquoi on les fit mourir par divers supplices comme incendiaires et ennemis profès du genre humain. Les uns, couverts de peaux de bêtes sauvages, furent déchirés par les chiens, les autres crucifiés, les autres brûlés jusqu'à servir de falots et de torches pour éclairer les passants dans l'obscurité de la nuit. On les attachait à des poteaux, on les graissait de bitume et de résine, puis on les allumait et on les faisait flamber comme des torches disposées à plaisir devant les amphithéâtres, d'où vint l'allusion de Juvénal, *Satyr. 1* : *"Représente un Tigellin : tu flamboieras, comme ceux qui, ligotés par la poitrine, brûlent et fument."*

Les paroles de Cornelius Tacite *(annal. lib. 15)* écrivain digne de foi en sont très expresses : *"Aussi, pour faire taire la rumeur, Néron inventa des coupables et fit subir des châtiments raffinés à ceux qui, par leur ignominie, étaient mal vus du peuple et qu'on appelait chrétiens, etc. On s'empara donc de ceux qui proclamaient leur foi; ensuite, sur leurs dénonciations, une multitude d'autres furent convaincus moins d'être des incendiaires que de haïr le genre humain. Non seulement on les fit périr, mais on les tourna en dérision en les revêtant de peaux de bêtes pour les faire déchirer par des chiens, ou on les crucifia, ou encore on les fit brûler pour qu'à la tombée du jour ils éclairent la nuit comme des flambeaux."*

Sur quoi je prie le lecteur de faire les réflexions suivantes.

1 - La procédure de Néron contre cette grande multitude fut fondée sur les indices et preuves suivantes : a) Sur la renommée qui était fort désavantageuse aux chrétiens. b) Sur la confession des accusés exprimée par la force des tourments. c) Sur les dénonciations de ceux qui avouaient. Car ainsi, on convainquit ces pauvres innocents d'avoir allumé cet incendie et d'être ennemis jurés du genre humain.

2 - Dieu permit que non seulement peu de chrétiens fussent ainsi convaincus, mais une grande multitude.

3 - Tous ceux qui, étant ainsi convaincus, furent exécutés et massacrés, sont tenus et honorés dans l'Eglise comme vrais martyrs, laquelle célèbre leur mémoire le 23 juin, jour où le *Martyrologe romain* fait mention d'eux en ces termes : "Ceux-ci étaient tous disciples des Apôtres et prémices des Martyrs, que l'Eglise Romaine, champ fertile en Martyrs, avant la mort des Apôtres, a consacrés au Seigneur."

4 - Ils n'en ont pas été moins considérés comme vrais martyrs

de Jésus-Christ pour s'être avoués coupables du crime dont on les accusait et en avoir accusé d'autres pareillement innocents, puisqu'ils sont tous nommés martyrs dans le *Martyrologe*. Et vous ne trouverez pas que le *Martyrologe* parle d'autres chrétiens que Tacite, si vous lisez le *Martyrologe* qui rapporte les mêmes paroles. Voyez aussi sur ce point les *Annales* de Baronius touchant l'année de Jésus-Christ 66 et Sulpicius Severus, *(Inst. lib. 2).*

5 - Vous remarquerez que les martyrs mêmes et disciples des apôtres, dans la première ferveur du christianisme, n'eurent pas assez de constance pour résister aux tourments et refuser de dénoncer.

6 - L'intention de Néron, en ordonnant les tortures, était de les obliger à s'avouer coupables. Or, que l'intention des criminalistes d'aujourd'hui soit la même, je ne vois pas comment on peut en douter et je ne puis imaginer quelle autre intention ils peuvent avoir. Si pourtant leur intention est autre, j'en suis bien aise, et c'est ce que je demande.

7 - Supposons que les juges aient une autre intention que Néron qui ne visait qu'à les faire s'avouer coupables. Supposons aussi qu'ils soient fondés sur plusieurs autres et meilleurs indices que Néron. Cela pourtant n'empêche pas que les tourments n'aient la même force aujourd'hui que de ce temps-là. Donc, comme en ce temps-là, les tourments et dénonciations peuvent faire des coupables des hommes les plus innocents du monde. Ainsi le pourront-ils aujourd'hui. Et ceux qui sont aujourd'hui dénoncés peuvent ne pas être plus coupables que les chrétiens de ce temps-là. Certes, l'intention des juges de ce temps-là ne s'accordait pas entièrement avec celle de Néron. Toutefois, selon leurs jugements, les martyrs furent convaincus.

8 - Enfin, puisque Néron, par le moyen des tortures et dénonciations, avait réussi à vaincre une si grande multitude de chrétiens qui étaient tous saints et innocents du crime dont on les accusait, il n'y a aucun doute que s'il eût voulu pousser jusqu'au bout cette sorte de procédure, il n'eût jamais trouvé fin au nombre des coupables qu'il aurait découvert. Car de la même façon que les princes avaient été convaincus, les autres, pour innocents qu'ils fussent, le pouvaient être aussi. Et c'est aussi la raison pour laquelle aujourd'hui où l'on se fonde sur des dénonciations, on ne saurait manquer de trouver tous les jours d'autant plus de coupables qu'on persévère dans cette voie.

Vous me direz que Baronius est d'opinion que Tacite a menti

quand il a dit que quelques Chrétiens, vaincus par les tourments, se confessèrent coupables et en accusèrent d'autres également innocents.

A cela je réponds que d'autres, qui connaissent un peu mieux la force des tourments, croient que Tacite n'a point menti. Et certes, puisqu'on leur donnait la question judiciairement et qu'ensuite les sentences se prononçaient juridiquement, il n'y a aucune apparence que l'on ait procédé iniquement à la condamnation contre des gens qui eussent tenu bon et nié le crime qu'on leur imposait, puisque cela eût été tout à fait contraire à l'intention de Néron. Car cela aurait plutôt risqué de renforcer le bruit qui avait couru contre lui, touchant cet incendie, que de l'apaiser et détruire. Et Tacite n'a pas sur ce point plus favorisé Néron que les chrétiens. Au contraire, il semble, quand on y prend bien garde, qu'il a été plus favorable aux chrétiens, puisqu'il laisse entendre que les chrétiens étaient innocents et Néron coupable. Aussi n'était-il pas des plus grands amis de Néron. Mais Baronius n'aurait pas dû s'étonner que même les saints aient succombé au commencement à de violents tourments et qu'ils se soient repentis et rétractés trop tard et sans fruit, et qu'ainsi, malgré cela, ils aient obtenu la couronne du martyre, car aujourd'hui les plus saints personnages succomberaient à la violence des souffrances que l'on subit en pareilles occurrences, comme l'avouent tous ceux qui ont quelque connaissance des tortures. Mais nous verrons un jour tout ceci plus clairement au tribunal de Dieu. Cependant, mon lecteur, je te prie de bien méditer tout cela et de craindre la souveraine Justice.

PROTESTATION

Si j'ai ici écrit quelque chose qui déplaise à la Sainte Église Romaine, j'entends qu'il soit nul et le condamne et déteste, comme aussi tout ce qui pourrait offenser qui que ce soit injustement.

Je te révélerai le manque dont souffrent les plus grands, ce dont sont privés ceux qui possèdent tout : quelqu'un qui dise la vérité. Sénèque. *Livre 6. De benef. Cap. 30.*[50]

[50] Cette citation est placée, dans l'édition de 1660 après la table des matières.

Chronologie de la chasse aux sorcières en Europe et de la vie de Friedrich Spee von Langenfeld.

-Vers 1435, Hans Nider (1380-1438), prieur des dominicains de Bâle, inspiré par les premières exécutions de sorcières suisses, publie le *Formicarius*, un des premiers ouvrages dénonçant les sorcières. Il semble être à l'origine de la croyance au sabbat mais y voit encore une illusion diabolique. Il met l'accent sur la responsabilité des femmes dans la sorcellerie. Ce livre semble avoir eu une influence importante en Suisse.

-1484 : Innocent VIII : Bulle *Summis desiderantes*, invitation aux inquisiteurs à combattre partout la sorcellerie.

-1487 : Heinrich Krämer, dit Institor (1430-1505), à la fois dominicain, professeur de théologie et inquisiteur, et Jakob Sprenger (1436-1496), également dominicain de grand renom, publient le *Malleus maleficarum ex variis auctoribus concinnatus(Marteau des sorcières)*. Ce livre fait de la sorcellerie une hérésie. D'après Guy Bechtel, “il ouvre les premiers massacres”.

-1489 : Ulrich Molitor, avocat de Constance, publie *De lamiis et phitonicis mulieribus* (Des lamies et devineresses). Soutenu par Sigismond d'Autriche, il y critique les deux livres précédents. Pour lui, “les sorcières sont par elles-mêmes incapables du moindre maléfice.”

-1532 : *Constitution caroline*, code de procédure impérial promulgué par Charles Quint et qui, dans sa section 44, tente de réglementer les procès de sorcellerie. Elle exigeait effectivement des faits précis pour toute condamnation, mais, parmi ces faits, il y avait “la réputation”, ce qui permettait de tenir compte de toutes les dénonciations. F. von Spee, cependant, la présente fréquemment comme un garde-fou.

-1563 : Hans Weyer (1515-1588), médecin particulier des ducs de Juliers et de Clèves, publie *De Praestigiis daemonum* (Des illusions des démons), important ouvrage de 500 pages, très vite traduit en allemand et en français et qui a connu sept éditions successives; un des plus courageux écrits contre la chasse aux sorcières, et dans lequel Weyer ne nie pas l'existence des sorcières, mais affirme que celles qu'il a rencontrées étaient des hallucinées. "Il fit scandale, écrit Bechtel, mais on ne l'écouta pas."

-1580 : Jean Bodin (1530-1596), magistrat et philosophe français prestigieux, dans sa *Démonomanie des sorciers* (dix éditions en vingt ans, quinze en vingt-cinq ans) attaque l'argumentation de Hans Weyer et justifie les arguments les plus absurdes en faveur de la chasse aux sorcières.

-1589 : Peter Binsfeld, évêque auxiliaire à Trèves : *Tractatus de confessionibus maleficorum et sagarum* (Traité des confessions des jeteurs de sorts et des sorcières). Ce livre, édité à Trèves et que Spee cite fréquemment, a été réédité cinq fois en cinq ans et traduit en allemand en 1591.

-1590 : Le conseil bavarois promulgue un édit qui "interdit d'évoquer, plus encore de discuter, les thèses des adversaires des procès, tout spécialement celles de Weyer et celles du Réformé wurtembergeois Brenz. Motif : les catholiques devaient faire front commun contre l'hérésie et défendre la grandeur de Dieu en approuvant obligatoirement ce que l'Eglise pensait des sorcières." (Bechtel, p. 624).

-25 février 1591 : Naissance à Kaiserwerth, en Rhénanie, près de Düsseldorf, de Friedrich Spee von Langenfeld. Son père est le bailli et secrétaire Peter Spee von Langenfeld, dont la famille ne recevra que plus tard, au XVIIIe siècle, le titre de noblesse "von Spee". Il est le premier né de cinq enfants.

-Il fréquente dans sa jeunesse le Gymnasium tricoronatum, collège des Jésuites de Cologne, puis effectue deux ans d'études à l'université de la même ville.

-1599 : Martin Del Rio (1551-1608), jésuite et procureur général au conseil de Brabant, publie *Disquisitionum magicarum* à Louvain. Nombreuses rééditions. Ce livre est fréquemment cité et contesté par Spee.

-1610 : Âgé de dix-neuf ans, Spee entre au noviciat des Jésuites de Trèves où il s'initie à la catéchèse des jeunes et est confronté aux procès de sorcières. L'électorat de Trèves a été récemment, pendant les années 1587-1594, le lieu d'une des plus grandes chasses aux sorcières d'Allemagne. Dans deux villages de l'électorat, il ne restait plus que deux femmes : toutes les autres avaient été exécutées (Bechtel, p. 511).

-1612 : une épidémie de peste contraint les Jésuites à transférer le noviciat à Fulda (deux-cents "sorcières" y avaient été tuées pendant les années 1593-

1606 à l'instigation du ministre Balthazar Ross; Bechtel, p. 512). Spee y prononce ses premiers voeux.

-Mort de Rodolphe II de Habsbourg, empereur germanique.

-Études de philosophie à Würtzburg.

-Election d'un nouveau général des jésuites, le Romain Mutius Vitelleschi. Il succédait à un autre Italien, Cl. Aquaviva, et a dirigé la Compagnie de 1615 à 1645.

-Spee est ensuite nommé professeur et régent dans les collèges jésuites de Spire, Worms et Mayence (dans cette dernière ville, entre 1582 et 1604, deux archevêques successifs avaient fait mettre à mort 750 personnes; plus tard, entre 1625 et 1630, sous l'autorité de deux nouveaux archevêques, ce sont plus de 1200 personnes qui y seront exécutées).

-Novembre 1617 : Spee demande à être envoyé en mission en Inde.

-14 avril 1618 : le général de l'Ordre, Mutius Vitelleschi, refuse sa demande; l'Ordre a trop à faire dans l'Allemagne divisée entre catholiques et protestants.

-1619 à 1623 : Études de théologie à Mayence. Pendant ces quatre années, Spee publie anonymement plus de cent cantiques qui ont eu un grand succès et ont été adaptés par la suite dans de nombreux livres de chants d'église. Trois petits recueils groupant soixante cantiques paraissent anonymes à Wurtzburg dès les années 1621-1622. Près de cent autres cantiques suivront au cours des années. Beaucoup sont encore chantés aujourd'hui en Allemagne, par les protestants comme par les catholiques.

-1622 : Friedrich Spee est ordonné prêtre à l'âge de 31 ans.

-De 1623 à 1628, succession d'années très froides qui nuisent aux récoltes. On attribue fréquemment ces intempéries aux sorciers et sorcières.

-1626-1627 : troisième année de noviciat à Spire.

-1627 : Spee est chargé de remplacer un professeur de philosophie malade à Cologne. De plus, pour un groupe de femmes catholiques que les Jésuites avaient chargées de s'occuper de catéchiser des jeunes filles, il rédige chaque semaine des exhortations à la prière et à la méditation d'où est né le *Güldenes Tugend-Buch* (Livre d'or de la vertu), recueil présenté sous forme de dialogue entre confesseur et pénitent. Spee y exprime sa confiance mystique dans les épreuves de la vie, son désir de la mort, son amour de

Dieu, des hommes et de la nature. D'après Anton Arens, ce livre, qui n'a pas été traduit en français, témoigne aussi déjà de son intense préoccupation pour les victimes innocentes des procès de sorcières.

D'après le *Dictionnaire des auteurs* (Laffont) Spee aurait été nommé prédicateur du chapitre à Paderborn, puis, en 1627, désigné comme aumônier des condamnés au bûcher pour sorcellerie par le tribunal de Würzburg. C'est donc cette année-là qu'il aurait été confesseur de sorcières. A Würzburg, l'évêque Philipp Adolf von Ehrenberg fit exécuter, de 1623 à 1631, environ 1200 personnes, dont des prêtres, son propre neveu et, entre 1627 et 1629, 36 enfants dont certains n'avaient que sept ans (Bechtel, p. 513 et 603).

-1627 : Cette même année, Adam Tanner (1572-1632), professeur de théologie à Ingolstadt et à Munich, publie sa *Theologia scolastica* dont un passage important *(Disputatio IV, tome III)* critique vivement l'usage de la torture dans les procès de sorcières. Sous son influence, les universités d'Ingolstadt et d'Eichstätt sont devenues des centres de propagande contre la chasse aux sorcières. Spee se réfère fréquemment à cet ouvrage. Mais les menaces subies par Tanner à cause de ce livre ont dissuadé Spee de publier la *Cautio* sous son nom.

-Octobre 1628 : Spee est envoyé à Peine, près d'Hildesheim, pour ramener à la foi catholique les vingt-huit communes de cette circonscription, protestante depuis soixante-dix ans.

-1629 : Dans sa *Theologia moralis*, le théologien jésuite Paul Layman apporte son soutien à la thèse de Tanner. La même année, la partie du livre d'Adam Tanner consacrée à la sorcellerie est publiée dans un volume intitulé : *Tractatus de potestate ecclesiastica coercendi daemones* (Munich)

-28 avril 1629 : Spee est victime d'une tentative de meurtre au cours de laquelle il est gravement blessé et dont il garde des séquelles toute sa vie.

-Fin 1629 : Spee est nommé professeur de morale à l'université de Paderborn, ville dans laquelle les procès de sorcières se multiplient sous l'impulsion de Ferdinand de Bavière, archevêque et prince-électeur de Cologne. Au cours de cette année universitaire, Spee est démis de son poste pour une raison que l'on ignore. La même année, à Eichstadt, en Bavière, un juge demande la mort de 274 "sorcières", et 24 "sorcières" sont brûlées à Coblence.

-1630 : Herman Goehausen publie à Rinteln son *Processus juridicus contra sagas et veneficas*, ouvrage cité plusieurs fois par Spee à partir du doute 44, ce qui permet de penser qu'il l'a lu dans le courant de la rédaction de son propre livre.

La même année, livre de Jordaneus sur les *Proba stigmatica* (taches prestigieuses).

-Début mai 1631 : publication anonyme de la *Cautio criminalis* à Rinteln. On ignore encore si elle s'est faite avec ou sans l'accord de Spee.

-Dès le 14 mai 1631, l'évêque coadjuteur de Paderborn, Jean Pelcking, dans une lettre à l'évêque d'Osnabrück, dénonce Spee comme l'auteur de la *Cautio* et la qualifie de livre "très pestilentiel" ("*pestilentissimus liber*") . Les confrères jésuites de Spee sont partagés. Le général de l'Ordre tranche en sa faveur et accepte, le 17 janvier 1632, qu'il soit chargé du cours de théologie morale au collège de Cologne, "ville martyre" (Bechtel) en matière de chasse aux sorcières puisque 2000 personnes y ont été exécutées entre 1612 et 1650, soit 1% de la population de l'électorat, par les soins de l'archevêque Ferdinand de Bavière.

-La même année 1631, un décret du duché de Clèves interdit les poursuites contre les sorcières si le duc n'en est pas informé.

-1632 : Deuxième édition de la *Cautio* attribuée à un "théologien romain inconnu" ("romain", c'est-à-dire catholique). Nombreuses retouches. Nouvelles attaques contre Spee.

-28 avril 1632 : Le général, cédant sans doute aux membres les plus influents de l'Ordre, décide cette fois d'exclure Spee de la Compagnie.

-Puis il change d'avis, se range à l'avis du Provincial et, le 28 avril 1632, demande à Spee de partir volontairement. Spee refuse.

-1633 : Il est muté à Trèves, apparemment pour le soustraire aux attaques. Là, il enseigne comme professeur de morale.

-Un Jésuite portugais, C. Ferreira, missionnaire au Japon depuis vingt-trois ans, abjure sa foi sous la torture et aide pendant vingt ans la police japonaise à traquer les chrétiens. Puis, s'étant rétracté, il est martyrisé à son tour. Son abjuration sous la torture confirme les analyses de Spee.

-25 février 1634 : le général des Jésuites se félicite que Spee soit resté dans la Compagnie.

-1634 : Spee termine son oeuvre poétique principale : *Trutz-Nachtigall (Le Rossignol combattant)*.

-La même année, il est nommé à la chaire d'exégèse biblique, ce qui signifie, d'après Anton Arens, "une reconnaissance, une promotion et, du même coup, la complète réhabilitation de Spee". Il reçoit également la charge de directeur de conscience dans les prisons et les hôpitaux.

-Mars 1635 : Trèves devient le théâtre de la guerre entre Français et Impériaux. Spee se fait l'infirmier des soldats blessés et malades. Lors de la prise de Trèves par les Impériaux, il négocie la libération des prisonniers français. Malgré une épidémie introduite par les soldats, il poursuit son service d'infirmier.

-7 août 1635 : Friedrich Spee, atteint par la contagion, meurt à l'âge de 44 ans. Il est enterré le même jour dans la crypte de l'église des Jésuites de Trèves.

-1635 : "La crise démonologique allemande (est) pour l'essentiel terminée" Guy Bechtel.

-La même année 1635, le pasteur luthérien Johann Matthäus Meyfahrt, dans son *Christliche Ernnerung an Gewaltige Regenten*, publié à Erfurt, adresse à visage découvert une exhortation aux "puissants régents" du pays pour que cesse enfin la persécution des prétendues sorcières.

Mais un autre luthérien, Benedict Carpzov, juge de l'électorat de Saxe et membre de la cour suprême de Leipzig, publie un *Practica rerum criminalium* où, tout en déplorant l'usage abusif de la torture, il soutient qu'on ne peut pas l'éviter. Son livre devient le "*Malleus* du luthéranisme".

-1647 : Johan Seifert, prédicateur et aumônier des troupes combattantes de Suède, publie un abrégé allemand de la *Cautio*, sous le titre : *Von Processen gegen die Hexen (Des Procès contre les sorcières)* et le dédie à la reine Christine de Suède.

-1649 : La reine Christine promulgue une interdiction des procès de sorcellerie à l'intention de ses gouverneurs militaires de Brême et d'Osnabruck.

-1649 : Publication sans nom d'auteur du *Güldenes Tugend-Buch* à Cologne.

-Vers le milieu du XVIIe siècle, les archevêques de Trèves et de Mayence interdisent les condamnations à mort pour sorcellerie.

-1657 : Décret pontifical du pape Innocent X, repris par son successeur Alexandre VII : "Il a souvent été nécessaire de blâmer les juges à cause des vexations injustes, des inquisitions, des emprisonnements, de l'emploi de tortures barbares et d'autres procédés irréguliers et cruels dont ils se sont rendus coupables dans des procès de ce genre. D'où il est résulté qu'un grand nombre d'innocents ont été condamnés à mort ou livrés au bras

séculier."
-1660 : Traduction française de la *Cautio criminalis* sous le titre *Advis aux criminalistes*, avec, pour la première fois, l'indication partiellement erronée du nom de son auteur : "Je sais de bonne part qu'il s'appelait N. Spee et qu'il est mort depuis plusieurs années". La première page porte la mention : "Un livre sur les procès contre les sorcières indispensable de nos jours aux magistrats d'Allemagne et d'une lecture très utile aux conseillers et confesseurs des princes, aux enquêteurs, aux juges, aux avocats, aux confesseurs des accusés, aux prédicateurs et autres. Par un théologien romain inconnu. A Lyon. Aux dépens de l'auteur; et se vend en rue Mercière chez Claude Prost, à la Vérité.1660."

-1680 : Traduction polonaise de la *Cautio*. Le nom de Spee y figure.

-1691 : Balthazar Bekker, pasteur calviniste néerlandais, publie *Le Monde enchanté*, dans lequel il se réclame de Spee.

-1701, 1705 et 1712 : Christian Thomasius, juriste protestant, professeur à l'université de Halle, qui appréciait la *Cautio*, publie trois livres contre les procès de sorcellerie et les tortures qui semblent avoir eu une influence importante.

-1731 : Première édition latine de la *Cautio* comportant le nom de Spee : R. P. Friderici Spee e Soc. Jesu.

-1782 : Dernière exécution légale d'une sorcière dans le canton de Glaris, en Suisse.

Index

TABLE DES MATIERES

588515 - Novembre 2014
Achevé d'imprimer par

1livre.com
du rêve à la réalité !

Made in United States
Orlando, FL
04 November 2026

90201648R10168